Mᵐᵉ DE WADDEVILLE

LE MONDE

ET SES USAGES

SEPTIÈME ÉDITION

REVUE ET AUGMENTÉE

PARIS

A. HENNUYER, IMPRIMEUR-ÉDITEUR

47, RUE LAFFITTE, 47

1887

A LA MÊME LIBRAIRIE

La Lecture en famille. Variétés littéraires et scientifiques, voyages, beaux-arts, comédies, nouvelles, etc. — La collection, adoptée par le Ministère de l'instruction publique et par la Ville de Paris pour les bibliothèques scolaires et les écoles municipales, comprend actuellement 13 volumes illustrés grand in-8°. — Chaque volume se vend séparément : broché, 5 fr.

BIART (Lucien). **A travers l'Amérique**, nouvelles et récits. Couronné par l'Académie française. — *Septième édition.* Un vol. in-18, broché, 3 fr. 50.

— **Entre deux océans**, voyages et aventures. Un vol. in-18, broché, 3 fr. 50.

— **Le Roi des prairies**, voyages et aventures. Un vol. in-18, broché, 3 fr. 50.

— **Le Fleuve d'or**, voyages et aventures. Un vol. in-18. Broché, 3 fr. 50.

— **L'Homme et son berceau.** Un vol. grand in-8° raisin. 18 gravures hors texte et carte des continents coloriée. Broché, 7 fr.

CÉLIÈRES (Paul). **Les Héroïnes du devoir.** Vignettes de F. Lix et Kauffmann. Un vol. petit in-8°. Broché, 2 fr. 25.

La Guetteuse du Quesnoy. — La maison Colombel. — La mère Champagne. — La femme à Benoît.

— **Les Deux Idoles.** Illustrations de F. Lix. Un vol. in-18 jésus. Broché, 3 fr. 50.

— **En Scène, S. V. P.** Comprenant les 12 proverbes ci-dessous. Un vol. in-18. Broché, 3 fr. 50.

Tel oiseau tel nid (5 personnages) ; — Petite étincelle engendre grand feu (11 personnages) ; — Il n'est si petit qui ne compte (7 personnages) ; — Bon renom vaut un héritage (7 personnages) ; — Où la chèvre est liée... (2 personnages) ; — Tout est bien qui finit bien (6 personnages) ; — Il n'est chance qui ne retourne (6 personnages) ; — Loin des yeux, loin du cœur (6 personnages) ; — Absent le chat les souris dansent (6 personnages) ; — Dire et faire sont deux (4 personnages) ; — Qui aime l'arbre aime la branche (5 personnages) ; — A beau mentir qui vient de loin (5 personnages). *Chaque proverbe format in-18 : 1 franc.*

— **Quand il pleut.** Illustrations de Scott et M. Martin. Un vol. in-18. Broché, 3 fr. 50.

CHAZEL (Prosper) **Histoire d'un forestier** Couronné par l'Académie française. *Cinquième édition.* Un vol. in-18. Broché, 3 fr. 50.

MULLER (Eugène). **Nizelle**, souvenirs d'un orphelin. Illustrations de Tofani. Un vol. in-18 jésus. Broché, 5 fr. 50.

PIZZETTA (J.). **Plantes et Bêtes**, causeries familières sur l'histoire naturelle. *Couronné par l'Académie française.* Un vol. grand in-8° jésus, illustré de 150 gravures sur bois et de 6 planches coloriées. Broché, 14 fr.

— **Le Feu et l'Eau.** Avec un frontispice dessiné par F. Lix. Un vol. in-18. Broché, 3 fr. 50.

NAVERY (Raoul de). **Les Naufrageurs.** Un vol. in-18 jésus. Broché, 3 fr. 50.

LÉLU (Paul). **En Algérie.** souvenirs d'un colon. *Troisième édition.* Un vol. in-18 jésus. Broché, 3 fr. 50.

LE MONDE

ET SES USAGES

PARIS. — TYPOGRAPHIE A. HENNUYER, RUE DARCET, 7.

Mme DE WADDEVILLE

LE MONDE

ET SES USAGES

SEPTIÈME ÉDITION
REVUE ET AUGMENTÉE

PARIS

A. HENNUYER, IMPRIMEUR-ÉDITEUR

47, RUE LAFFITTE, 47

1887

PRÉFACE

L'histoire de ce modeste volume est très-simple ; en la contant j'expliquerai comment il est né, et cette explication servira d'excuse à la faiblesse qui m'a fait entreprendre ce travail.

De nombreuses abonnées du *Magasin des Demoiselles*, interprètes des désirs de leurs familles, s'adressaient à la directrice de cet excellent recueil en lui demandant un ouvrage dans lequel elles pourraient s'instruire des règles minutieuses que la société élégante impose à ceux qui veulent vivre dans son sein. A tort ou à raison — je n'ai aucun titre pour en juger — ces aimables solliciteuses trouvaient que les livres publiés sur cette délicate matière étaient ou trop sèchement didactiques ou trop vagues. Ils ne répondaient point à ce qu'elles souhaitaient.

Ainsi pressée, Mme la Directrice du *Magasin*, se souvenant que j'ai attaché mon nom aux premiers volumes de cette publication si estimée, et qu'une bienveillance à longue mémoire m'était restée fidèle parmi ses abonnées, est venue solliciter mes loisirs et ma paresse.

Quoique flattée de cette démarche, j'ai beaucoup hésité à reprendre la plume ; j'ai objecté mon insuffisance, le peu de goût que j'avais pour me mettre en évidence ; j'ai dit que, retirée du monde, je me contentais de le voir passer sous mes yeux... Tous les motifs qui me commandaient le silence ont été combattus, repoussés, et je me suis décidée à accepter une tâche qu'une autre aurait mieux remplie sans doute.

Voilà comment est né *le Monde et ses Usages*.

Ai-je réussi? Ce serait mauvaise grâce à moi de dire que je ne l'espère pas, du moins j'aurai mérité le succès par le soin mis à l'œuvre. Elle offrait des difficultés. Présenter un formulaire sans en expliquer l'origine et la cause, écrire au contraire des généralités sur l'excellence des usages sociaux, était chose facile, mais aride d'un côté, insuffisante de l'autre. Nous avons préféré une autre voie, assez courte pour atteindre rapidement le but, assez étudiée pour qu'elle ne semble point aride. Rien ne nous eût été plus facile que de remplir ce volume d'anecdotes; nous avons préféré ne recourir aux souvenirs du passé que lorsque ces souvenirs portaient en eux-mêmes leurs sérieux enseignements. En amusement nos lecteurs y perdront peut-être, mais ils trouveront plus facilement ce dont ils ont besoin dans une circonstance donnée. C'est là surtout le but que nous devions rechercher et poursuivre.

A présent va, mon petit livre, suis ta destinée ; si tu es bon et utile, tu réussiras, et tu prendras place, comme je le désire, dans la bibliothèque des familles qui gardent et maintiennent les traditions de l'élégante civilisation française. Va, je dirais certainement du bien de toi, si tu n'étais pas le fruit de mon travail ; quant à montrer tes défauts, on ne saurait me le demander ; ainsi, je me borne à te recommander à une indulgence dont tu as tant besoin.

Mme DE W.

Le succès est venu plus rapidement que je ne pouvais l'espérer ; les éditions de ce livre se

succèdent. A celle-ci j'ai donné des soins nouveaux ; pour qu'il soit au courant des transformations subies depuis peu d'années par
certains de nos usages. Son consciencieux éditeur avait bien voulu réclamer de moi la ré-
vision complète d'un ouvrage que le public,
m'a-t-il dit, a accueilli avec une faveur dont je
lui suis profondément reconnaissante. J'ai fait
le travail demandé pour donner à ce petit traité
l'actualité et l'utilité que l'on est en droit
d'attendre de lui. J'ai corrigé, ajouté, re-
tranché, ajouté surtout, relevé quelques erreurs, réparé quelques oublis, écrit même un
chapitre nouveau sur un sujet délicat qui
avait été omis.

Maintenant je suis assez fière de ce petit
volume tiré avec tant de soin, et auquel on a
fait un accueil si vif et si charmant. Il a pénétré
dans les familles, il y a porté des conseils et
des enseignements utiles, presque indispensables ; je puis légitimement espérer que son
action et sa vente, qui s'élève déjà à bien des
milliers d'exemplaires, ne feront que de se
développer et s'étendre.

L'enfant pour lequel je demandais indul-

gence n'est plus un inconnu : on l'a trouvé
sage et revêtu de quelques grâces ; je n'ai plus
qu'à lui souhaiter la continuation d'une bonne
fortune dont il m'a semblé digne.

Mme DE W.

LE MONDE

ET SES USAGES

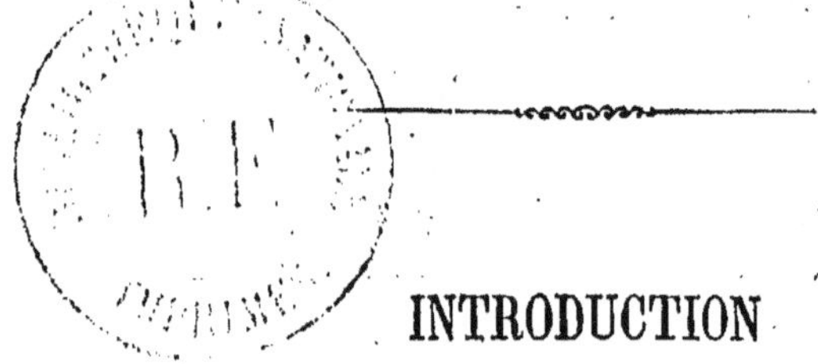

INTRODUCTION

La société a ses exigences, ses coutumes, son cérémonial, son langage et ses lois. C'est à les faire connaître que ce livre est destiné. Tâche plus délicate qu'on ne le pense, et qui me prendra certainement plus de jours que n'en exigerait un ouvrage touchant à des questions en apparence plus hautes et plus profondes.

Ce serait singulièrement se tromper que de méconnaître l'importance du sujet que j'aborde ; autrefois, et non sans une certaine raison, on apprenait à lire aux petits enfants dans un livre dont le titre aujourd'hui nous fait sourire, *la Civilité puérile et honnête*. Le bon sens de nos pères voulait que leurs fils s'habituassent de bonne heure aux prescriptions de cette partie du code social.

Ce serait une collection très-précieuse et très-curieuse que celle qui contiendrait toutes les éditions successives de ce petit volume ; en les parcourant, il serait facile de suivre ou de deviner le mouvement et la transformation de la société française. Les usages varient en effet avec les mœurs. Ces mœurs, ces usages se sont-ils épurés? C'est une question souvent débattue, mais, selon moi, résolue.

Des choses d'autrefois, il en est que je regrette beaucoup ; je ne me fais aucune illusion sur les imperfections du présent ; je vois avec peine se perdre certains usages et en naître d'autres que je n'approuve point : les liens de la société me semblent trop faciles ; certaines familiarités dans les relations de famille m'étonnent et me blessent ; je voudrais un peu plus de retenue chez les pères, un peu moins de sans-gêne chez les enfants ; je voudrais que la jeunesse des deux sexes se tînt mieux à sa place ; que la conversation fût moins libre ; que moins de ces journaux funestes, de ces feuilles à morale plus que légère, traînassent sur les tables des salons ; que le plaisir du théâtre fût plus épuré et mieux choisi, le foyer moins facilement accessible ; je voudrais bien d'autres réformes encore. Mais tous les travers que je vois et que je blâme ne me font point croire à notre décroissance morale.

Lorsqu'ils veulent gronder, les louangeurs du

passé, race qui se retrouve déjà dans Juvénal et Tacite, ne manquent point de remonter au grand siècle et de nous montrer, comme type de perfection, les splendeurs de Louis XIV; mais ils oublient que Versailles n'était qu'un point, très-éclatant sans doute, mais très-petit sur la carte, que rien ne ressemblait moins aux mœurs générales du pays que les élégances de l'OEil-de-bœuf, et qu'il n'est pas possible de considérer les habitudes d'une politesse raffinée du maître et de ses courtisans comme un spécimen de la civilité française de ce temps-là. Il suffit de jeter un coup d'œil sur les mémoires pour reconnaître d'ailleurs qu'à Versailles il se jouait une splendide comédie, et que les nobles acteurs, descendus de la scène royale, ne gardaient pas l'attitude prise par eux sous les voûtes ornées par le génie de Le Brun. Il y avait beaucoup de factice dans l'apparat du grand siècle et dans la montre qu'il s'y faisait de tant de délicatesse. Si ce livre n'était destiné à passer sous les yeux de la jeunesse, en m'appuyant sur Bossuet, Fénelon, Saint-Simon, Vauban, La Bruyère, il me serait facile de le prouver en parlant seulement de l'*affaire des poisons*.

En faveur de l'opinion que je défends, je veux présenter un argument. Que demain il y ait une exécution capitale, rencontrerait-on dans la société actuelle une seule femme de quelque éducation

qui voulût y assister? Et, s'il s'en rencontrait une,
oserait-elle raconter, d'une plume railleuse, le spéc-
tacle d'horreur dont elle aurait été l'avide témoin? Or,
c'est précisément ce qu'a fait une des femmes les
plus douces et les plus charmantes de la cour du
grand roi; et elle n'était point seule. En allant
voir les tortures atroces d'une infâme suppliciée,
l'illustre Sévigné se trouvait accompagnée des
plus nobles, des plus hautes dames. Cette affreuse
curiosité n'étonna personne, la réputation de la
marquise n'en fut pas effleurée, et l'on trouva de bon
goût la cruelle légèreté avec laquelle elle raconta
la mort de la Brinvilliers. Je ne veux point insister,
j'aime et admire trop Mme de Sévigné pour le faire.
Il se passait du reste — ses lettres en témoignent —
bien des choses à Versailles que sa délicatesse n'ac-
ceptait pas.

Une autre preuve en faveur de mon opinion est
le peu de durée qu'eurent ce que l'on peut, ce que
l'on veut appeler « les mœurs du grand siècle », quoiqu'elles ne fussent, en réalité, que celles de la cour.
Sans doute ces mœurs de la royauté des Bourbons
sont bien supérieures à celles des Valois, car je vous
prie de ne pas vous faire des illusions même sur les
élégances de François Ier, mais, telles qu'elles étaient,
elles n'étendaient pas fort avant leurs racines
dans le pays. Dès que Louis XIV est mort, la repré-

sentation est finie, la toile tombe, la rampe s'éteint, et je ne pense pas que les jours qui suivirent puissent être cités comme des types de vie de haute moralité.

Par contre, je tiens pour certain que depuis ces déplorables époques il s'est fait un grand relèvement moral, qu'à tout prendre, nous avons largement gagné en décence comme en instruction, que la moyenne a haussé et que, prises dans leur ensemble, la civilisation et l'urbanité françaises se sont noblement accrues.

Je suis assez âgée, malheureusement ou heureusement — je ne sais trop laquelle des deux expressions vaut mieux — pour déplorer, je le répète, la fin de beaucoup d'usages que j'aimais, auxquels j'étais accoutumée, qui avaient eu mes premiers hommages et se rattachaient au souvenir de ma mère ; mais je ne suis pas assez aveugle, niant la lumière, pour ne pas reconnaître que la masse de la nation française est plus polie qu'autrefois, les enfants de la classe ouvrière mieux tenus, les femmes de la campagne plus propres et moins sauvages qu'elles ne l'étaient jadis ; et je vois, d'un œil satisfait, que s'il y a moins de raffinement en haut, en bas, il y a moins de rusticité.

La langue, dans la conversation du moins, a beaucoup gagné en décorum, et le vert parler gaulois, qui m'impatientait tant dans ma jeunesse, n'est plus de mise au salon. En ma qualité de femme et de mère, je peux dire que c'est là un bon et notable progrès. Je ne suis ni prude ni précieuse, mais, avec les sentiments que l'éducation moderne a développés en moi, je suis bien aise que l'on ait laissé là les hardiesses de Rabelais ou de Marot qui, pénétrant encore, par-ci par-là, dans la causerie d'autrefois, couvraient mon front d'une rougeur dont je ne cherchais pas, du reste, à me défendre.

Je dis donc hardiment que nous sommes mieux qu'on ne l'était dans le bon vieux temps ; puis, c'est bien une préoccupation vaine, voire même dangereuse, que d'avoir les regards tournés en arrière, c'est sur le présent et l'avenir qu'il faut les porter en prenant les choses au point où elles sont, en cherchant à les améliorer, et en ne retenant des vieilles formes que celles qui peuvent servir à orner la société nouvelle. Les roses d'antan étaient belles, les nôtres sont-elles moins éclatantes ?

Les maîtres de grâces que j'ai vu payer encore un louis le cachet, ce qui veut dire au moins quarante francs de notre monnaie, ont disparu avec les habits à la française, l'épée en verrouil, les coiffures à la Belle-Poule et les robes à paniers, après avoir eu un regain de vogue, pendant les premiers jours du premier empire, où tant d'héroïques généraux et tant de grandes dames avaient leur éducation mondaine à faire. Aujourd'hui il serait aussi diffi-cile, je pense, de trouver un maître de grâces, qu'un mastodonte ou que tout autre animal antédiluvien. Eh bien, je n'en connais pas moins des jeunes femmes qui savent entrer dans un salon, et des ca-valiers qui n'ignorent point l'art de se présenter et d'aborder une maîtresse de maison. Prenons celles-ci et ceux-là pour modèles et nous ne perdrons pas en Europe le renom de courtoisie dont elle nous avait honorés.

J'aime peu les cohues et les bals d'aujourd'hui ; le désordre qui y règne me choque et m'en gâte le plaisir, mais je sais des maisons bien ordonnées où les amusements, plus recherchés des délicats, sont mieux réglés. J'ai le malheur obligé de fréquenter des salons où la conversation, mal dirigée et mal contenue, roule sans cesse sur le scandale du jour ; je les évite ces salons tant qu'il m'est possible, et me garde pour ceux vers lesquels m'attire un intérêt décent. C'est dans ces centres préférés que je recon-nais la valeur et l'importance du rituel de la bonne compagnie et de l'influence souveraine de la per-sonne qui reçoit.

Les femmes, elles le savaient mieux autrefois, ont une action toute puissante dans la famille, et, par conséquent, sur les mœurs ; quand elles se plaignent du décroît des manières respectueuses dont elles étaient jadis honorées, elles me rappellent ces mères qui, pour excuser leurs fils, disent naïvement : « Ne leur en veuillez pas, ils sont si mal élevés ! » L'éducation se fait par les femmes, elles seules en sont responsables, et, soyez-en sûrs, celle qui tient mal sa maison ou son salon a mal tenu ou tiendra mal ses fils et ses filles. Quand, ensuite, elle subit la peine de son incurie ou de sa faiblesse, je ne saurais la plaindre : le grain semé fait la moisson. Si d'un regard vous ne savez pas comprimer une conversation qui s'égare, si vous souriez lorsque l'on vous entretient de certaines choses, et que l'on vous raconte la dépravation des coulisses et d'un monde qui pour vous ne doit pas exister, ne me parlez pas de vos regrets pour les nobles entretiens des jours passés, n'essayez pas de me faire croire que vous avez inculqué à vos enfants d'élégantes et saines traditions.

Des points noirs sont à l'horizon de la société française, mais, hélas ! il y en a toujours eu des points noirs ! Le luxe, par exemple, a toujours été un péril et une menace ; ce n'est point une nouveauté, on s'en est toujours plaint ; ce qui n'est assurément pas une raison pour se résigner en silence. Je n'ai point la puérilité de croire que nous devions reprendre les indiennes de nos grand'mères — qu'elles payaient fort

cher, par parenthèse — faire revivre les lois somp-
tuaires de nos vieux rois et nous costumer comme du
temps de Dagobert, ou seulement de Louis XI, dont la
garderobe ne valait guère. Avec la richesse, je le sais,
sont venus, sinon d'autres besoins, du moins d'autres
goûts, et je ne trouve point mauvais que le travail
plus abondant, plus rémunéré, prétende à des jouissances plus coûteuses. Produire et user, me disait
un de mes amis, professeur d'une science récente,
l'économie politique, sont deux termes qui se
tiennent. Je ne le discute pas ; ce qui m'afflige est le
mauvais goût, pour ne rien dire de plus, qui préside
à l'emploi de quelques-unes de ces richesses nouvelles.

Je ne voudrais assurément pas que chaque classe
de la société eût des vêtements appropriés au rang
et à la fortune ; je ne désire pas, comme dans la
Salente du *Télémaque*, une hiérarchie de toilette,
mais je déplore amèrement de voir des femmes parfaitement honnêtes adopter les costumes de malheureuses créatures qui ne vivent que par le scandale. Elles devraient rejeter ces robes de Nessus
et laisser les ceintures dorées à celles qui ont l'im-
pudeur de les porter. Fénelon, Grec chrétien, épris
de la beauté en toute chose : sur l'art de nous vêtir
a laissé des pages immortelles. Le corps humain,
il ne le voulait point abandonné et couvert de

cendres, mais enveloppé de longues et chastes draperies qui n'en cachaient ni l'élégance ni la grâce, et devant son regard de sage et de pontife il faisait défiler de longues théories de jeunes vierges dignes des regards du ciel et de la terre. Que nous sommes loin de ces belles images ! Il ne m'est pas permis de penser sans une sorte de colère à l'indécence de certaines de nos modes et à la légèreté de nos vêtements, à la mascarade de notre chevelure et de notre visage. Mais l'exagération même à laquelle nous sommes parvenues me fait espérer un prochain retour de dignité. Chez nous, la mode est si capricieuse; un soleil la voit changer, un mot la tue. Que quelques femmes protestent, donnent l'exemple, les saturnales finiront. Connaissant la mobilité française, cette révolution, je l'attends, et, encore une fois, il suffit qu'une femme le veuille.

J'espère, d'un instant à l'autre, voir disparaître ces pots à teinture et ces cheveux menteurs qui salissent et défigurent tant de jolies têtes. Louis XIV détestait les coiffures hautes, il le disait inutilement, elles haussaient toujours ; mais voilà que, tout à coup, raconte Saint-Simon, arrive à Versailles la duchesse de Shrewsbury, elle se présente à la cour avec les cheveux bas ; ce que n'avait pu obtenir la toute-puissance du Roi-Soleil, elle l'enlève d'un seul coup, les coiffures pyramidales s'écroulent pour ne

.revenir à la mode que bien des années plus tard, au cercle de Marie-Antoinette. Je compte donc assister un beau matin à la défaite de ces perruques, de ces tresses citron ou acajou, qui vont si mal au ton et à l'âge de certains visages.

Quant aux costumes des hommes, je ne me dissimule point ce qu'ils ont de pauvre et de disgracieux ; mais ils sont ce qu'ils peuvent être avec des coupes sans ampleur et sans caractère, de misérables cravates, des chapeaux ridicules et du linge à l'empois. Il est à remarquer que c'est précisément chez les peuples les plus civilisés et les plus actifs que les vêtements masculins ont le moins d'ampleur ou de noblesse; cela s'explique par les nécessités du travail. Il est certain qu'un mahométan, avec son magnifique caftan et ses étoffes éclatantes, serait fort embarrassé s'il lui fallait se mouvoir et agir comme un habitant de Londres, de Paris et New-York, courant dans la boue du port à la Bourse.

C'est encore un témoignage qui prouve que les us et coutumes de la société — l'habillement en fait assurément partie — sont subordonnés aux mœurs d'un pays. Ils en sont une des manifestations extérieures, et beaucoup plus que certains esprits légers ne le pensent; il est important de connaître ces us et coutumes. Cette connaissance, il faut l'avoir de très-bonne heure ; ce n'est point un des moindres services de la mère de famille que d'y habituer toute sa maison et surtout ses enfants. Ces derniers doivent, dès leur enfance, être instruits et guidés de manière à ce que leur corps et leur esprit prennent le pli. De même qu'on leur apprend à ne point se servir de mauvaises locutions, on les accoutume à une certaine tenue, à de certains gestes, à de certaines formules de politesse. L'enfant est essentiellement imitateur ; les meilleures leçons qu'il pourra recevoir lui seront assurément données par l'exemple. Donc on doit ne le laisser en contact qu'avec des personnes bien élevées, et ne lui accorder pour compagnons de plaisir que des camarades dressés aux bonnes habitudes. A cet égard, on peut l'avouer, l'éducation de nos lycées et de nos colléges laisse beaucoup à désirer ; c'est une des causes qui m'ont toujours fait préférer l'externat à la pension. Sauf de rares exceptions, ce n'est que parmi les jeunes garçons élevés au foyer que j'ai trouvé de bonnes manières unies à une grâce naturelle.

Cette politesse des mœurs, qui est l'étiquette et la marque de la civilisation, s'étend aujourd'hui à peu près dans toutes les classes et chez tous les peuples avec des formes qui, quoique partout à peu près les mêmes, ont cependant un caractère particulier. Le génie des races, si mêlées qu'elles soient aujourd'hui, s'y reconnaît encore. Rien ne ressemble moins au gracieux salut d'un Napolitain que le *shake-hands* d'un Anglais, et l'abord un peu lourd de l'Allemand diffère de la haute distinction d'un Russe ou d'un Polonais. Une de mes amies, la plus rieuse et la plus spirituelle des femmes, forcée de tenir un salon officiel, c'est-à-dire de recevoir beaucoup de personnes qui lui étaient complétement inconnues, prétendait que la profession des gens se trahissait dans le salut ; elle avait sur ce sujet la plus amusante théorie, et, il faut l'avouer, elle se trompait rarement. Il est certain que l'habitude de certaines occupations, de certaines fonctions donne au maintien, aux gestes un tour particulier. L'abord comme l'aspect d'un vieux magistrat, d'un officier de l'armée, seront naturellement autres que ceux d'un industriel ou d'un commerçant. Mais, sans pousser aussi loin nos remarques, nous pouvons dire que toutes les nations marchent vers l'unification des démonstrations extérieures de la politesse, et toutes en sentent le prix.

Les États-Unis, qui sont à l'Europe ce qu'un enfant est à un homme fait et déjà même vieillissant, dans leurs admirables établissements d'instruction, veillent attentivement sur les manières de leurs élèves. Plus rapidement qu'on ne pouvait le penser, les Américains se débarrassent du sans-gêne qu'on leur reprochait. Ainsi partout, dans le nouveau monde comme dans l'ancien, on a compris qu'il fallait que de bonne heure la jeunesse prît le goût de l'urbanité.

Il faut qu'un homme, dès ses débuts, en possède les formules et le correct usage ; c'est, qu'il ne s'y trompe point, pour son avenir d'une importance capitale. Ce que je vais dire là n'est point tout à fait à l'honneur de la société : elle le recevra d'après son premier coup de chapeau. Son mérite personnel la forcera peut-être à revenir sur un trop prompt jugement, mais enfin il aura à le faire effacer. Florian a parlé des sots qui parviennent, il y a bien des chances de gagner en pariant que ces sots s'étaient ouvert leur voie par la politesse.

Dans sa curieuse correspondance, Joseph de Maistre raconte une plaisante aventure qui ne contribua, du reste, qu'à mettre en lumière et à sa place un homme de rare talent.

« Le fameux Haller, dit le philosophe, était un jour à Lausanne, assis à côté d'une respectable dame de Berne très-bien apparentée, au demeurant, *cocasse* du premier ordre. La conversation tomba sur les gâteaux, article principal de la constitution de ce pays. La dame lui dit qu'elle savait faire quatorze espèces de gâteaux. Haller lui en demanda l'explication et le détail. Il écouta patiemment jusqu'au bout, sans la moindre distraction et sans le moindre air de berner la Bernoise. La sénatrice fut si enchantée de la *science* et de la courtoisie d'Haller, qu'à la première élection elle mit en train tous ses cousins, toute sa clique, toute son influence, et lui fit avoir un emploi qu'il n'aurait jamais eu sans le beurre et les œufs, et le sucre, et la pâte d'amandes. »

A la lecture de cette historiette, je vois sourire quelques lèvres fières, mais je ne saurais approuver leur dédain; la conduite d'Haller est parfaitement correcte, je crois avoir le droit de l'affirmer, car personne, moins que moi, n'est disposé à confondre la politesse avec la captation et l'intrigue. Je suis parfaitement convaincue qu'il faut, en enseignant aux enfants ce qu'ils doivent aux autres, leur indiquer en même temps ce qu'ils se doivent à eux-mêmes, et leur inspirer l'horreur de la fausseté et du mensonge. Mais ce n'est ni mentir ni flatter, ce n'est point porter atteinte à sa dignité, qu'écouter les radotages d'une vieille femme bien née, ayant la manie de la pâtisserie et des gâteaux.

La politesse, d'ailleurs, est par-dessus tout une affaire de mesure, c'est ce qui en rend l'étude, et surtout la pratique, si délicates et si difficiles. Les nuances en sont infinies, le ton en varie suivant les circonstances, les lieux, l'âge et la personne. Il n'y a pas de règles complètes, absolues, et pour les prescriptions que contiendra ce petit livre, j'en serai toujours réduite à me tenir dans les généralités, à donner les formules acceptées, laissant au tact à en faire l'application. Je ne tendrai que le fil pour guider dans le labyrinthe, laissant aux mains ingénieuses le soin de le prendre et de le suivre avec grâce. En se conformant à ce que le temps et l'expérience m'ont appris, on sera dans la règle et correct, mais non poli, dans tout le charme du mot ; on sera bien, mais on aurait pu se montrer cent fois mieux en ajoutant à mes conseils tous les correctifs et toutes les additions d'un esprit délicat et observateur.

Qui dit usages dit mode ; or, la mode est essentiellement variable, et, bon gré, mal gré, il faut bien la suivre dans ses transformations, se tenir au courant. Cependant il est quelques-unes de ces transformations qui ont un caractère essentiellement passager, elles ne sont pas rationnelles, elles ne sont pas conformes à l'esprit général de nos mœurs ; ce sont des caprices qu'un jour a vus naître, qu'un jour verra mourir, elles n'ajoutent rien à l'élégance de la société. Celles-là, si sollicitée que je sois, je n'en parlerai pas, ou je me contenterai de les indiquer en faisant mes réserves.

Les raffinements exagérés dans tout ce qui touche aux usages ressemblent aux exagérations des toilettes ; ils ne seront jamais admis par le bon goût, dont ils sont la caricature et la charge. Ils révèlent la prétention, l'envie de se singulariser, un petit génie ; écueils et travers qu'il faut éviter à tout prix.

Avant d'adopter un usage nouveau, sachez d'où il vient, quel monde le pratique, quelle raison ou quelle vanité lui a donné naissance. Ce petit examen, mieux que tout conseil, vous dira si vous devez l'adopter et le suivre. Méfiez-vous des fausses comtesses, des fausses marquises, de ce qui sort des salons de certaines princesses étrangères que leurs ambassadeurs ne reçoivent pas. Tenez-vous en garde contre les excentricités. Les affectations de suprême élégance sont autant à éviter que le manque de savoir-vivre. Pour fuir ce dernier défaut, les nouveaux venus à la fortune tombent souvent dans l'autre, c'est même une des marques auxquelles on les reconnaît.

L'excès en tout et partout est un défaut; c'est par excès seulement que les *femmes savantes* de Molière tombaient dans le ridicule.

Je ne veux point m'attarder dans des généralités sans enseignement immédiat et direct. J'entre au cœur de mon sujet.

LA FAMILLE

Ce titre si imposant et si grave étonnera peut-
être, — Quoi ! pour un sujet si léger, pour le cérémonial, dont vous nous promettez les règles, vous
allez, madame, nous parler de la famille, de ses
obligations et de ses devoirs ? — Oui, sans doute,
et votre étonnement a droit de me surprendre. N'est-
elle pas le creuset où tout se forme et s'épure, le
terrain où s'agite la vie du présent et de l'avenir ?
Tout y est en germe ; et n'est-ce point dans son
sein, à la vue de ses exemples, au souffle de son enseignement, que se développent et que s'assouplis-
sent les caractères ?

J'ai déjà dit mon opinion sur le rôle dominant que
je reconnais à la mère de famille. Ce qu'elle peut
pour l'éducation non-seulement de ses enfants,
mais de tout ce qui l'approche, les exemples que
nous voyons autour de nous et l'histoire nous l'ap-
prennent assez. Les femmes exercent une magistrature morale sur la société entière, et je voudrais

qu'elles le comprissent. Quand il n'y eut plus de Cornélies, Rome tomba dans toutes les servitudes du vice; les derniers des Valois sont le reflet de leur mère, et c'est à l'intrépide vertu de Jeanne d'Albret que la France doit Henri IV. L'enfant garde toujours, plus ou moins, l'empreinte de son berceau et des exemples qui ont frappé ses premiers regards. En un milieu grossier il s'imprégnera de rudesse.

Un fait qui chaque jour se passe sous nos yeux prouve la puissance des premières volontés qui s'exercent sur nous.

L'homme est bimane, c'est-à-dire pouvant se servir également des deux mains; par des raisons dont la valeur est loin de m'être démontrée, contrevenant aux lois de la nature et les forçant à fléchir, nous annihilons l'usage du bras gauche, et je connais beaucoup de personnes qui, comme moi, sont incapables de tirer un service quelconque de leur main de ce côté, ce qui par parenthèse ne faisait point le bonheur de mon professeur de piano. Cette espèce de mutilation, qui ne va à rien moins qu'à diminuer les forces dont nous pouvions primitivement disposer, qu'à amoindrir même une partie du corps et à en rompre la parfaite harmonie, ne prouve-t-elle pas l'action que l'éducation peut exercer sur notre maintien et nos habitudes corporelles? Et n'est-il pas

ainsi démontré par là qu'un peu de vigilance suffi-
rait pour pétrir un enfant et le faire tout doucement
entrer dans un moule d'élégance et de bonne tenue,
pour l'amener à agir, à marcher d'un pas gracieux
et à parler avec une élocution correcte, en se servant
des mots propres? A l'aide de cette persévérance,
dont on use souvent pour de moindres desseins, on
atteindrait facilement le but désiré.

Je ne saurais trop conseiller aux mères de travailler la voix de leurs enfants, ainsi que disent les musiciens. Qui ignore le charme et le pouvoir de cet
organe? Il est très-difficile d'être vraiment distingué
sans une voix souple et bien accentuée. Ce sera
donc un des premiers soins d'une mère d'empêcher
un enfant de se briser, de s'érailler la voix, de la
pousser aux sons suraigus ou de parler de l'arrière-
bouche. Il faut l'habituer à émettre le son dans les
bonnes cordes, le reprendre quand il crie ou na-
sille, et l'amener à s'exprimer en bons termes et
aussi dans un ton agréable et plaisant à l'oreille.
Mais pour obtenir ce résultat, qui, outre les succès
de salon, lui permettra l'accès de tant de carrières :
la chaire, le barreau, la tribune, l'enseignement,
il est important de veiller à ce que les serviteurs
qui l'approchent ne lui donnent pas de mauvais
exemples. Il ne faut pas que la maison soit criarde,
car, on ne doit jamais l'oublier, l'enfant se modèle

dans le milieu dans lequel il perçoit ses premières impressions ; si sa bonne crie, il criera.

Quant à la propreté, cette qualité que Volney plaçait parmi les vertus à côté de la probité, je n'ai pas besoin d'insister. L'hygiène la commande ; la malpropreté est la mère de toutes sortes de maladies. Le soin de soi-même sera de bonne heure prêché, recommandé, imposé. Appliquant dans un sens nouveau une parole ancienne, je dirai : « L'eau est l'amie de l'homme. » Aux heures où la famille se réunira, l'enfant ne se présentera jamais sans avoir lavé ses mains, son visage, et mis un peu d'ordre dans sa toilette ; c'est une habitude qu'il prendra très-facilement, et qui pour lui deviendra bien vite un besoin.

Il est une phrase que j'ai souvent entendu répéter, on dit : « Il ne faut pas se gêner en famille. » Non, sans doute, il ne faut se gêner, pas plus en famille qu'ailleurs ; mais je ne vois point, si j'ai des habitudes de décence et de politesse, quelle gêne je pourrais éprouver en les gardant avec mes proches comme avec les étrangers. C'est ce vilain sans-gêne qui me gênerait, puisqu'il aurait la prétention de m'imposer une manière d'être contraire à celle qu'une bonne éducation m'a fait contracter. Puis, dans cette famille où l'on m'invite à me conduire sans façon, il y a mon père, ma mère, mes grands parents, c'est-à-dire ce que je respecte le plus au monde; pourquoi n'aurais-je pas vis-à-vis d'eux la déférence et les égards que j'accorde à des personnes moins chères? Et si le pli de bonne tenue se doit prendre dans la maison, comment là, précisément, n'en point faire usage? Quelle excuse donner pour une semblable dérogation? La familiarité du foyer, la liberté et la continuité des rapports? je les accepte; mais on peut être très-familier, très-libre, et demeurer poli : une condition n'exclut pas l'autre. La politesse varie à l'infini en ses formes; on ne doit pas plus la négliger dans un dîner de famille que dans un grand repas; elle est autre, voilà tout. On parle beaucoup de ces mœurs patriarcales de jadis, on les admire, on les regrette, ce qui n'empêche pas de répéter : « Il ne faut pas se gêner en famille; » singulière contradiction! Pour mon compte, je crois bon à tous et pour tous, pour leurs enfants autant que pour eux-mêmes, que les parents exigent de leurs fils et de leurs filles, toujours et partout, en particulier comme en public, les formes respectueuses qui leur sont dues. Mais, dira-t-on, l'intérieur de la famille assombrie va manquer de gaieté; pourquoi donc, je vous prie? Pour être gai, faut-il absolument être impoli, et l'esprit ne se meut-il pas aussi à l'aise et aussi rieur sur une surface polie que sur un terrain raboteux et grossier?

Dans la sphère où je me place, ce que j'exige des enfants je le demande aussi des parents ; ils doivent payer d'exemple, et pour mille causes, j'engage la mère de famille à ne se montrer aux siens qu'avec une mise propre et ordonnée. J'ai toujours été surprise de la conduite, ou plutôt du manque de conduite de certaines femmes, ne voulant paraître à leur avantage que le soir, dans le monde qu'elles fréquentent, trouvant bonne la lingerie d'une blancheur douteuse, les étoffes passées et les chaussures avachies pour présider aux travaux intérieurs et aux repas du matin. Il y a là, certainement, une faute de convenance, de prudence, de tact, que je dois signaler ; les maris peuvent, à bon droit, se plaindre, et, en tous cas, ces indolentes donnent un fort dangereux exemple à leur maison. Le soin constant de soi-même étant une des prescriptions les plus étroites et les plus absolues de la politesse, nulle part il n'est permis d'y manquer.

Elle doit être plus active et plus ingénieuse en famille que partout ailleurs, et rien n'est plus aimable que le tableau d'un intérieur où règne la bonne habitude de vouloir plaire, où les jeunes gardent devant leurs ascendants le maintien de déférence que le respect et l'attachement leur commandent. Un mari doit aussi prendre l'habitude de céder toujours le pas à sa femme, et de lui témoigner ses égards ; à table il la servira la première, et, s'il a quelques remontrances à lui adresser, il attendra toujours qu'il soit seul avec elle pour les lui faire. S'il y a un grand-père et une grand'mère, c'est à eux que les premiers honneurs et les meilleures places reviennent, alors même qu'il y aurait des étrangers. J'ai connu une maison fort riche, fort considérée, que fréquentaient les plus grands noms de France ; dans cette famille se trouvait une grand'mère qui n'avait jamais voulu quitter son costume villageois ; au salon, à la salle à manger, partout, son fils la plaçait au siége d'honneur et la faisait servir la première ; ducs et pairs passaient après elle, et tous témoignaient, par leur attitude et leurs paroles, combien ils étaient touchés de ces marques d'un respect filial. L'homme qui se conduisait ainsi était parvenu à la haute position qu'il occupait par son talent et son travail ; jamais cependant les railleries et les épigrammes, que le monde prodigue aux fortunes rapides, ne s'attaquèrent à lui, il était protégé par la vénération publique qu'il accordait à sa mère. Tel père, tels fils ; ceux du banquier dont je parle, obéissant à l'exemple qui leur était donné, se montraient des modèles de distinction, et rendaient à l'auteur de leurs jours les honneurs qu'il prodiguait lui-même à la bonne femme dont il était né.

Entre frères et sœurs que la familiarité règne,

rien de mieux ; mais ceux-ci doivent de bonne heure s'habituer à témoigner à celles-là de justes déférences que, plus tard, l'usage du monde leur imposera. Une mère attentive leur enseignera le rôle de protecteurs qu'ils auront à remplir et les égards constants dus à la faiblesse ; avant ses fils elle fera passer ses filles, et, dans les petits débats qui s'élèveront forcément entre eux, sans manquer à la justice, elle penchera vers ces dernières, habituant la force à ne point se faire sentir. C'est aux frères, par exemple, à se déranger si quelque chose manque dans le service, à préparer les siéges, à offrir un tabouret, comme aux fillettes dressées de bonne heure à ce soin dont elles sont très-fières, à veiller sur l'office et l'arrangement des desserts.

Lorsque la famille sort avec ses enfants et qu'il y a quelques vêtements de dessus ou quelques légers paquets à porter, ce sont eux qui doivent s'en charger. Si l'on monte en voiture, ils se placent sur le devant, et, à moins qu'ils ne soient tout jeunes, ils ne monteront qu'après leur mère ; comme dans le monde et à table ils ne s'assoiront qu'après qu'elle est assise.

Dans la famille où il y a des beaux-pères et des belles-mères, ils ont les mêmes droits que les pères et mères, mais avec des nuances que le tact indique ; un esprit de convenance éclairé dictera aux parents par alliance jusqu'où ils peuvent prétendre dans cette parfaite égalité, qu'il importe surtout de faire comprendre aux vieux domestiques. Ils sont difficiles, en général, à se soumettre à cette condition. Une vieille nourrice aimera *peut-être* le mari que la jeune fille se sera donné, mais il est douteux qu'elle entende bien ce qu'elle doit ou au beau-père ou à la belle-mère.

Si la famille va au théâtre, le devant de la loge sera occupé par la mère et ses filles ; s'il n'y a que deux places, par la mère et par la fille aînée ; le père et les fils se tiennent derrière. Dans quelques-uns des théâtres de Paris, à certaines loges sont joints des petits salons ; dans les entr'actes, une jeune fille ne doit jamais s'y retirer sans être accompagnée par sa mère. Empruntant cet usage à l'Italie, où l'élévation de la température explique la nécessité de prendre des rafraîchissements, on s'est mis à empiler devant soi des sacs de bonbons et de fruits glacés.

A son origine j'ai protesté contre cette nouveauté et ne suis point encore bien convertie, mais, enfin, il faut bien convenir que j'ai été battue à peu près sur toute la ligne. L'usage est admis, les raisons que j'avançais pour le combattre ont été rejetées.

Nos élégantes — je parle de celles du meilleur

monde — ont bravé le risque de défraîchir leurs robes et de poisser leurs gants. Il est vrai que nos ingénieux confiseurs, en négociants habiles, glissent, dans un sac de fondants, dans leurs boîtes de fruits glacés, de petites pinces qui remédient un peu au danger que nous avons signalé. Je soupçonne les Anglaises d'une certaine classe qui mangent partout, et les Allemandes folles des « délicatesses », d'avoir importé chez nous cette nouveauté, mais elle existe et il n'y a plus à la discuter ; je m'incline et baisse pavillon.

Reste un point assez délicat à toucher et que cependant je dois signaler. Une femme riche se fait souvent accompagner au théâtre par un jeune homme à qui elle est heureuse de montrer la pièce nouvelle. C'est à lui que revient naturellement le soin d'offrir les sucreries en question que les confiseurs du dehors et, à plus forte raison, le buffet du théâtre, vendent toujours à un assez haut prix. Ce jeune homme peut cependant être sans fortune, ne recevoir de ses parents que le strict nécessaire. Or, tenez pour certaine qu'il ne comptera pas avec sa bourse ; car rien n'est plus libéral, comme l'a remarqué Franklin, que la jeunesse qui veut cacher sa gêne. Dans le cas que j'indique, c'est à la mère de famille ou à la jeune femme de trouver un expédient, et la chose n'est pas bien difficile, afin d'éviter à son invité une dépense qui lui serait onéreuse. Si votre cavalier est riche, grignotez sans remords ses bonbons.

A la promenade, si les enfants sont jeunes, ils marcheront devant leurs parents; s'ils sont déjà grands, le fils aîné donnera le bras à sa mère, le père à sa fille; si un jeune homme sort avec sa tante et ses cousines, c'est toujours de la première dont il sera le cavalier. Une jeune personne, à moins qu'elle ne soit toute fillette, donnera le bras à son père ou à son frère, lorsqu'elle sortira avec eux. Si son frère n'est point encore de taille et d'aspect tout à fait virils, je l'engage à ne point faire station devant l'étalage des magasins. Dans ma jeunesse, quand une mère se promenait seule avec sa fille, elle lui donnait le bras; cet usage, que j'aimais, s'est à peu près perdu; l'ampleur des jupes en est la cause. La jeune fille marche donc libre à côté de sa mère; mais elle doit attentivement régler son pas sur le sien, se conduire de façon à ne jamais paraître seule, et elle ne doit non plus saluer personne avant que sa mère lui en ait donné l'ordre ou l'exemple. Il faudra de bonne heure apprendre à un jeune homme que, s'il rencontre un de ses amis donnant le bras à une femme qui n'est pas une de ses proches parentes, il se contentera de le saluer, sans l'aborder ou chercher à l'arrêter. De son côté, une jeune fille sortie, accompagnée de sa femme de chambre, ne s'arrêtera pas pour causer, à moins que ce ne soit avec un très proche parent ou un vieillard ami de sa famille.

Si la femme est seule, il se bornera à la saluer et ne l'abordera que si, par la manière dont elle rendra le salut, elle semble l'y inviter. Insister pour avoir l'honneur de l'accompagner est une sorte de familiarité inconvenante et ce serait une faute, dont elle aurait droit de se blesser, que de marcher sur ses traces. Si, par hasard, vous deviez à peu près suivre la même direction, ralentissez votre marche de manière à lui laisser prendre une certaine avance. Dans vos visites, n'allez pas disant à tout propos et à tout venant : « J'ai rencontré Mme X..., tel jour à tel endroit et à telle heure; » c'est au moins fort inutile.

Quant aux mères de famille qui conduisent leurs filles, petites ou grandes, dans les foules, tout ce que je veux en dire, c'est que je les plains de tout mon cœur.

Si éminente que soit sa position sociale, il est du devoir d'un cavalier de venir en aide à une femme, à un vieillard, à un enfant, de quelque condition qu'ils soient, paraissant embarrassés pour traverser une de nos voies si dangereuses à certaines heures de la journée. Ce léger service rendu, saluez et éloignez-vous. Avez-vous par hasard la vocation du chien de l'aveugle ou du terre-neuve, établissez

votre station au carrefour de l'Opéra ou à l'entrée
de la rue du Faubourg-Montmartre. Un capitaine
baleinier racontait au spirituel Méry tous les dan-
gers qu'il avait courus et se vantait d'avoir franchi
huit ou dix fois le cap Horn. « J'ai fait bien plus
fort que cela, répondit l'étincelant conteur, j'ai tra-
versé au moins mille fois *le cap des écrasés*. » C'est
ainsi qu'il appelait le débouché du faubourg Mont-
martre sur le boulevard.

Nous retrouverons la famille dans bien d'autres
pages de ce petit volume ; ce que j'ai voulu exposer
dans celles que l'on vient de lire est le rôle de l'action familiale dans la politesse, la nécessité de s'habituer de bonne heure aux bonnes manières et d'en
faire jouir les siens. Soyez-en sûrs, si vous manquez
de distinction chez vous, vous en manquerez chez
les autres; vous n'en aurez pas surtout l'accoutu-
mance et le naturel, qui en font le charme et la grâce.

Il est encore un conseil que je dois donner aux
mères de famille, parce que sa mise en pratique peut
largement contribuer à l'avenir de leurs enfants.
Toutes les choses de ce monde ont des faces diverses :
les hommes, à cet égard, sont comme les choses. Je
crois donc très utile d'habituer les jeunes intelligences à ne pas être frappées seulement par les défauts ou les ridicules de ceux qui les approchent; à
ne pas les laisser s'adonner au sens de la critique,

généralement très-développé en eux. Les enfants moqueurs sont amusants, je le veux bien ; mais je pense qu'il est mauvais de les encourager dans cette voie, d'applaudir à leurs épigrammes, quelquefois très-justes, et de pousser leur esprit dans cette direction, dangereuse pour leurs parents comme pour eux-mêmes. C'est bien assez de leurs terribles naïvetés. Prenez garde de ne point applaudir à leurs habitudes railleuses.

Tant que vos fils ou vos filles demeureront, pour ainsi dire, dans le giron de la famille, le mal ne sera point trop grand ; mais, si vous leur avez laissé prendre ce mauvais pli, dès qu'ils se trouveront sortis un peu de vos mains, soit pour aller au pensionnat, soit pour vivre au collège, attendez-vous à les voir revenir en larmes et vertement châtiés. Et si ces rudes leçons de l'école ne les corrigent pas, ils en recevront plus tard d'autres plus graves et plus sévères. Le moins qu'ils puissent perdre, c'est l'appui de cette bienveillance générale, qui est une des plus grandes conditions du succès dans l'existence, un levier d'une puissance incroyable.

Voici, venant à moi, un jeune homme de manières aisées, dont le regard semble louer ce que je puis avoir de bien ; se plaire, sans m'adresser de sottes flatteries, à me rendre contente de moi-même ; dont l'aménité fait les lèvres douces et les paroles amicales; et voici un autre jeune homme qui, je le sens, étudie mes défauts, ma toilette, pour y trouver un sujet ou un prétexte à ce que la malignité appelle *un bon mot;* eh bien ! je vous le demande, à laquelle de ces deux personnes ferai-je naturellement bon accueil ? Si je dispose de quelque influence, à qui l'accorderai-je ?

En vue de leurs plus chers intérêts, et si vous souhaitez qu'ils tiennent une place heureuse dans la société, vous inspirerez à vos fils, et dès leurs plus jeunes années, un large esprit de bienveillance, l'habitude de vouloir plaire; vous les relèverez surtout sévèrement s'ils se moquaient des infirmités de leurs camarades et vous les accoutumerez au grand principe de tolérance mutuelle et de charité humaine, qui est le fondement et la base de la société. *Aimez-vous les uns les autres* est la loi divine par excellence : la philosophie et la science n'ont pas encore trouvé une maxime plus haute et meilleure.

DU VÊTEMENT

Il est très-difficile d'être distingué ou distinguée, si l'on ne sait pas se vêtir. Il existe, je le reconnais, des personnes qui seraient bien, même avec un sac, comme on dit vulgairement; ces très-rares exceptions ne font que confirmer la règle, et il faudrait avoir une grande dose de présomption pour chercher à les imiter. Un célèbre écrivain, M. V***, se mettait avec une négligence inouie, ce qui ne l'empêchait point d'être fort recherché; un critique éminent, M. P***, portait des habits moins que propres, néanmoins il avait ses entrées dans les salons de l'aristocratie; un philosophe, M. B***, bizarrement accoutré, plaisait beaucoup dans les réunions présidées par Mme de Récamier; on passait tout aux distractions du bon et savant Ampère, le turban de Mme de Staël est devenu presque historique; mais ces immunités ne prouvent qu'une chose, c'est que la société française pardonne tout à l'esprit supérieur, à l'éloquence et au génie.

Pour les simples mortels, elle n'a point tant de générosité et de faveur; elle exige plus de soins. Elle veut que, par le choix des vêtements, on lui témoigne le respect qu'on lui porte. Elle a poussé à cet égard les choses si loin, qu'elle a différencié les toilettes suivant les heures de la journée et selon les plaisirs auxquels elle convie. On ne s'habille pas le matin comme le soir, pour un déjeuner comme pour un dîner. L'étiquette exige de la part des hommes une toilette différente, selon qu'ils se rendent à une réunion où il y aura des femmes, ou à un cercle où elles ne figureront pas. On ne s'habille point pour aller à un petit théâtre du boulevard comme pour assister à une représentation de l'Opéra.

J'approuve fort les personnes de l'un et l'autre sexe qui se montrent très-minutieusement exigeantes à l'égard de leurs tailleurs; si robes ou habits ne vont pas, il faut les faire retoucher, et dans le cas où, malgré ces retouches, ces vêtements gênent ou font des plis, ne les acceptez point. N'ayez pas une complaisance qui vous causerait un ennui journalier ou vous forcerait à reléguer dans vos armoires un costume encore neuf, mais dont l'usage vous est incommode et vous déplaît. Ayez la même sévérité pour tous vos fournisseurs, depuis votre cordonnier jusqu'à votre modiste.

Surveillez surtout, je vous prie, l'ouvrage, si char-

mant à première vue qu'il vous paraisse, de l'artiste
dont le patron s'appelle saint Crépin, et souvenez-
vous que « le brodequin » était un des plus durs
supplices que la cruauté humaine ait inventés. Demandez à votre docteur si un cordonnier ne peut
pas vous estropier; je sais bien ce qu'il vous répondra. Être bien chaussé est assurément une preuve
de distinction, avoir un petit pied est un don fort
enviable; mais, sérieusement, jeune folle ou jeune
fou, croyez-vous que votre pied gagnera beaucoup
à paraître de deux ou trois lignes moins long ou
moins large? Votre plus clair bénéfice sera non-seulement de souffrir une douleur atroce, mais d'avoir
la démarche la plus gauche et le maintien le plus
gêné. Si vous marchez, vous aurez, comme l'on dit,
« l'air de marcher sur des œufs » ; si vous demeurez
debout, vous prendrez l'attitude mélancolique du
héron, tantôt sur une patte, tantôt sur l'autre. Le
sang, vous montant à la tête, altérera vos traits et
pourra bien rougir votre nez. Quant à avoir de l'esprit lorsque l'on est dans « la prison de saint Crépin »,
serviteur! Je défie bien la coquette la plus éner-
gique, l'homme le plus stoïque d'en faire montre.
Pour comble, bonnes amies et bons amis, tout en
ayant l'air de vous plaindre, se moqueront de vous
et de votre petit pied. J'ai été une fois soumise à ce
supplice et ne l'ai pas encore oublié. Assurez-vous

donc que votre chaussure ne vous blesse pas, et, pour en être plus certaine, brisez-la chez vous en la portant pendant quelques heures.

Hommes et femmes doivent s'habiller, se coiffer ou se faire coiffer avec une grande attention, et consulter soigneusement la glace. Les femmes, avant de les mettre, feront étendre ou étendront sur un meuble toutes les différentes parties de la toilette qu'elles veulent porter, afin de s'assurer que rien n'y manque, qu'elles sont en parfait état, et s'harmonisent entre elles. Chaque vêtement, une fois passé, sera bien ajusté, bien épinglé, et un attentif et long examen donné à l'ensemble. Cela fait, sortez de votre chambre et ne vous regardez plus, ne consultez plus les glaces devant lesquelles vous vous trouverez; si vous le faisiez, ce serait de fort mauvais ton et vous montreriez des préoccupations dont on pourrait un peu sourire. Cependant, si vous rendez des visites et que vous ayez pris une voiture, il est sage, sur le palier de l'appartement où vous serez annoncée, de s'assurer que votre jupe est bien retombée, qu'elle n'a point contracté de faux plis, et que votre toilette n'a pas souffert dans le trajet. Cet examen se fait en un coup d'œil, et, si vous vous êtes attentivement habillée, ou vous ne constaterez pas de dégâts, ou vous les réparerez en un tour de main. Alors, entrez hardiment sans vous regarder à droite et à gauche dans les glaces; ce qui est, je le répète, du plus mauvais goût. J'insiste, parce que ce léger ridicule est assez fréquent; la timidité, aussi bien que la coquetterie, l'expliquent.

La toilette des hommes a certainement moins de détail, mais exige la même attention; ils doivent, eux aussi, sortir de leur cabinet correctement vêtus, puis ne plus s'occuper des vêtements qu'ils ont endossés.

Rien de moins bon ton que les jeunes hommes qui, sans cesse, en présence de femmes surtout, rajustent leur cravate, arrangent leur coiffure, ôtent et remettent leurs gants, ou se livrent à des exercices plus malséants encore. Le vieux marquis de Saint-A*** avait un petit-fils tourmenté de ce travers; un jour, le vieillard fatigué appelle un valet de chambre, lui parle bas, et, quelques instants après, ce serviteur venait gravement offrir un miroir à main au coupable de lèse-étiquette. La leçon était spirituelle, elle eut plein succès.

Pour la mise des hommes, il est une règle générale dont ils ne doivent jamais se départir : pas d'or, pas de gilet à fracas, pas de bijoux. La mode qui, sous les Valois, leur permettait des pourpoints chamarrés, des chaînes sur la poitrine et des boucles aux oreilles; la mode qui, sous Louis XIV, leur imposait le justaucorps étincelant, la veste haussée et rehaussée d'or et d'argent, le velours brodé et la soie, leur interdit ces costumes éclatants et ces étoffes chatoyantes. On vient bien d'essayer, dans certains salons aristocratiques de Paris, de mettre à la mode pour les grandes soirées et les bals les habits rouges avec cravates de la même couleur. Ces vêtements rompent, il est vrai, la lugubre monotonie du noir, teinte unique affectée au costume masculin; mais la nouvelle mode, trop voyante, a le tort grave de rappeler le costume de cheval et l'uniforme des soldats anglais, dont C. Vernet a fait de si amusantes caricatures; enfin, cette tache coquelicot a paru moins heureuse dans les salons que dans les paysages de Corot. Je ne crois pas que la nouvelle tentative réussisse. Il est à remarquer que, depuis 1830, nous avons modifié complétement notre toilette de la tête jusqu'aux pieds; les hommes, eux, n'ont pu changer une seule pièce de leur toilette. Ils s'en sont pris à leur ridicule chapeau auquel ils ont essayé de substituer la belle coiffure de Rubens, ils ont voulu se défaire de leurs habits « à queue de morue », comme ils disent, se débarrasser de leur cravate — sur ce point, ils ont eu un peu gain de cause — remplacer le drap par le velours; rien ne leur a réussi, ils n'ont acquis que le droit de porter la barbe et ce n'a point été conquis sans peine. J'ai connu bien des personnages, entre autres le duc Pasquier,

que la vue de la barbe horripilait. C'est à cette con-
quête, que je ne trouve point malséante, que se sont
bornées jusqu'à présent celles du sexe fort. La première moitié du genre humain, en fait de tissu,
dans les circonstances majeures, en est réduite
encore au drap, et, en fait de couleur, au noir.
Adieu les bas de soie, l'orfévrerie des souliers et des
culottes courtes ! Si le beau Lettorière revenait en
ce monde, au lieu de ses parures en prime d'opales,
il endosserait le pauvre frac, dont la coupe n'est certainement pas avantageuse. Il n'y a pas d'exemple
d'un homme de quelque distinction qui consente à
se parer de lourdes chaînes au cou, de bagues aux
doigts ; ces bijoux, qui attirent l'œil, ont disparu avec
la fameuse cravate rouge des Godissarts de Balzac ;
quelques boursiers, quelques étrangers de douteuse provenance, en portent encore ; c'est tout dire.

Mais sous le frac on peut avoir une suprême
distinction ; rien ne se ressemble moins que deux
habits noirs, que deux gilets en simple piqué blanc,
que deux cravates noires ou blanches, que deux
chapeaux en apparence de même forme. Le fils
d'un de mes vieux amis, personnage fort important, très-occupé des premiers intérêts de la
France, veut bien m'accorder une confiance, due à
l'attachement de vieille date que j'ai voué à sa famille. En me racontant l'emploi si laborieux de ses

journées, il est rare qu'au renouvellement de chaque saison il ne vienne pas me dire qu'il a passé une heure avec ses fournisseurs, essayant les effets et les coiffures qu'ils lui apportent, critiquant, imposant des modifications, rejetant ce qui ne lui convient pas. C'est ainsi, par un soin qui, après tout, ne lui prend que quelques heures par an, que, sans avoir une beauté de formes exceptionnelle, il arrive par la mise à être, comme il l'est par l'esprit, un des hommes les plus distingués du corps diplomatique dans lequel il vit.

En quelque position que l'on se trouve, croyez-moi, ce n'est pas un mince avantage que de jouir du mérite de la distinction. C'est un passe-port qui ouvre bien des portes, facilite bien des démarches, et la société paye au centuple les efforts peu coûteux que l'on prend pour lui plaire ; car en bonne ménagère, je puis assurer que le vêtement qui va bien dure plus que l'étoffe mal taillée. L'élégance pour les personnes attentives n'est point l'ennemie de l'économie.

Je m'arrête ; nous passerons en revue les divers costumes que l'usage impose dans les circonstances particulières où, hommes et femmes, peuvent se trouver appelés à jouer un rôle. Le vêtement alors fait en quelque sorte partie du cérémonial. Mais, avant de m'engager sur ce terrain et dans un ordre d'idées et de situations qui se lient et s'enchaînent, il faut encore nous arrêter pour aborder quelques sujets importants où se montre la connaissance ou l'ignorance du savoir-vivre.

Cependant, avant de clore ce chapitre, il est quelques mots que je dois ajouter. Il y a des femmes qui, par leur position, donnent et font la mode ; mais à elles seules la société reconnaît ce privilége ; aux autres, elle le dénie complétement ; elles seraient ridicules en y prétendant, et elles le seraient encore en ne les suivant pas dans les limites que leur fortune et leur rang leur imposent. Si une mode nouvelle ne vous sied pas, sachez la modifier à votre usage ; ramenez-la aux conditions les plus avantageuses pour votre forme et votre figure ; c'est là le grand art. Surtout, pas d'exagération, comme il arrivait autrefois en province quand la province n'était pas, comme aujourd'hui, entièrement reliée à Paris.

Il est surtout un point qui ne doit jamais être oublié. Souvenez-vous que l'on n'est jamais bien vêtue, jamais à la mode si, depuis la coiffure jusqu'aux bottines, la toilette ne forme pas un ensemble correct ; croyez qu'il n'existe pas de belle robe sans l'habileté du ciseau de la couturière, et que cet ensemble, dont je viens de parler, et cette habileté de coupe peuvent faire de l'étoffe la plus simple une toilette d'une élégance accomplie. Vous pouvez être à la mode, charmante, avec une robe de lainage, et *fagotée* avec le plus merveilleux des velours.

Oserai-je, ici, donner une opinion toute personnelle? En dehors des grandes réunions, où tout est permis, où tout est même exigé, je conseillerai toujours aux jeunes femmes d'éviter les couleurs trop voyantes et le faux. J'ai en horreur les bijoux faux; j'éprouve quelque honte à exprimer le sentiment qu'ils m'inspirent; ils m'attristent, et je crois qu'il me serait facile d'expliquer cette sensation; je pense même qu'il est inutile de le faire, mes lectrices me comprendront. J'ai connu une femme du grand monde affligée de ce travers; elle me faisait peine à voir, et son luxe de mauvais aloi ne trompait personne. Elle avait pourtant infiniment d'esprit; elle tenait à une des plus hautes familles de l'Europe et était artiste. Je n'ai jamais pu comprendre d'où lui pouvait venir cette ridicule manie. Couvrez-vous de diamants et de rubis si vous en possédez; mais point de stras, point de verroterie de couleur; la société ne les admet pas, et toute femme élégante en repoussera l'inutile mensonge.

Dans la toilette moderne, les gants exigeraient presque un chapitre tout entier; ils sont même l'objet d'une dépense assez considérable. Les personnes peu soigneuses en font une consommation vraiment ruineuse. Les femmes du grand monde portent des

gants du matin jusqu'au soir, chez elles comme au
dehors, et ne les quittent que lorsque le travail auquel elles se livrent l'exige absolument. Soit que
l'on reçoive, soit que l'on fasse des visites, ou que
l'on aille à la promenade, le gant doit être en harmonie de couleur avec la robe, frais et taillé si adroitement qu'il ne gêne point, tout en étant très juste,
les mouvements des doigts. Il ne faut les prendre ni
trop courts ni trop étroits, car alors ils donnent l'air
gauche à la main. Par distraction, en causant, ne les
ôtez pas et ne les remettez pas sans cesse ; c'est un
manquement aux lois du bon ton ; de plus, par suite
de cette petite manœuvre, en quelques heures, ils
sont complétement fanés.

Pour les hommes, dont les vêtements sont généralement sombres, j'aime peu le gant trop clair ; cependant, s'ils sont jeunes et en grande visite, la
chose est permise. Chez une femme, ils ne doivent
jamais se déganter ; usage qui n'est pas aussi ancien
qu'on peut le penser.

A plusieurs reprises, on m'a fait l'honneur de me
demander, lorsqu'une dame, soit en le recevant,
soit en lui disant adieu, tend la main à un cavalier,
si celui-ci doit se déganter. La question m'a toujours un peu étonnée, je l'avoue, car le simple bon
sens suffit pour la résoudre. Les gants des hommes,
comme les nôtres, sont souvent fermés par plusieurs

boutons, en général, ils sont très justes ; de plus, la moindre moiteur suffit à les faire adhérer à la peau d'une manière assez résistante. Il faudra donc au cavalier, dans la circonstance donnée, quelque temps pour se déganter. Quelle contenance donc pendant cette opération aura la dame avec sa main tendue? D'autre part, si le cavalier avait la main nue, il serait plus qu'inconvenant à lui de mettre son gant.

Du reste, l'hiver dernier, en visites ou en soirées, dans plusieurs grands salons, l'usage pour les hommes était de se présenter dégantés ; ils laissaient leurs gants dans le claque, qu'ils serraient sous leur bras gauche. Cet usage prévaudra-t-il, s'étendra-t-il? Je ne sais. C'est, du reste, à peu près tout ce que l'on peut dire sur de semblables sujets, tant la mode a des caprices inattendus.

Sous Louis XIV, et même après, les hommes ne portaient de gants qu'au dehors, pour se préserver du froid ou pour éviter de se salir la main à la bride de leur cheval; mais en entrant dans la maison où ils allaient, ils quittaient leurs gants. Agir autrement eût été se rendre coupable d'une grave impolitesse. Je ne crois pas, sauf au moment du départ pour la chasse, que jamais courtisan se soit présenté ganté devant le grand roi. En effet, quel mauvais effet les gants n'auraient-ils pas produit sous les beaux parements de leurs habits ou sous les somptueuses dentelles de leurs manchettes? Sous les Valois, Henri IV, Louis XIII, il était admis de donner des gants aux dames; les gants parfumés d'Italie furent très recherchés et nous voyons dans Antonio Perez qu'à la cour de Henri IV et à celle d'Elisabeth d'Angleterre, on recherchait les gants en peau de chien venant d'Espagne; de nos jours le gant de Paris est préféré du monde entier.

Ainsi va le monde; il impose aujourd'hui ce qu'il défendait hier. Mais tenez cet axiome pour certain : de nos jours il n'y a pas de femme bien mise si elle n'est bien gantée; et, en faisant une exception pour les vieillards, cette règle s'étend également aux hommes.

Il est un point délicat que j'hésitais à aborder, mais un singulier arrêté de la municipalité de Leipzig me décide. — Que vient faire ici cette municipalité? me direz-vous. — Vous allez voir.

Les édiles allemands ont voulu légiférer, décréter la mesure suivante : défense aux personnes dont les vêtements « traîneront ou frôleront la voie » de se montrer sur les trottoirs et promenades de la ville, sous peine d'une amende de 5 à 10 marcs, et punition plus grave, il me semble, pour les délinquants de voir leurs noms affichés dans les journaux de la localité. — A moins que les citoyens de Leipzig n'aient adopté la ridicule capote dont certains Parisiens sans goût se sont affublés et qui flotte sans grâce jusqu'au bas de leurs talons, il est évident que l'arrêté en question ne vise que les femmes.

Il sera impuissant, probablement inexécuté, je le veux bien, mais il n'est point ridicule.

Le ridicule, je dirais presque l'odieux, est de voir de magnifiques étoffes balayer la poussière, la boue de nos boulevards, ou lasser la main de nos élégantes, qui soutiennent avec effort les nombreux plis de leurs robes. Rarement encore elles évitent les accidents, et souvent, dans un état pitoyable, elles rentrent chez elles avec une toilette qui, toute neuve le matin, est perdue le soir. C'est très-beau une robe à traîne, une robe à queue, sur les tapis d'un salon, sur les coussins d'un équipage. Mais dans la boue ! ramassant toutes les ordures !... luxe de mauvais goût qu'il faut laisser aux femmes qui ne comptent pas avec leurs couturières.

Hâtons-nous de dire que ce honteux gaspillage étalé devant des pauvres quelquefois à peine vêtus et contre lequel nous n'avons cessé de protester, a complétement disparu. On ne traîne plus dans la boue ou sur l'asphalte souillée de nos boulevards les merveilleux tissus de la fabrique lyonnaise. La révolution est entière : elle compte parmi celles qui ont le don de me plaire. Elle est économique et de bon goût. Je serais heureuse de penser que mes indignations y ont été pour quelque chose.

DE L'AMEUBLEMENT

La distinction. ne se montre pas seulement au dehors et dans les salons étrangers, elle doit paraître également dans la tenue de vos gens et dans l'arrangement de votre maison ; il faut savoir la meubler, la garnir, la draper, en laissant à chacune des pièces qui la composent le caractère qui lui est propre, et à l'ensemble une espèce d'unité en rapport avec la fortune dont vous jouissez et les fonctions que vous exercez. Un mot me fera comprendre. Une panoplie convient très-bien à un officier ou à un jeune chasseur, elle serait malséante, pour ne pas dire ridicule, chez un magistrat. Si vous êtes riche, surtout si vous êtes riche ! faites-moi le plaisir de reléguer dans un coin obscur, et mieux encore dans une armoire ou en un meuble fermé, votre coffre-fort, fût-il de Fichet ou de tout autre illustre serrurier.

D'origine plébéienne, n'achetez pas de vieux portraits avec cordons bleus et croix de Saint-Louis, laissant croire à demi-mot que ce sont vos illustres

ancêtres. C'est un travers que j'ai rencontré quelquefois, et vraiment, quoique ce fût péché, je ne me
repens pas trop de m'en être égayée. Si votre père
a mérité des décorations, conservez-les, faites-les
encadrer, rien de mieux ; mais placez ce tableau
dans votre chambre à coucher, regardez-le quelquefois pour vous encourager à bien vivre, à bien
servir votre pays, sans l'imposer à la contemplation
de vos visiteurs.

On m'a souvent conté, je ne sais si la chose est
vraie, qu'un riche négociant de Lyon avait fait suspendre dans son salon les sabots avec lesquels il
était venu dans la ville, où il devait faire une si brillante et si légitime fortune. Cette exhibition était-
elle un acte d'humilité ? Je fais plus qu'en douter,
j'y vois le témoignage d'un immense amour-propre,
et le bout de l'oreille de Turcaret. Je tiens, au contraire, en grande vénération, la maréchale Lefebvre
qui, dans un meuble dont elle gardait seule la clé,
avait conservé le costume de vivandière de ses jeunes
années.

Devenue duchesse de Dantzick, de temps à autre elle allait regarder ces vieilles étoffes passées ;
c'était d'une femme sensée et chrétienne. On riait
quelquefois de son langage, mais on respectait la
loyauté de son âme ; aussi bien, c'était une femme
de beaucoup d'esprit, et, quoique l'historiette qui

vient au bout de ma plume m'écarte de mon sujet, que l'on me permette de l'écrire.

Un jour Napoléon Ier — qui était loin d'être galant — à la grande joie de l'impératrice Joséphine, taquinait la maréchale sur son âge ; il lui soutenait qu'elle était aussi âgée que lui ; elle le niait et refusait de faire connaître son jour de naissance. Bref, il fallut y venir, et il se trouva que la duchesse n'avait que vingt-quatre heures de moins que l'empereur. « Un jour ! c'était bien la peine de tant chicaner ! Qu'est-ce qu'un jour ? — Pour moi qui ne sais pas m'en servir, ce n'est rien qu'un jour, répondit la maréchale ; mais à vous, Sire, un jour suffit pour acquérir une gloire immortelle. » Avouez que Racine, Beaumarchais ou Rivarol n'aurait pas mieux trouvé.

Revenons à notre sujet. Il est clair que votre ameublement variera, selon votre fortune, vos charges, et suivant que vous voudrez ou que vous ne voudrez pas recevoir ; cependant il existe des règles générales, et c'est à celles-là que j'entends m'arrêter.

Votre antichambre contiendra des banquettes de chêne garnies en cuir ou des chaises en bois noir, une table avec une écritoire, un ou deux porte-parapluie, et autour des murailles seront rangées une série de patères qu'il vaut mieux choisir en bois qu'en métal. Quelques personnes placent dans cette pièce des sacres de cerf, ils sont peu de mise à la ville, mais ils figurent très-bien dans l'antichambre d'un château ou d'une maison de campagne. Au plafond sera suspendue une lanterne. On en fait aujourd'hui de charmantes, ou très-ornées ou très-simples, et qui ne sont pas d'un prix trop élevé.

Maintenant, passons au salon. L'ameublement doit être d'un seul style, le velours n'est plus admis, la tapisserie ou la soie l'a détrôné. Il ne faut pas qu'il soit encombrant, composé de trop de pièces; cependant, outre celles qui garniront le pourtour, il vous est permis de placer un fauteuil de chaque côté de la cheminée, avec des chaises basses qui pourront être d'une autre forme et d'une autre couleur que le reste des siéges. Deux canapés, de l'un et de l'autre côté du foyer, peuvent aussi figurer ; des encoignures d'un beau travail, entre les fenêtres des consoles supportant de beaux vases, font un très-bel effet. La garniture de la cheminée doit particulièrement solliciter votre attention. Ici, comme en beaucoup de choses, repoussez impitoyablement l'excès des dorures. Il est d'usage maintenant de ne plus mettre de pendules dans les salons : on les remplace en général par des bronzes. Il en est qui sont d'une perfection achevée et parfaitement appropriés à ces usages. Le tout est de savoir les choisir avec goût, et si vous voulez vous livrer à cette emplette, permettez-moi de vous engager à vous faire accompagner par une personne d'un goût éclairé ou par un artiste. Pour les beaux bronzes, il existe à Paris une maison qui jouit d'une réputation européenne, c'est la maison Barbedienne, dont les produits sont, il est vrai, d'un prix assez élevé, mais ils ont l'avantage de croître en valeur avec le temps. Pour les ustensiles du foyer, pelle, pincettes, vous préférerez du fer forgé, il en existe d'excellents modèles.

Je crois devoir m'arrêter un peu sur ce point : on fabrique de très-beaux chenets, mais il faut savoir les choisir du style dominant de la pièce où on les place. Si elle est d'un genre sévère, vous ne mettrez pas une garniture rococo. En général, j'aime peu pour cet usage des statuettes de figures humaines; placées si près du feu incandescent, et vues de haut en bas, elles me choquent comme un contre-sens, tandis que des chiens dont j'ai l'habitude de voir le bon museau toujours près de l'âtre, me semblent tout naturels. Des animaux chimériques me plaisent aussi, ils sont là fort à leur place, et ne m'étonnent point. Les beaux cuivres, dorés ou dans leur beauté naturelle, me conviennent aussi beaucoup; ils reflètent la flamme et égayent l'appartement. Seulement ils doivent être tenus propres et polis comme des glaces. Un banquier célèbre, mort il y a plus de vingt ans, avait une cheminée dont la tablette et tous les accessoires, pendule, candélabres, petits porte-flambeaux à main, pelles, pincettes, chenets, etc., étaient en acier poli, travaillé avec un art exquis. Aux lumières c'était d'un effet magique. J'ai vu chez Mme Lenoir, cette dame qui a enrichi notre musée du Louvre d'une admirable collection d'émaux et de miniatures, une cheminée d'une beauté merveilleuse. Elle était en onyx et, au lieu d'être garnie d'une pendule, le centre de la tablette se trouvait occupé par une grande corbeille renversée, pleine de fruits et de fleurs en pierres rares, dont le coloris imitait, à s'y méprendre, celui de la nature. Ces fleurs, ces fruits, avaient roulé épars sur l'onyx, et, deci et delà, en couvraient les rebords de leurs grappes charmantes. Quel prix avait dû coûter un tel chef-d'œuvre, et quel domestique d'élite ne fallait-il pas pour les soigner et en entretenir l'éclat !

Un piano ne sera jamais déplacé au salon ; cependant, je dois dire que maintenant, dans le grand monde, il occupe en général une pièce voisine. Au plafond, un lustre, si la hauteur le permet. Un lustre en cristal très-pur, tel que les fabriques françaises savent le produire, ou en verre de Venise imitant des fleurs et des fruits, des feuillages, de diverses couleurs, est encore ce qu'il y a de plus beau en ce genre. Je préfère le premier. Les vieux verres de Venise sont très chers, mais les nou-

veaux ne se vendent pas à des prix à désespérer. Ils
se montent très facilement, se démontent de même,
et, soigneusement emballés, ne craignent pas le
transport. Rien ne relève plus un salon que de belles
glaces et de beaux tableaux, un ou deux portraits de
maître. Mais si ce luxe ne vous est pas permis, ne
cherchez point à le remplacer par des enluminures ;
contentez-vous de glaces. A moins que ce ne soient
des épreuves rares, ou que vous ne vous livriez aux
études de l'art, les gravures ne sont pas admises dans
un salon. Faut-il une table au milieu de la pièce ?
Cela dépend de sa grandeur. Dans les salons officiels
des palais il n'y en a pas. Un tapis est de rigueur.

L'acajou a été le luxe de ma jeunesse ; aujour-
d'hui, pour décorer un salon, il est complétement
repoussé, on peut dire que tous les autres bois sont
admis excepté lui.

Il est un ameublement qui m'a toujours charmée ;
il se compose de belles tapisseries des Gobelins ou
de Beauvais montées sur bois sculptés, peints en
blanc et légèrement relevés par de très-minces
filets d'or. C'est d'un luxe princier ; malheureusement il faut beaucoup d'argent pour se le donner,
surtout si l'on désire des vieux Gobelins. Cependant
je ferai remarquer aux femmes économes que les
tapisseries sont presque inusables, et qu'avec elles
on n'a pas besoin de housses. A propos de housses,

il est bien convenu qu'elles doivent disparaître dès que vous ouvrez votre salon, et que, lorsqu'elles recouvrent vos meubles, elles seront d'une blancheur parfaite, sous peine d'être très-choquantes et de ne pas remplir le service de préservation que vous leur avez assigné.

A propos de housses, permettez-moi de vous conter une historiette. Un été, j'allai chez une de mes cousines dont la résidence fixe était à la campagne. Elle habitait une jolie villa garnie de bons meubles, solides sans être moins confortables. Mais, dans cette villa, il y avait un salon dont l'ameublement était une vraie merveille. Il lui venait d'héritage. Tentures, portières, rideaux, siéges, canapés, tout était en lampas tramé d'un fil d'or. En mon honneur, ma cousine invita toute la gentilhommerie du voisinage. Le matin de ce grand jour, en descendant de ma chambre, je trouvai ma cousine avec sa femme de chambre occupée à couvrir de housses tous les meubles de son salon.

— Eh ! lui dis-je, que faites-vous donc ?

— Vous le voyez, fit-elle en venant m'embrasser.

— Mais, n'est-ce pas aujourd'hui que vous recevez ?

— C'est précisément pour cette réception...

Je partis d'un franc éclat de rire ; mais, le soir,

après le départ de nos hôtes, fort aimables d'ailleurs, je dus reconnaître que si la précaution de Louise avait une dose d'originalité, elle ne manquait pas de sagesse.

Tirez de cette historiette la raison pratique qui vous conviendra.

Il y a toujours une chose qui m'a frappée dans l'ameublement. Tout neuf, il est moins beau que lorsqu'il a un peu vieilli. En leur nouveauté, les meubles n'ont pas l'air d'être chez eux, ils n'ont point cette harmonie générale qui plaît à l'œil; il faut que le temps fasse un peu son œuvre, et mette le tout au même ton. Avant, les lumières s'accrochent mal, et les rideaux ont une roideur de plis sans grâce. Je crois que tout le monde a été frappé de cette singularité qui contredit le vieux proverbe : « Tout nouveau, tout beau. »

Avant de sortir du salon, permettez-moi une remarque encore. Quelques personnes enveloppent de gaze leurs candélabres et leurs garnitures de cheminée; ne faites cela que lorsque vous voulez l'abandonner pour aller à la campagne.

Entrons, s'il vous plaît, dans le cabinet du chef de la famille. Ici doit régner un goût sévère, pas le même cependant pour toutes les professions; il y a néanmoins des meubles communs, à peu près, à toutes : un beau bureau, une bibliothèque, un casier à cartons, un fauteuil large à dossier rond garni en beau cuir, le tout, s'il se peut, du même style. Ce n'est point obligatoire. La cheminée portera une garniture d'un goût sobre; moins encore de dorure que dans le salon. Choisissez des tentures à couleur sombre; le vert est excellent, il repose la vue, et la laine avec ou sans garniture de velours est généralement adoptée. Des tableaux de genre, des dessins, des aquarelles, des gravures, de petits bronzes, trouvent parfaitement leur place et complètent l'ameublement, qui doit viser à la commodité, au confort solide. Par exemple, si ma fille était devenue la femme d'un médecin, je l'aurais vivement priée de ne point placer sur la cheminée de son mari le bronze d'*Hippocrate refusant les présents d'Artaxercès*. Il est peut-être beau, je le veux bien; mais j'en ai vraiment la vue fatiguée; je crois que je le dessinerais les yeux fermés. Dans le choix des choses il faut éviter le banal; les esprits distingués sont inventifs. Une femme de goût veillera avec soin à ce que l'arrangement de cette pièce plaise à celui qui doit y passer de longues heures; pour ce faire, elle devra interroger ses goûts et, s'il le faut, se plier à ses manies. Dieu sait s'ils en ont, nos chers tyrans! Estimez-vous heureuses s'ils n'ont que celles-là. Puisque j'y suis, il faut que je vous prie de bien recommander à ceux de vos gens chargés de veiller à la propreté de cette pièce sacrée de n'y rien déranger. Un papier, un livre ouvert, doivent rester où ils sont et comme ils sont; le vent d'un plumeau qui tourne un feuillet peut soulever des tempêtes. Si votre mari est médecin, avocat ou magistrat, faites poser des doubles portes à son cabinet, la nature des confidences qui lui seront faites l'exige impérieusement.

Maintenant il est rare qu'une femme n'ait point un petit salon, ridiculement nommé autrefois *boudoir*, où elle recevra ses visites intimes. Mais si sa condition de fortune, si sa nombreuse famille, lui empêchent d'avoir cette petite pièce supplémentaire, elle accueillera ses visiteurs dans son grand salon, n'ouvrant sa chambre à coucher qu'à ses amies les plus chères et à ses parentes les plus proches. Cette pudique réserve est de stricte observance pour les jeunes femmes; les vieilles, comme moi, ont indulgence plénière. Dans ce petit salon vous pouvez amonceler tous les meubles qui vous conviennent et toutes les petites raretés dont vous êtes fière ou heureuse. Ici je ne vous conseillerai pas les bronzes pour garniture de cheminée, mais une pendule, des flambeaux, et des vases, en belles porcelaines, en terre cuite, en marbres très-recherchés, ou, à leur défaut, une belle jardinière coquette que vous aurez soin d'entretenir bien fleurie. Pour les meubles, tous les bois rares pêle-mêle, depuis l'ébène jusqu'au bois

dit *de rose* ; et si vous avez du laque, des chinoise-
ries, des jades, des monstres en beau bronze du Japon, c'est là leur vraie place. Aux murailles, tendues
en étoffe d'un ton convenant à votre teint, vous pouvez
suspendre vos étagères, les dessins, les peintures que
vous voudrez ; le tout dans un savant désordre. Je
dis savant, parce qu'il ne faut pas, et c'est le grand
écueil à éviter, que cette charmante bonbonnière
ressemble au capharnaüm d'un marchand de curio-
sités. Si vous êtes accorte et avenante, vous brillerez
au milieu de toutes ces choses fraîches, délicates, et
dont la fragilité même double le prix.

Je n'entrerai pas dans votre chambre à coucher,
non plus que dans votre cabinet de toilette ; je vous
engagerai seulement à installer ce dernier le plus
largement possible, et à avoir soin d'en couvrir de
linoléum tout le parquet.

A présent, passons à la salle à manger. Aujour-
d'hui, excepté dans les grands hôtels où l'on revêt les
murailles de cette pièce de panneaux tout brillants de
riches peintures, où les buffets sont chargés de
pièces d'argenterie ciselées, la salle à manger a en
général un aspect sévère. Les vieux chênes en forment
l'ameublement ; du reste, la couleur sombre de ces
siéges, de ces boiseries, de ces larges crédences à
étages, fait admirablement ressortir la blancheur et
l'éclat du service lorsque la suspension — on en fait

de nos jours en divers métaux d'un modèle délicieux — projette sa lumière sur la nappe et les cristaux. Ayez donc une table et des chaises en chêne, choisissez-les d'une belle forme, mais, croyez-moi, pas trop chargées de reliefs, parce qu'alors ils deviennent d'un entretien difficile. Le seul inconvénient que je connaisse aux siéges en bois est de lustrer les robes de velours; mais on peut y obvier par un mince coussin qui ne devra se placer qu'au moment du repas. Les vieilles faïences, et même les nouvelles terres cuites, sont des décorations très à la mode aujourd'hui et méritent de l'être; un cartel se trouve aussi à sa place dans une salle à manger; mais, au nom du respect que vous vous devez à vous-même, que ce ne soit pas une de ces affreuses enluminures qui se fabriquent je ne sais où, pour la joie de quelque naïf Peau-Rouge de l'Amérique ou d'un habitant des bords du Don. Aux murs de votre salle à manger, des natures mortes seront d'un bel effet : ces tableaux doivent être bons; si votre fortune ne vous permet pas d'en avoir de tels, passez-vous-en. C'est surtout le faux luxe qui donne à un appartement un aspect tout à la fois prétentieux et commun.

Si l'on veut bien prendre le sens et non la lettre des instructions que je viens essayer de formuler, on aura un intérieur d'un ameublement très-distingué. Est-ce à dire qu'avec moins de dépense on ne puisse pas atteindre le même but? Je suis assurément fort loin de le prétendre... J'ai connu des maisons où, en fait de meubles, il n'y avait presque rien, et qui pourtant semblaient être toujours parées; des fées actives, intelligentes, ayant le sentiment du convenable et du beau, faisaient ce miracle; sous leurs petites mains tout prenait bonne place, entre les meubles les plus simples s'établissaient des harmonies secrètes de ton et de forme qui les rendaient charmants. L'ordre, le goût, la propreté, l'absence de prétention vaniteuse et ridicule suffisent à créer un intérieur plein de distinction et d'élégance. Donnez-vous ce luxe, il fait qu'on se sent bien chez soi, que l'on s'y plaît; bonheur et amourpropre y trouvent leur compte.

Un mot ici sur un sujet fort délicat que je toucherai, d'ailleurs, autre part. Les cigares et le tabac ont tout envahi, — vilaine invasion; — en tout il faut compter avec cette épidémie. Dans les hôtels, dans les appartements importants, il y a donc une pièce consacrée exclusivement aux fumeurs. Son arrangement consiste en une lampe suspendue, en larges divans, en chaises basses, en un meuble spécial, fermé ou non, contenant les boîtes de cigares et les tabacs, en petits chandeliers à branches, et une cave à liqueurs. Le long des panneaux, qui doivent être couverts d'un papier uni et verni pour ne pas absorber et retenir l'odeur, figurent bien une panoplie, des armes de chasse, de belles pipes orientales avec leurs bouquins en ambre. Un beau et chaud tapis, et quelques petits meubles en bois ou en porcelaine d'un usage particulier pour les fumeurs, de petites coupes en cristal pour les cendres, quelques outils pour débourrer les pipes, et voilà qui est fait et bien fait.

Dans certaines maisons le *cabinet de monsieur* sert de fumoir ; je ne saurais approuver cet usage. Le cabinet où écrit un magistrat, un médecin, ne doit pas sentir le tabac ; leurs livres ne doivent pas être imprégnés, saturés de l'odeur de l'herbe de Nicot, que tout le monde ne supporte pas. Puis il est une autre raison que je n'ose presque pas dire, que je ne dirais même pas, si je ne connaissais certains faits. Dans ce cabinet où l'on travaille, on laisse quelquefois traîner du papier, des lettres fraîchement reçues... Ne vous récriez pas, ne dites pas qu'une telle indiscrétion est impossible : il y a longtemps que la coupable curiosité a fait son entrée dans le monde.

DES LETTRES

Si j'essayais de traiter du style épistolaire, il me faudrait écrire un volume, et encore tout ne serait pas dit; heureusement, je n'ai point à poursuivre un tel dessein, c'est des formules et de la partie matérielle des lettres dont je dois m'occuper. On trouvera peut-être mes prescriptions et les détails où je vais entrer bien puérils; mais il ne faut point oublier d'abord que j'écris pour ceux qui ignorent, et qu'ensuite il arrive très-souvent que tel, dont le style épistolaire est très-brillant du reste, chute ou s'arrête, ne trouvant pas la formule obligatoire, je ne dirai point dictée, mais imposée par l'usage. Dans sa pensée, il voulait adresser une lettre très-courtoise, donner bonne idée de son éducation, c'est au résultat tout contraire qu'il est arrivé sans même s'en douter.

D'abord je vous souhaite une écriture, sinon belle, du moins nette et très-lisible. J'avais un vieil ami, notaire à Niort, l'homme le plus vénérable du monde, et qui m'était excessivement cher; lorsque je recevais un mot de lui, après avoir tourné et retourné le papier, j'étais toujours contrainte de faire appel au ban et à l'arrière-ban de ma famille pour déchiffrer des caractères qui auraient mis en défaut la sagacité de Champollion lui-même. A épeler ainsi chaque mot, en tombant quelquefois dans les sens les plus inattendus et les plus bouffons, tout le charme de la correspondance s'envole.

Avant de vous mettre à écrire, essayez votre plume, et assurez-vous que votre encre coule bien, choisissez votre papier du format qui convient, et prenez-en une feuille sans brisure et sans souillure. Je conseille peu les papiers de couleur, de fantaisie; on ne doit jamais s'en servir lorsqu'on s'adresse à ses supérieurs; je repousse également, en général, les papiers à vignettes et à devises, ils ne sont admissibles que dans l'intimité. Quant aux papiers frappés d'armoiries, l'usage n'en appartient qu'à certaines familles, et elles ont soin de ne point s'en servir lorsqu'elles s'adressent à leurs fournisseurs.

Un papier blanc, à demi glacé, un peu fort, est celui auquel on doit donner la préférence. Si vous écrivez à un ministre, il faut prendre le format qui, en papeterie, est connu sous ce nom, et la grandeur du papier que vous adopterez ira en décroissant, suivant le rang et l'âge des personnes à qui vous avez affaire.

Vous savez qu'une lettre à un supérieur ou à une dame ne doit porter aucune rature ; ainsi donc, si vous n'êtes pas bien assuré de vous-même et certain de trouver l'expression juste, en improvisant pour ainsi dire, ne craignez pas de faire un brouillon. Je ne crois pas que Mme de Sévigné écrivît si « bride abattue » qu'elle veut bien le prétendre, et je me souviens de Colbert grondant son fils pour avoir adressé à Louis XIV un rapport tracé de premier jet. « Il était bien, lui dit-il, mais il eût été mieux si vous aviez pris la peine de le recopier. »

Quand vous vous adressez à un ministre, à un prélat, à un magistrat des Cours supérieures, à un ambassadeur, etc., en tête de votre lettre vous mettrez ses titres et qualités en toutes lettres et en gros caractères. Au-dessous, à moitié de la page, en vedette, vers la droite, vous tracerez les mots : *Votre Excellence, Monseigneur, Monsieur le Président*, selon la qualification que comporte la dignité du personnage. Les ministres des cours étrangères ainsi que leurs ambassadeurs et leurs plénipotentiaires sont titrés d'*Excellence*. Les ambassadeurs et les ministres de la République française ne prennent officiellement pas de titre ; mais, cependant, il y a six ou sept ans, étant allée à l'hôtel du quai d'Orsay, j'entendis l'antichambre donner de l'Excellence à son maître passager. Je crois que l'ambassadeur de la République des Etats-Unis se laisse qualifier comme ses collègues ; je n'en serais point surprise, car les Américains, de race anglo-saxonne aussi bien que de sang espagnol, ont un faible pour les titres honorifiques.

Ces mots, tracés en vedette et en gros caractères, laissant une marge du tiers de la feuille, vous n'écrirez que quatre ou cinq lignes sur cette page, conservant au bas un blanc de deux à trois doigts, de manière à ce qu'en tenant la lettre le pouce ne couvre pas les derniers caractères. Ce blanc se répète au bas de chaque page.

Sur le verso, on ne recommence à écrire qu'en laissant en haut un espace blanc du cinquième au quart, et il va sans dire que l'on garde la même marge que sur le recto. Toutes les fois que dans votre rédaction reviendra le titre qualificatif du personnage à qui la lettre est destinée, vous aurez soin de l'écrire avec une majuscule et en caractères plus gros que ceux du corps de la pièce.

Et vous poursuivez ainsi. N'oubliez point la ponctuation, et souvenez-vous qu'une virgule omise peut changer, du tout au tout, le sens d'une phrase.

Quand vous aurez fini de dire ce que vous vouliez, reste la formule de salutation de la fin. Dans le cas où je me suis placée, elle est presque stéréotypée ; la voici telle qu'elle doit être disposée :

J'ai l'honneur d'être, Monsieur le Ministre,
        De VOTRE EXCELLENCE (1),
                Le très respectueux serviteur.

ou bien :

        Que VOTRE EXCELLENCE (2) *daigne agréer,*
                Monsieur le Ministre,
        L'hommage de mon profond respect.

Cette seconde formule est préférée par les femmes à qui le mot de *servante* répugne : je suis de celles-là.

D'après ce que nous venons de dire de l'absence de toute qualification honorifique adoptée par les hauts fonctionnaires de la République française, il est clair que la formule finale des lettres ou pétitions qui leur sont adressées doit s'y conformer. Vous écrirez donc :

        J'ai l'honneur d'être,
                MONSIEUR LE MINISTRE,
                        Votre respectueux serviteur.

ou bien :

                Daignez agréer,
                        MONSIEUR LE MINISTRE,
                                L'hommage de mon profond respect.

Il faut avoir soin de laisser un peu de blanc entre

(1) De Votre Majesté, de Votre Sainteté, de Votre Grandeur, suivant la personne à qui la lettre est adressée.
(2) Même remarque.

le corps de la lettre et cette salutation, et s'arranger de telle sorte qu'elle ne soit point isolée sur une page. Le post-scriptum n'est pas admis.

Reste la signature. Qu'elle soit nette, *très-lisible*, et je ne saurais trop vous recommander de ne pas l'accompagner de ces hiéroglyphes contournés et bistournés si chers aux tabellions d'autrefois : c'est du dernier commun. Au-dessous de votre signature, vous mettrez votre adresse, et, un peu plus bas et à gauche de la page, le nom du lieu d'où vous écrivez, et la date en chiffres.

Votre missive ainsi terminée, après avoir eu l'attention de la bien sécher, vous la plierez exactement, en ayant soin de passer l'ongle sur les plis, vous l'introduirez alors dans une enveloppe de papier blanc, toute autre couleur serait inconvenante, et vous la fermerez avec de la cire, jamais avec un pain à cacheter. Ayez garde qu'elle ne soit point trop étalée, cette cire rouge, et cependant assez épaisse pour que l'empreinte de votre cachet ressorte nettement. Le duc d'Orléans, qui devint roi sous le nom de *Louis-Philippe*, tenait beaucoup à ce que ses lettres fussent bien cachetées, et ses armoiries bien marquées sur la cire sans babochage. Il a souvent grondé Alexandre Dumas, alors employé dans sa maison, pour avoir traité un peu à la légère une opération à laquelle il accordait de l'importance.

J'aimais l'aspect de ces blanches enveloppes portant de riches armes ; je dois reconnaître que, comme tant d'autres choses, elles tendent à disparaître. Ministres, sénateurs, députés, généraux et la grande généralité des personnes qui correspondent avec eux n'emploient que des enveloppes gommées. Ainsi, en vous adressant même aux plus hauts personnages, vous ne ferez point acte d'inconvenance en n'employant pas la cire.

Entre égaux, la correspondance a moins d'étiquette. On se sert d'un format de papier moins grand, en haut de la première page point d'énumération des qualités de la personne à laquelle on écrit, moins de marge, et moins de distance entre le mot en vedette et la première ligne. Je vous conseille de garder toujours le même espace en blanc au bas de chaque page ; et il va sans dire que les ratures ne sont point admises. Si votre correspondant est noble, vous mettrez en tête de votre lettre : *Monsieur le Comte, Monsieur le Baron ;* ou *Madame la Baronne,* ou *Madame la Comtesse,* mais ensuite vous ne répéterez point le titre qualificatif, vous vous contenterez de dire *Monsieur* ou *Madame,* il ne reviendra qu'aux formules de politesse de la fin. Dans cette sorte de correspondance, elles sont très-délicates ces formules, et varient à l'infini. Si c'est une réponse que vous faites, le plus simple est de reprendre pour les retourner les termes mêmes dont votre correspondant s'est servi pour vous saluer.

Ces trois ou quatre lignes finales sont, je le répète, très-délicates à trouver, elles font le désespoir des secrétaires chargés de la correspondance, et, pour n'avoir pas tenu compte d'une imperceptible nuance, que de fois ils ont vu leur besogne rejetée! En tous cas, on doit toujours tenir compte de l'âge, du sexe, de la condition, de la réputation acquise, c'est en pesant tout cela que l'on trouvera le juste terme dont il faut user pour demeurer dans une exacte mesure. Tâchez de n'être pas trop banal; ce n'est point chose facile.

Même attention que dans mes précédentes recommandations pour fermer votre lettre, l'enveloppe gommée suffira. L'adresse, comme toujours, doit être mise avec soin; on n'écrit point par abréviation les titres, et sur un papier qui passera sous tant de regards, on ne met point le nom de baptême des femmes ou des jeunes filles.

Il est cependant une exception à cette règle, c'est lorsque deux sœurs vivent sous le même toit : alors la nécessité fait loi. Si ce sont deux belles-sœurs, on ajoutera au nom de celle à qui on écrit, non son prénom, mais celui de son mari. Cet usage du prénom marital est tellement admis par beaucoup de familles, que dans la conversation on dit : « madame Ar-

thur C***, madame Raoul B***, au lieu de « madame
Louise C***, madame Marie B***. » A mon sens, il y
aurait bien là quelque chose à reprendre, certaines
réserves à faire ; mais c'est accepté, je n'ai donc qu'à
m'incliner, et cette coutume remonte loin, car sous
Louis XVI, à la cour et dans les petits salons de Marie-
Antoinette, on appelait Mme la duchesse de Polignac
« madame Jules ».

Quand viendront les chapitres consacrés aux fêtes,
au mariage, au deuil, etc., je parlerai des lettres
d'invitation ou de faire part; mais avant de continuer,
une observation encore.

Il arrive quelquefois que l'on vous prie, pour une
raison ou pour une autre, de remettre une lettre.
La politesse veut, ou voulait, qu'elle fût confiée ouverte à votre discrétion. J'ai dit : voulait ; car, en ce
point, l'usage tend à se modifier, et cette modifica-
tion, je l'approuve. Je suis très-éloignée de méconnaître ce qu'il y a de galante façon dans ce confiant
procédé ; mais, quoique je sois très-tranquille sur les
tentations de ma curiosité, je me suis toujours refusée à recevoir une lettre ouverte. Quand on m'en donnait une dans cet état, j'ai eu soin de la fermer à
l'instant devant la personne qui me la remettait.
Voici la raison qui me faisait agir ainsi : cette lettre
pouvait contenir un mot piquant, un secret grand
ou petit; supposez que le mot vînt à être répété,

le secret divulgué ; pourquoi m'exposer à être soup-
çonnée ?

Ajoutons encore, pour terminer, que dans les lettres manuscrites il n'est permis d'employer la troisième personne qu'en écrivant aux gens à son service et à ses fournisseurs, tels que couturière, tailleur,
ou marchand ; et encore, parmi ces derniers, y a-t-il
des exceptions à faire. On ne doit pas se permettre
cette hautaine familiarité quand on écrit à des hommes qui ont reçu une éducation libérale, à moins
qu'on ne leur envoie purement et simplement une
lettre de commande, qui semble ne pas s'adresser
personnellement à eux.

Les pétitions et les lettres de demande de faveur
et d'emploi s'écrivent selon le même cérémonial que
j'ai indiqué pour les lettres aux ministres ; seulement
dans ces pièces la marge doit être de la moitié du
papier, afin d'accorder une place suffisante aux apos-
tilles.

Si vous vous adressez à un ministère ou à une ad-
ministration publique pour demander quelques pièces ou pour faire une réclamation pécuniaire ou autre,
n'oubliez pas que la loi exige l'emploi d'une feuille de
papier timbré. Si vous ne le faites pas, vous recevrez un avis formel de vous soumettre à cette prescription, et votre pli vous sera retourné.

Suivons maintenant l'homme dans les différents

actes de sa vie, et voyons ce qu'il doit faire pour témoigner sa politesse et sa distinction.

A toutes ces prescriptions, il faut que j'en ajoute une autre. A une certaine époque, il m'est passé sous les yeux des papiers très-importants, des papiers d'Etat. Dans un certain nombre des dossiers, au bas de quelques lettres fort curieuses, se trouvaient ces mots en gros caractères : « Brûlez cette lettre. » Pas une de celles qui portaient cette annotation n'avait été jetée aux flammes. Gardées, au contraire, avec le plus extrême soin, elles se distinguaient par leur parfait état de conservation. Veillez donc sur ce que vous écrivez et souvenez-vous du vieux proverbe : « Les paroles s'envolent, les écrits restent. »

Au temps passé, j'ose espérer qu'il est bien passé, il n'existait aucun secret pour la poste. Cette vilaine pratique remonte bien haut. En lisant les mémoires de la duchesse d'Orléans, princesse palatine, mère du Régent, on ne peut s'empêcher de partager la colère qu'elle éprouve quand elle pense que toutes ses lettres seront décachetées et lues par le marquis de Torcy.

Que l'inviolabilité des cachets soit plus assurée que jadis ; que votre correspondance ne soit pas aussi importante que celle de la belle-sœur de Louis XIV, je n'en doute point ; mais, quoi qu'il en soit, pesez soigneusement le contenu de vos billets, il y a sagesse à le faire ; les femmes bien élevées ne manquent jamais de cette prudente retenue; elles savent quels ennuis peut causer une lettre égarée et tombée dans des mains dangereuses. Aussi, par une conséquence naturelle, je vous engage à ne point laisser traîner la correspondance que vous entretenez avec vos amies. Vous devez, si vous voulez la conserver, avoir, à cet effet, un meuble spécial.

Une jeune fille ne reçoit jamais une lettre sans la montrer à sa mère; elle n'établit jamais de commerce épistolaire sans son consentement, et j'engage la tendresse maternelle à ne pas trop laisser se multiplier ces rapports, à les borner expressément aux amitiés bien sûres, aux personnes dont la tournure d'esprit et les habitudes morales ne donnent aucune prise à la critique. Cette autorisation obtenue, cet échange de pensées permis, la jeune fille, même en traçant le moindre billet à son amie la plus intime, veillera à la correction de son style; elle s'habituera à bien rendre sa pensée; ce sera encore un moyen de prouver qu'elle a profité de l'éducation reçue et de faire montre d'élégance et de distinction.

A L'ÉGLISE

A quelque religion que vous apparteniez, dès que vous entrez dans un temple élevé à l'Eternel, vous le ferez avec un visage grave, décent, recueilli, et vous vous conformerez aux pratiques extérieures du culte qu'il impose. Si, en voyage, vous le visitez pour admirer les vitraux qui l'éclairent de leur lumière enflammée, les sculptures qui le parent, les tableaux des maîtres qui le décorent, vous n'y porterez point une curiosité turbulente, et vous éviterez de la satisfaire aux heures des offices, afin de ne point troubler le recueillement des rites et la piété des fidèles. Vous n'y apporterez point un air écervelé, et quand vous serez plusieurs ensemble, vous ne vous appellerez pas d'une extrémité de la nef à l'autre pour vous communiquer vos impressions; vous parlerez bas et sans gestes, vous souvenant que vous êtes dans un lieu saint et non dans un musée. Si un serviteur de la sacristie se présente pour vous guider, vous le suivrez; s'il est ignorant, s'il se trompe, vous ne

le reprendrez point, vous ne le tournerez pas en raillerie ; dans le cas où votre savoir vous permettrait de
le faire, vous ne redresserez ses erreurs que d'un ton
poli ; s'obstine-t-il, n'engagez pas de discussion avec
lui.

Il est d'usage de donner à ce cicerone quelque
menue monnaie, vous vous conformerez à cette habitude, toute peine valant salaire. Vous acquitterez
cette légère imposition de la façon la plus convenable,
en le remerciant, et vous sortirez de la maison du
Seigneur sans bruit. Si dans cette visite vous êtes
accompagné d'une dame, vous ne lui donnerez pas
le bras, l'Eglise ne le permet que dans des circonstances qu'elle a déterminées elle-même et que je
ferai connaître. — Lorsque, arrivé à certain pilier,
vous rencontrerez le tronc des pauvres, n'oubliez pas
ceux que le père Bridaine, dans un sermon célèbre,
appelait « les meilleurs amis de mon Dieu ».

Mais si vous vous rendez à l'église, au temple, à la
synagogue, pour remplir un devoir religieux, appor-
tez-y la décence qui convient. En entrant dans un
temple catholique, le premier acte est de prendre de
l'eau bénite. Lorsqu'une femme est accompagnée par
un homme, il lui offrira l'eau bénite ; si elle se trouve
avec des personnes plus âgées, ce sera à elle à remplir ce devoir.

En province, où tout le monde se connaît, l'eau

bénite passe, pour ainsi dire, de main en main ;
à Paris et dans les très-grandes villes, où les fidèles
d'une paroisse sont étrangers les uns aux autres,
cela n'a point lieu. Si une jeune personne entre
dans une église, elle ne recevra pas l'eau bénite
offerte par un jeune homme — que ceci soit fait sans
affectation — mais d'un vieillard elle le peut, elle le
doit ; et quand une personne plus âgée la suit, elle
lui rendra le même honneur. Me souvenant de l'égalité devant Dieu, je trouverai bien qu'elle en agisse de
même avec sa femme de chambre. Une personne
avec qui vous êtes brouillée vous offre-t-elle l'eau
bénite, vous devez l'accepter, c'est peut-être un premier pas vers l'apaisement, et, en tous cas, nul cœur
chargé de rancune ne doit se présenter devant le
Seigneur.

Je condamne formellement toute toilette à fracas,
à couleurs voyantes ; n'oubliez pas, d'une part, que
votre Dieu est le Dieu des humbles, et de l'autre,
que c'est pécher que de causer des distractions aux
fidèles. Dans le siècle passé, les grandes dames
se faisaient suivre d'un nombreux personnel portant la queue de leur robe, leur livre de prières,
leur carreau armorié ; cette livrée, mal-apprise,
menait grand bruit ; c'était, de tous points, une
conduite malséante qu'un sentiment religieux plus
élevé a proscrite. Si, lorsque vous vous présentez,

l'office est commencé, le prêtre à l'autel, le prédicateur en chaire, vous devez vous glisser le plus doucement possible à votre place, en ayant soin de ne déranger personne. Dans le cas où vous y seriez forcée, vous vous excuserez de le faire en remerciant d'une légère inclinaison de tête. Vous ne troublerez point le silence des cérémonies par le bruit de votre chaise, par le froufrou de vos étoffes ; et ne commettrez point l'inconvenance d'envoyer des signes d'amitié aux personnes de votre connaissance ; un regard échangé rapidement est tout ce qui est permis. Avez-vous une chaise à vous, et l'office est-il commencé, vous la réclamerez à voix basse ; au moindre refus de celui qui l'occupe, pas d'insistance de votre part, de crainte de causer un trop bruyant débat. Possédez-vous une place attitrée sur un banc et, pour y entrer, vous présentez-vous plusieurs de front, cédez toujours le pas aux vieillards et aux femmes, mais que cela soit fait rapidement et sans formalisme.

Lors des quêtes, ne laissez point voir ce que vous donnez, ne transformez point une œuvre méritoire en une œuvre d'ostentation : Dieu préfère l'obole du pauvre à l'or du riche. Jeune femme ou jeune fille, étant appelée à quêter, adoptez une toilette élégante, mais simple, et disposée de telle sorte qu'elle ne gêne pas vos mouvements. Vous aurez un jeune homme

pour vous accompagner, vous lui donnerez la main
gauche, et de la droite vous présenterez la bourse.
Les gants blancs ou de couleur très-claire sont de
rigueur, ainsi que pour le jeune homme la cravate
blanche, et chaque fois qu'une main s'étend vers votre
bourse, vous marquez un arrêt, et saluez par une
légère inclinaison de tête. Si vous voyez qu'une personne ne s'empresse pas à vous accorder le léger
tribut que votre charité implore, n'ayez point l'air
d'insister en suspendant votre marche; que votre
visage ne trahisse ni surprise ni mécontentement.
Tel qui ne vous donnera rien, ou ne le peut, ou
a épuisé déjà par bonté la part de son budget assignée à la bienfaisance. Dans la quête suivez les indi-
cations du bedeau et du suisse, et, soit en allant, soit
en revenant à la sacristie, n'échangez avec votre
cavalier que les paroles indispensables.

Il est des quêtes qui se font d'une manière différente : aux sorties de l'église se tiennent les quêteuses debout ou assises; la première attitude est
préférable; elles ont à la main droite la bourse dans
laquelle d'abord elles ont mis leur offrande, et
derrière elles, toujours debout, sont leurs cavaliers.
Quelquefois la bourse est remplacée par un plateau
d'argent posé sur une petite table couverte d'un tapis, alors la quêteuse reste assise, mais l'homme qui
l'accompagne, toujours debout.

En des circonstances particulières, il arrive que la quêteuse, quelques jours auparavant, adresse à ses connaissances une lettre ainsi conçue :

Madame de V*** a l'honneur de faire la quête (tel jour, telle heure, (pour telle œuvre), en l'église Saint-Honoré.

Elle serait heureuse d'être unie à vous dans un acte de bienfaisance.

Ces billets, circulaires généralement imprimées, doivent être ou portés ou affranchis. L'usage veut ou que l'on y réponde, soit en portant son offrande au domicile de la quêteuse, quand on pense ne pouvoir assister à la cérémonie ; soit en déposant une carte cornée.

A toutes les personnes qui ont déposé chez elle une offrande, si minime qu'elle soit, la quêteuse doit l'envoi d'une carte avec un mot de remerciement. Souvenez-vous en le traçant que le pauvre qui donne peu, donne toujours plus que le riche, c'est-à-dire que son don est plus méritoire. Quelques dames dont la douce paresse s'allie aux trésors d'un bon cœur font préparer des cartes imprimées pour cet usage. J'estime que le mot écrit à la main est préférable ; il marque mieux le sentiment de votre reconnaissance : l'imprimé est trop banal.

Puisque nous en sommes aux actes de bienfaisance, permettez-moi d'ouvrir ici une parenthèse.

A Paris et dans toutes les grandes villes, les dames s'occupent beaucoup de bonnes œuvres. Je leur en sais un gré infini. Elles organisent des bals de charité, des concerts, des tombolas, des loteries, etc., etc. Tant qu'il ne s'agit que de bals, je n'ai rien à dire, mais pour les concerts, les tombolas, les loteries, je fais quelques réserves et vous engage à en prendre note : Avez-vous remarqué quelles sont en réalité les personnes qui font les frais de ces fêtes de bienfaisance? Ce sont les artistes, toujours les artistes. Pendant l'hiver, ils sont harcelés de demandes, et peu de semaines se passent sans qu'un peintre, un sculpteur, un graveur ne voie entrer dans son atelier une main souvent très-tenace qui lui demande un lot. Il donnera une fois, deux fois, trois fois, car l'artiste est naturellement généreux, mais il finira par se lasser et trouvera avec raison que sa part de contribution est trop forte, que l'on abuse de sa complaisance. Je vous engage donc, si vous avez l'honneur de recevoir quelques artistes dans votre salon, devenue dame patronnesse d'une œuvre, de ne point les tourmenter par des sollicitations indiscrètes; contentez-vous de leur apprendre la mission dont vous vous êtes chargée et s'ils ne vous offrent rien, ne leur demandez rien.

Si, pour de bonnes œuvres semblables, ou pour

toutes autres causes, vous êtes appelée à assister aux cérémonies d'un culte qui n'est pas le vôtre, que leur nouveauté n'amène sur vos lèvres aucun sourire, ne témoignez pas une curiosité inconvenante, et conformez-vous en tout point à ce que vous verrez faire autour de vous. Si vous ne voulez pas vous conduire ainsi, si votre sévérité religieuse ne se prête pas à cette tolérance, abstenez-vous. Pour moi, si respectable que dans sa cause puisse être ce scrupule, je ne l'ai jamais éprouvé. Mais, en telle matière, chacun ne relève que de sa conscience, c'est à elle seule qu'il faut obéir. Quand le prêtre d'un culte étranger s'adresse devant vous aux fidèles de sa communion, ne laissez paraître sur votre visage ni blâme ni dédain; ne troublez pas l'assistance par votre départ. A ce propos, je dirai qu'il est d'une grande inconvenance de quitter l'église pendant un sermon; lorsque vous pensez ne pouvoir en entendre la fin, éloignez-vous avant que le prédicateur monte en chaire.

Il ne faut point amener les enfants en bas âge aux trop longues cérémonies; leur attention se fatigue vite, et ils ne tardent pas à troubler le recueillement de leurs voisins par de petites scènes, fort innocentes sans doute, mais déplacées. Les mères de famille prudentes ne s'y exposent pas; c'est par d'autres moyens qu'elles préparent les âmes dont elles ont le soin et la garde.

LE BAPTÊME

Ne sortons pas de l'église; venons maintenant aux usages qui précèdent ou accompagnent la cérémonie du baptême, et aux prescriptions civiles que la loi impose, et que l'on ne peut enfreindre. Ces dernières sont égales pour tous, sans distinction de culte, et doivent être remplies dans certains délais légaux, sous peine de l'amende et même de la prison.

Mais prenons les choses d'un peu plus haut. Un mois avant la naissance de l'enfant, la future mère est complétement dégagée de toute obligation sociale; elle ne fait plus de visites, et ne reçoit que celles de sa famille et de ses amis intimes, qui ont soin de ne pas se faire accompagner de leurs enfants. La jeune femme a le droit de porter alors les vêtements qui lui conviennent le mieux; ils sont, en général, amples et sans ceinture.

Dans les quarante-huit heures qui suivent la naissance, le père adresse à ses amis et connaissances des lettres de faire part, dont la rédaction, toute banale qu'elle est, est acceptée par l'usage ; la voici :

Monsieur et Madame X*** ont l'honneur de vous faire part de la naissance de leur fils ou fille (Georges ou Georgette) (1).

    Paris, le...

Ce n'est pas très-beau de style, mais que voulez-vous! dans ces moments-là on a bien d'autres choses à penser qu'à la forme si chère à Bridoison.

Aux lettres de faire part on répond dans la semaine par l'envoi d'une carte de visite, et, si l'on n'habite pas la même localité, par quelques mots de félicitation. Au bout de trois semaines, la malade reçoit, quand aucun accident n'est survenu ; et l'usage veut que le petit berceau du nouveau-né soit près de la jeune mère. Elle présente, pour ainsi dire, son enfant à ses amis. Ces visites doivent être courtes, peu bruyantes ; il faut tenir compte de la faiblesse de la convalescente.

Cependant, dans les vingt-quatre heures qui suivent la naissance, et au plus tard dans les quarante-

(1) J'ai reçu une lettre de faire part fort originale et très-jolie; je la cite à cause de sa gentillesse :

« Madame, je suis venu, hier, au monde ; papa et maman me chargent de vous l'apprendre, et de vous demander votre amitié pour moi. *Signé :* LUCIEN A. »

huit heures — délai de rigueur — le père, escorté
de deux témoins, lui-même ayant son acte de mariage, s'est présenté avec l'enfant devant l'officier
de l'état civil (1). Là, il l'a fait inscrire avec les prénoms qu'il entend lui donner, et il a répondu aux
questions qui lui ont été adressées et, ainsi que ses témoins, signé sa déclaration sur le registre de l'état civil. De cette déclaration découlent tous les droits du
nouveau-né pour le présent et dans l'avenir. Aussi,
toute fausse déclaration est-elle sévèrement punie.

Si le pauvre enfant était orphelin, son père
malade ou absent, la déclaration de naissance serait
faite par le médecin ou la sage-femme, muni de l'acte
de mariage, et assisté toujours de deux témoins exigés par la loi.

Quoique la constitution de cet acte n'ait rien de
commun avec les usages de la bonne compagnie,
nous avons cru devoir en parler à cause de son impé-
rieuse importance.

Suivant que l'enfant est né dans une famille catholique, protestante ou juive, les cérémonies religieuses
qui acompagnent sa naissance diffèrent, mais il

____

(1) Dans plusieurs grandes villes, par une raison d'hygiène
très-louable, un officier de l'état civil, sur la demande du père,
vient recevoir ses déclarations dans sa demeure. Ainsi l'enfant
n'est point exposé à l'intempérie de la saison. Mais les deux
témoins sont toujours nécessaires.

est un grand nombre de coutumes qui sont communes à tous les cultes. Ainsi, à tout nouveau-né il faut un parrain et une marraine qui sont ses témoins, ses répondants pour les choses sacrées.

La marraine du premier-né est toujours sa grand'mère maternelle, et le grand-père paternel, le parrain. C'est un lien de plus qui réunit les deux branches ascendantes de la jeune famille. Dans cette pensée, si grands-pères et grand'mères n'existent plus, on choisit deux membres parmi les vieillards de l'une et l'autre maison.

Pour les enfants qui viennent ensuite, le choix est libre, et c'est d'abord celui de la marraine qui occupe; car l'usage lui confère le droit de désigner le parrain, droit dont elle n'use d'ailleurs qu'après s'être entendue avec le père et la mère : ils ne peuvent cependant jamais ni la contraindre ni la forcer. En cas de désaccord, elle se retire. L'entente à ce sujet sera faite au moins deux mois avant la naissance de l'enfant, car la marraine doit donner une pièce des plus importantes de la layette, la robe de baptême ou la pelisse, souvent l'une et l'autre, et s'entendre avec le parrain pour faire un cadeau à l'accouchée, ou lui en offrir un chacun séparément.

Comme le parrainage impose une dépense assez lourde, il faut, avant d'en faire l'offre positive, sonder discrètement la personne que l'on désire, afin de ne point s'exposer à un refus toujours pénible. En général, on ne doit pas solliciter la faveur du parrainage; cependant on peut le faire, lorsque par sa position et sa fortune on veut être utile au nouveauné et à sa famille. Si on demande à un de ses serviteurs de tenir un de ses enfants sur les fonts baptismaux, c'est un véritable engagement que l'on contracte. Il en est de même lorsqu'on prend un filleul dans une famille pauvre; non-seulement on doit protection à l'enfant, mais la mère ressentira immédiatement les effets de votre bienveillance. Vos dons, bien choisis, doivent faciliter sa convalescence, écarter de son esprit l'inquiétude morale que la gêne impose, et vous êtes tenu de donner à l'enfant une layette un peu supérieure aux habitudes de la classe dans laquelle il est né.

Si des parents désirent avoir pour marraine une jeune personne, c'est à sa famille qu'ils s'adressent, et si cette jeune personne prend ou accepte pour compère un jeune homme la recherchant en mariage, il faut qu'elle sache qu'elle engage sa main.

J'ai dit que les parrains et marraines ont à s'entendre, s'ils le veulent, pour faire un cadeau à la mère. En ce cas, c'est la marraine qui le lui remet, la santé de la jeune convalescente ne lui permettant pas encore de recevoir les hommes; cependant la consigne pour le parrain est quelquefois levée. Alors, si parrain et marraine agissent séparément, il offre son présent. Il doit aussi faire, en son nom seul, un cadeau à l'enfant ; c'est ordinairement une ou plusieurs petites pièces d'argenterie appropriées à son âge. Il sera de bon goût que ces jolis objets portent le chiffre du *baby*.

Le jour du baptême étant arrêté entre la mère et la marraine, le père fait prévenir ou prévient lui-même l'église, et la veille le parrain donne à sa commère d'une à douze douzaines de boîtes de dragées et un bouquet de fleurs blanches naturelles, fraîches et bien choisies, qu'elle portera ou qu'elle ne portera pas à la cérémonie.

Enfin, suivant de près son cadeau, le parrain viendra prendre les derniers ordres de la marraine, qui a déjà eu soin d'adresser à la mère quelques-unes des boîtes de dragées qu'elle a reçues.

On n'envoie point de lettres de faire part pour le baptême, seulement le père invite de vive voix, ou adresse des invitations à ses amis intimes.

Les voitures sont payées par le père, qui en met une à la disposition du parrain ; avec elle, celui-ci, en toilette de cérémonie, frac noir, gants blancs et cravate blanche, se rend chez sa commère.

En cette circonstance, comme dans toutes les autres où elle est appelée à remplir un rôle, une jeune fille ou une jeune femme doit se tenir prête, coiffée et

gantée; rien ne révèle plus le manque d'éducation,
de tact ou de politesse, que l'inexactitude. L'exactitude est la discipline de la bonne compagnie.

Le parrain, en lui donnant le bras, conduit sa commère à la voiture ; ils y montent seuls, à moins que
la marraine ne soit pas mariée : alors sa mère l'accompagne et, à son défaut, elle prend avec elle ou
une jeune sœur ou une amie. La famille du petit ca-
téchumène doit être préalablement prévenue de cet
arrangement. On s'est aussi à l'avance entendu sur
les prénoms de l'enfant ; ceux que l'on donnera à
l'église doivent être les mêmes et strictement disposés dans le même ordre que ceux qui sont déjà
inscrits à la mairie. Il faut y prendre bien garde,
car une erreur en ce point peut avoir les plus ennuyeuses conséquences. Il est, en un mot, de première urgence que l'état religieux et l'état civil d'un
enfant soient conformes.

Arrivée à la maison des parents, la marraine veillera aux derniers soins de toilette du *baby*, et, avant
de partir pour l'église, le présentera aux baisers
émus de la maman. La garde ou la nourrice le recevra ensuite de ses mains. Nous n'avons pas besoin
de dire que la robe de baptême est toujours blanche;
la pelisse peut être d'une autre couleur, mais le
blanc est préférable.

En général, on dispose de trois voitures pour se

rendre à l'église. Dans la première montent le parrain et la marraine; dans la seconde, l'enfant porté par la nourrice ou la garde et le père; dans la troisième, viennent les grands parents ou les personnes à qui on veut faire honneur d'une manière marquée.

J'ai déjà dit que l'église était prévenue ; en y entrant, l'enfant, porté par la nourrice, s'avance le premier, ensuite le parrain et la marraine qui ne se sont donné le bras que pour gravir l'escalier, puis enfin le père et les invités. Devant les fonts, la marraine se place à droite de l'enfant, le parrain à gauche ; et tous deux, debout, suivent les prescriptions et répondent aux demandes du prêtre. La cérémonie terminée, on sort dans le même ordre que l'on est entré. Mais avant de s'éloigner, le père a remis à l'officiant une boîte de dragées contenant une pièce d'or ou d'argent, témoignage de sa reconnaissance. Je ne sais si en province s'est perpétué l'usage de jeter des bonbons à la foule assemblée autour du porche. Cette coutume donnant souvent lieu à des pugilats fort peu honorables pour la dignité humaine, je préfère voir, comme à Paris, faire l'aumône aux pauvres, quoique l'argent distribué ainsi soit souvent mal placé.

Suit un repas offert par le père au parrain, à la marraine et aux invités ; le parrain profite de ce moment pour remettre des cornets de bonbons à la nourrice, à la garde, aux domestiques ; il peut écarter une partie de ces derniers. Ces cornets contiennent, outre les dragées, une petite somme d'argent. Le métier de parrain a ses lourdes charges.

La marraine, ou ses parents, dans la semaine qui suit, invite le parrain et le père de l'enfant à un grand dîner, où le compère et la commère, assis aux places d'honneur, sont à côté l'un de l'autre. Mais passé ce repas, il est de mauvais ton de la part d'un cavalier d'appeler une jeune fille : « ma commère. »

Je n'en ai pas fini ; à la première dent de l'enfant, la marraine fait un cadeau à la mère si elle nourrit, ou à la nourrice, et le parrain donne le hochet ; c'est ordinairement l'occasion d'une petite fête de famille, où parrain et marraine figurent en première ligne.

Si je ne craignais pas de transformer en devoir ce qui doit être un plaisir, j'ajouterais qu'en général le mari fait un don à sa femme pour perpétuer la mémoire d'un doux souvenir, et que la tutelle du parrainage ne cessera pas avec la cérémonie du baptême. Vous devez toujours à votre filleul conseils, appui et protection. Ne méconnaissez point cette obligation, elle est formelle et consacrée ; aussi réfléchissez avant d'accepter les fonctions de parrain.

Dans les autres communions religieuses, au temple protestant, à la synagogue, les cérémonies religieuses varient, mais la condition et les usages du parrainage restent à peu de chose près les mêmes.

Quelquefois on choisit des enfants qui ont fait leur première communion pour être parrain et marraine ; je suis loin de l'approuver ; il me semble qu'un acte aussi sérieux que le baptême veut de plus sérieux répondants.

La première sortie de la mère est toujours pour l'église où, un cierge à la main, elle va faire une offrande, et remercier Dieu de sa délivrance.

Disons quelques mots d'autres cérémonies baptismales dans lesquelles on peut être appelé à remplir un rôle. La religion catholique « baptise » les cloches, les locomotives, les navires, les sources, etc., etc., ce qui donne lieu à des réjouissances et à des fêtes religieuses et populaires qui souvent ont un très-grand éclat.

L'usage de baptiser ou de bénir les cloches remonte à la plus haute antiquité, on le rencontre au huitième siècle, et il s'est perpétué jusqu'à nos jours. Les fidèles y ont toujours pris un vif intérêt ; la cloche qui les appelle à la prière joue un si grand rôle dans leur existence ! La bénédiction d'une cloche a son rituel, dont je n'ai point à m'occuper, mais, comme l'enfant qui vient au monde, l'airain retentissant a besoin d'un parrain et d'une marraine qui sont en général choisis parmi les habitants

les plus considérables de la paroisse, ou les bienfai-
teurs de l'église. Ils sont désignés, soit par l'évêque,
soit par le curé, et donnent à la cloche le nom
qu'elle doit porter, tandis qu'ordinairement les
leurs sont inscrits sur son airain.

Le jour de la cérémonie, le parrain va chercher
la marraine, à laquelle il a envoyé des dragées et
un cadeau; il la conduit à l'église. La cloche, qui
n'est point encore montée, couverte de fleurs, les
attend dans le parvis sacré, et la cérémonie baptis-
male commence. Parrain et marraine y remplissent
exactement les mêmes fonctions qu'ils rempliraient
s'ils tenaient un enfant sur les fonts. Le parrain doit
donner des dragées au clergé, et il est tenu de
laisser un témoignage de sa munificence à l'église.
Après la cérémonie, la marraine reçoit à un grand
repas les principaux ecclésiastiques de la paroisse,
le chef de la fabrique, et les représentants de l'autorité; le parrain n'oublie pas les pauvres.

Il y a quelques années, j'ai assisté au baptême
d'un navire; je crois bien que les usages varient suivant les ports, mais voici comment les choses se pas-
sèrent à Honfleur : le trois-mâts achevé se dressait
sur son chantier au pied de la côte de Grâce, toute
couverte d'un monde élégant venu pour assister à
l'émouvante cérémonie, car le baptême du navire a
lieu au moment même où il va être lancé à la mer.

Il était là debout, soutenu par de robustes étais, portant une immense gerbe de fleurs à sa poupe. D'un côté du navire, était disposé un joli petit escalier par lequel on montait sur le pont. La journée était splendide, la mer en son plein et aussi unie qu'une glace. Bientôt nous entendîmes les cloches de l'église sonner joyeusement, elles nous annonçaient la fin de la messe, à laquelle avaient assisté les ouvriers du chantier et les marins du futur équipage. Bientôt nous vîmes déboucher sur la grève une longue procession, disant des chants religieux et précédant le clergé, devant lequel marchait une jeune femme très-jolie portant un gros bouquet, et un homme, jeune aussi, très-correctement mis : c'était le parrain, l'armateur du navire, et la femme du capitaine, qu'il avait choisie pour marraine. Derrière venaient, en foule et joyeusement, tous les marins du port dans leurs beaux habits. Je vous laisse à penser si les Normandes et leurs enfants manquaient ! Les assistants qui garnissaient la côte en amphithéâtre s'étaient levés, et une foule de barques couvraient la mer de leurs voiles. Quelle bonne fortune pour un peintre !

Cependant le cortége avançait ; à l'entrée du chantier il fut reçu par le constructeur, et nous vîmes bientôt paraître sur le dernier degré du petit escalier, dont nous avons parlé, le parrain et la mar-

raine. Là, ils furent arrêtés par le maître charpentier qui offrit à la marraine une vraie montagne
de fleurs. Bientôt le clergé monta sur le pont. A ce
moment, le maître charpentier revint ; sur un beau
plateau, il portait une mignonne petite cheville et
un joli petit marteau tout enrubanné ; l'armateur,
c'est-à-dire le parrain, conduisit la marraine vers la
proue du navire, lui mit à la main le marteau, et
en deux ou trois petits coups elle enfonça en riant
la cheville. Ce vaisseau qui allait sillonner l'Océan,
c'était sa faible main, la main d'une femme, qui
l'avait achevé. Tout cela me parut poétique, cheva-
leresque et charmant !

Alors les chants religieux s'élevèrent, une hymne
de foi et d'espérance retentit, et le curé qui pré-
sidait à la cérémonie, en répandant de l'eau bénite,
fit trois fois le tour du vaisseau. Il l'appelait par le
nom que son parrain et sa marraine venaient de lui
donner, et priait Dieu de lui épargner les tempêtes
et les naufrages. Toute la côte n'était que bruit de
fête, et clameurs, et appels. Je crois encore assister
à cette scène, tant elle m'est restée présente.

Outre un bouquet, des gants, des dragées, le
parrain avait fait don d'un joli bijou à la marraine.
Elle, de son côté, avait laissé tomber quelques pièces
d'or sur le plateau du maître charpentier, qui vinrent accroître la somme assez forte donnée déjà par

le parrain aux ouvriers du chantier. Un grand dîner suivit la cérémonie, et, le soir, les rues aux désolants cailloux de Honfleur retentissaient de chansons.

Le baptême ou la bénédiction d'un chemin de fer, d'une locomotive, se passe, en général, en discours : c'est une cérémonie officielle; quant au baptême d'une source, je pense que les obligations du parrain et de la marraine doivent être, avec quelques légères variantes, conformes à celles que nous avons déjà décrites. Le lieu, la circonstance, votre rang, si vous voulez un peu réfléchir, vous diront toujours ce que vous aurez à faire, et ce que vous ferez sera bien.

On me signale une innovation, un perfectionnement si l'on veut, une plus grande élégance dans le don des boîtes de bonbons qui accompagne tout baptême.

Aux boîtes recouvertes en papier satiné, un confiseur, entendant bien ses intérêts et spéculant sur l'occasion, a substitué des boîtes parées en faille. L'habillement est assurément plus coquet, plus distingué. Sur l'étoffe le caprice et le goût de nos brodeuses peuvent même s'exercer en traçant des noms, en nuançant des fleurs : accroissement de dépense pour le pauvre parrain. Du vieux cornet que j'ai encore vu, des oranges confites enrubannées dont j'ai mangé des tranches, on en est venu à la boîte d'un papier modeste, puis au papier orné, enfin à la faille. Aujourd'hui, hélas! nous en sommes aux laques plus ou moins japonais et chinois. Ainsi vont les choses; on se rapproche du temps où les Mondors du Directoire envoyaient leurs bonbons dans des coffrets de bois des îles incrustés d'acier. Ma mère en possédait encore quelques-uns ; après avoir servi de bonbonnières, ils étaient devenus chiffonniers ou cassettes; on les gardait comme meubles, leur vue rappelait de chers et lointains souvenirs.

Toutes ces nouveautés coûteuses ont, à mes yeux, le tort de limiter singulièrement le choix des parrains, et de faire une charge fort lourde d'une chose qui devrait rester un honneur familial et un plaisir. On dit que le luxe des femmes fait entrave aux mariages ; que l'on prenne garde, même chose pourrait bien arriver aux parrainages.

LA COMMUNION, LA SAINTE CÈNE

Quelques mots suffiront pour dire les usages suivis dans ces cérémonies à l'église catholique et au temple protestant.

Quand l'enfant d'un catholique a atteint l'âge de neuf à dix ans, ses parents vont rendre visite au curé de la paroisse, et le prient de vouloir bien lui enseigner le catéchisme ; si leur demande est agréée, l'enfant est présenté et on remet un extrait de son acte de baptême. Les cours du catéchisme sont ordinairement de deux ans, ils doivent être suivis avec assiduité, et la mère veillera à ce que sa fille et son fils s'y présentent proprement vêtus. S'ils ont un instituteur ou une institutrice, ces surveillants les accompagneront. Les cours terminés, quand l'enfant saura qu'il est jugé digne de la sainte table, il remettra un cadeau au prêtre qui s'est chargé de son instruction religieuse.

Le jour de la première communion venu, le futur communiant sera vêtu d'un pantalon blanc, d'un

gilet et d'une cravate de la même couleur, et portera un brassard blanc sur son habit ; les jeunes
filles auront la robe, les souliers et le long voile
blancs, et un livre d'heures relié de la même couleur.
A la cérémonie assisteront les parents, le parrain, la
marraine, les amis intimes ; et l'enfant doit, dans la
journée même, une visite à ses maîtres et à ses
grands parents, qui d'ordinaire lui font un petit cadeau, ainsi que son parrain et sa marraine. En général, les familles de communiants s'unissent pour
offrir un cadeau au curé, on concourt à ce don suivant les conditions de sa fortune. Le cierge se prend
généralement à la sacristie, et c'est avec elle que l'on
règle. Il n'est pas bien d'en choisir un trop pesant.
Ces cierges sont la terreur des mères, elles craignent
toujours de voir s'enflammer le voile de leurs filles.

Le lendemain, il est assez d'usage que la jeune
fille donne ou envoie à ses amies un souvenir de
cette pieuse cérémonie. Ce sont ordinairement des
images de sainteté, des livres de piété, sur lesquels
elle aura tracé le nom de la jeune compagne à qui
elle l'adresse, le sien avec la date de sa première
communion et le nom de l'église où elle a eu lieu.
Il y a quelques mois je trouvais chez une amie une
image que je lui avais ainsi donnée. Quel retour sur
le temps passé elle m'a fait faire ! Où sont les cœurs
tant aimés, et de ma première jeunesse que reste-t-il ?

Pour admettre à la cène, le temple protestant demande à peu près le même temps d'étude que l'église catholique, mais il ne reçoit ses catéchumènes filles qu'à l'âge de quatorze ou quinze ans ; les garçons, qu'à seize, et le pasteur ne les admet que sur leur demande personnelle.

L'époque de la sainte Cène varie, elle a lieu à Pâques, à la Pentecôte, en septembre, suivant les usages de telle ou telle église réformée.

LE MARIAGE

Je voudrais que les préambules du mariage fussent, à certains égards, autres qu'ils sont ; que, par exemple ; la question financière y jouât un moindre rôle ; j'ai même sur la dot quelques opinions qui, pour être présentées et défendues, exigeraient de longues pages, mais il faut que je me renferme dans mon sujet.

Cependant qu'il me soit permis de dire quelques mots des habitudes communes aux nations d'origine anglo-saxonne. L'indépendance des jeunes personnes y est beaucoup plus grande que chez nous ; les lois, l'opinion et les mœurs publiques les couvrent, les protégent mieux qu'en France, et il n'est pas douteux que la liberté dont elles jouissent ne les rende, lorsqu'elles sont mariées, aptes à mieux soutenir les luttes de la vie. Comme leur choix dépend presque absolument d'elles, elles se trouvent plus fortement engagées. Le *flirtage* américain a certainement de graves inconvénients, il choque nos habitudes, notre manière de concevoir la jeune fille, il lui ôte de son charme pudique, du moins comme nous l'entendons, mais, malgré les étonnements qu'il nous cause et nos railleries, on ne peut pas dire que le *flirtage* soit une dépravation de mœurs. Du reste il n'est possible qu'avec la constitution de l'Amérique et les mœurs de sa société.

Le mariage est la grosse affaire de la vie, celle qui nous engage plus personnellement et, par conséquent, qui exige de ceux qui la font plus de réflexions. Je ne suis guère tentée, en général, d'approuver les unions improvisées, et tiens qu'une jeune personne doit avoir le temps et l'honnête liberté nécessaires pour bien étudier le caractère de l'homme qui aspire à sa main. Je ne mets point en première ligne les avantages de la fortune, et n'estime pas que l'on doive tout lui sacrifier.

La manière dont se font aujourd'hui les mariages, quoi que l'on en dise, est meilleure qu'autrefois ; ce que l'on appelle les mariages d'argent est encore trop fréquent sans doute, mais au moins il est rare que la jeune fille n'ait point voix au chapitre, et si on ne lui laisse peut-être pas assez la facilité d'apprécier et de juger l'époux qu'on lui propose, une dangereuse pression ne le lui impose plus ; la loi et nos mœurs la protègent.

Je supplie les parents de laisser à leurs enfants

cette liberté d'option, s'ils ne veulent pas encourir la responsabilité la plus grave. Ils leur doivent leurs conseils, les avertissements de leur expérience, les résultats d'une minutieuse et discrète enquête ; cela fait, leur devoir est accompli, car je ne veux pas prévoir le cas de choix notoirement indignes. Ils n'entreront pas dans la pensée d'un fils bien élevé ou d'une fille honnête. Si cette folie venait à leur traverser le cerveau, ce qu'il y a de plus sensé est de gagner du temps ; il finira par ouvrir les yeux des pauvres aveugles, et les fausses idoles tomberont.

Que la poésie en souffre, j'en suis très-fâchée, mais ce qu'il importe de faire comprendre aux enfants — et de très-bonne heure, dès que cette perspective s'ouvre pour eux — c'est que le mariage n'est point un chapitre de roman, mais une affaire dont dépend d'une manière absolue l'honneur et le bonheur de la vie entière.

Une certaine confiance dont on a bien voulu m'honorer et le triste bénéfice de l'âge, quoique cette mission me plaise fort peu, m'ont amenée à me mêler quelquefois de mariages ; j'ai été assez chanceuse pour unir des cœurs faits pour s'aimer, et si, par hasard, j'ai eu la main moins heureuse, ce n'est pas faute d'avoir prévenu les parties contractantes. Quant à des refus, je ne m'y suis jamais exposée : pour ne pas essuyer ce désagrément, il ne faut qu'un

peu de tact, quelques questions adroitement posées, et
une certaine connaissance des ambitions légitimes,
et aussi, il faut bien le dire, des vanités et des cupi-
dités de certaines familles qui, souvent, ont à s'en
repentir. Tel jeune homme qui aspirait à une union
éclatante et dorée, a fini par une beaucoup plus
humble alliance, et telle jeune personne, souvent par
la faute de ses parents, a éprouvé la même décep-
tion. Mère de famille moi-même, à la fortune et aux
talents, qui valent mieux que les richesses hérédi-
taires, j'ai préféré le caractère ; et ma fille, dont la
pensée répondait à la mienne, s'en est bien trouvée.
Rien en mariage, de part et d'autre, ne vaut un
cœur loyal et ferme ; ceux-là, seuls, qui sont ainsi
armés, traversent la vie, au milieu d'épreuves peut-
être rudes, mais d'un pied solide et le cœur haut,
la main dans la main, l'assurance dans les yeux et
sur les lèvres.

Je m'arrête, n'étant point ici pour moraliser ; mon
rôle, à cette heure, est plus modeste : ce sont les usages
qui précèdent le mariage et qui l'accompagnent dont
je me suis chargée de tracer un tableau exact. Les pré-
liminaires en sont assurément la partie la plus délicate, et l'on comprend combien ils varient suivant
le rang des personnes et les circonstances qui tiennent rapprochées ou éloignées les familles qui veulent contracter union. S'il y a entre elles des dissem-

blances trop profondes, des antagonismes absolus d'idées religieuses et d'opinions politiques, je les engage fortement à rompre un dessein qui promet peu de sécurité au bonheur qu'elles recherchent et espèrent.

Si une jeune fille qu'il aura rencontrée dans le monde plaît à un jeune homme et lui inspire assez d'estime pour qu'il en souhaite faire la compagne et l'honneur de sa vie, ce n'est point à elle qu'il doit s'adresser, mais la morale la plus sévère ne lui interdit pas de chercher l'occasion de la bien connaître, et de se faire bien venir d'elle. Il n'y a nulles mauvaises mœurs, nulle imprudence condamnable dans cette recherche. Mais, encore une fois, ce n'est pas à elle, si sa résolution est prise, et quelle que soit sa familiarité dans la maison, qu'il doit s'adresser pour obtenir de continuer ses poursuites. Il chargera un ami ou une amie discrète des premières ouvertures, et c'est toujours au père de famille et non à la mère qu'elles devront être faites. La personne qui a accepté cette commission délicate aura soin, avant de prononcer des paroles formelles, de sonder le terrain pour savoir s'il n'y a pas des engagements antérieurs contractés, si le jeune homme qu'elle représente n'est point écarté d'une façon générale, pour tels ou tels motifs : par l'état de sa fortune, sa condition, sa profession, les antécédents de sa famille ; il faut, enfin, qu'elle sache prévoir un refus et ne pas s'y exposer gratuitement. Le père de la jeune fille, du reste, pour peu qu'il ait d'éducation, coupera court bien vite à une négociation qui, dans sa pensée, ne saurait aboutir. En ne le faisant point, il donnerait une très-mauvaise idée de son esprit et de son savoir-vivre. S'il écoute avec une attention bienveillante, le négociateur lui exposera la nature de son mandat en même temps qu'il fera connaître succinctement, *mais complétement*, la situation de fortune de son protégé, celle de sa famille, et les espérances qu'il peut raisonnablement fonder sur son travail et sur l'avenir. En tous ces points comme en ce qui touche les mœurs du jeune homme, déguiser la vérité, ne pas répondre franchement, est un abus de confiance, une trahison abominables.

En cas de refus, le jeune homme, s'il est un des habitués de la maison, continuera, durant quelques jours, à y aller comme par le passé, mais il se tiendra dans une grande réserve, ensuite il s'éloignera sans rupture. Si, au contraire, le chef de la famille a demandé du temps pour consulter et sa famille et les siens, il évitera de se trouver dans les lieux fréquentés par la jeune personne tant que l'ami de la maison ne lui aura pas transmis une réponse encourageante. Alors l'intermédiaire aborde le règlement

des questions financières, elles doivent être vidées,
et à fond, de manière à ne pas devenir plus tard la
cause d'une rupture qui serait aussi triste que fâcheuse. Ni le jeune homme ni la jeune fille ne doivent assister à ces arrangements.

Ces bases établies, avec le consentement de la
future épousée, bien entendu, la situation de l'un
et de l'autre change. Si le futur allait dans la famille, il suspend ses visites; les rencontres du jeune
couple, arrangées d'avance, ont lieu sur un terrain
neutre, au théâtre, dans les salons des amis sans que
ceux-ci se doutent de l'événement qui se prépare, jusqu'à ce que les parents et ayants droit se soient entendus définitivement. Alors les deux familles se
réunissent, le futur et la future sont officiellement
présentés l'un à l'autre et l'engagement noué.

Après cette présentation, les deux familles annoncent sans retard le prochain mariage par visites ou
par lettres à leurs amis et connaissances. Si le futur
ou la future a un emploi, il n'aura garde d'oublier
les personnes dont il relève. Il est important d'envoyer toutes les lettres et de faire toutes ces visites
en même temps, en suivant les conditions de la
hiérarchie, de la parenté et de la situation sociale.

A cette annonce on répond par des compliments
de félicitation et des souhaits de bonheur; les personnes ainsi prévenues doivent une visite aux deux

familles ; elles la font, môme dans le cas où elles savent d'avance qu'elles ne seront pas reçues, dans la maison de la jeune personne du moins ; elles déposent leurs cartes cornées. Quoique les modes anglaises semblent vouloir s'introduire chez nous, quelque chose, qui en moi tient d'une sorte de pudeur et de fierté, me fait repousser la publicité banale que, par la voie des journaux, les familles ne craignent pas de donner à l'union convenue. Je dois prévenir celles qui sont tentées de suivre cet usage que ces annonces leur causeront plus d'un désagrément, qu'elles leur amèneront l'insupportable nuée de fournisseurs et l'ignoble peste des lettres anonymes.

Dans la semaine qui suit l'entrevue où les paroles ont été échangées de part et d'autre, les parents de la jeune personne donnent un dîner à la famille du futur, et, quelques jours après, ce dîner est rendu. A ces repas de fiançailles n'assistent que les membres des deux familles, le notaire chargé de préparer le contrat, et, s'il y a lieu, la personne étrangère qui a fait ou guidé les premières démarches. Au premier de ces repas, le jeune homme apporte à sa fiancée un bouquet de fleurs blanches, et lui donne l'anneau des fiançailles. La jeune fille, vêtue avec simplicité, a sa place, à table, entre le chef de la famille où elle va entrer et son fiancé. Dans la soirée, quelques amis intimes sont parfois invités, mais cette faveur, si on l'accorde, doit être rare et motivée.

A partir de ce moment, le futur a droit de rendre à toute heure des visites à sa future, mais il est de bon goût de sa part de prévenir de l'instant et du jour où l'on se présentera, et de se faire précéder par un bouquet. Il peut, quand il le veut, s'inviter à dîner, mais il ne doit point abuser de cette autorisation.

La fiancée ne quitte pas sa mère, toujours présente à ces visites; c'est au tact maternel à ménager au jeune couple quelques minutes de tête-à-tête. Elle s'éloignera donc comme pour donner un ordre et veiller à un soin du ménage, mais la porte de la pièce restera toujours ouverte, et le fiancé manquerait aux convenances en voulant la fermer.

Les choses continuent ainsi jusqu'au jour indiqué pour la signature du contrat et la célébration du mariage. Si le fiancé n'habite pas ou ne doit pas continuer à habiter la maison paternelle ; avant de louer un appartement, il priera sa belle-mère et sa future de vouloir bien venir visiter celui qui lui a paru le plus convenable, et, sur les lieux, ils s'entendront quant à l'aménagement et à l'ameublement. Pour les tentures, la jeune fille indiquera les couleurs qu'elle préfère ; du reste, à cet égard, il ne sera rien fait sans son avis préalable.

Je ne parlerai pas du trousseau, il varie suivant la fortune et les positions ; chaque ville, chaque province ont aussi leurs usages particuliers. Pour mon compte, j'aime à y voir dominer le linge ; on n'en a jamais trop, c'est une première dépense dont on se trouvera bien plus tard. C'est un fonds toujours utile et qui rendra de longs services.

Le matin du jour où se signe le contrat, se fera le don de ce que l'on appelle la *corbeille de mariage*. Ce que j'ai dit du trousseau, je puis le répéter ici. La composition d'une corbeille de mariage dépend de la richesse des conjoints ; l'essentiel est qu'elle ne contienne que des objets et des étoffes qui, par leur goût et leur couleur, plaisent à la fiancée. Pour toutes ces acquisitions le fiancé aura soin de consulter sa future belle-mère. Cependant il est des bijoux dont l'usage est consacré : une montre portant le chiffre non de la jeune fille, mais celui qui sera dans quelques jours le sien, une chaîne, une parure en diamants, en pierres précieuses, en or, ou en émail ; l'indispensable pièce de mariage, en or ou argent, avec les inscriptions de rigueur que tous les orfévres connaissent ; des dentelles en plus ou moins grande quantité, suivant la fortune ; un éventail, ceux du temps de Louis XV et Louis XVI sont fort recherchés ; un porte-cartes sur lequel on a eu soin de faire graver le chiffre et qui contient des cartes de visite dont la jeune femme aura bientôt besoin ; quelques robes en belle étoffe ; des boutons de manchettes ; une boîte remplie de gants et de beaux mouchoirs. Dans la corbeille se trouvera aussi le livre d'heures relié en blanc que la mariée portera à l'autel. Tous ces cadeaux sont soigneusement arrangés dans un élégant coffret ou dans un petit meuble, et envoyés ainsi. Autrefois, le don d'un châle était considéré comme indispensable ; cet usage est à peu près disparu, on remplace le cachemire par un mouchoir de prix et quelques belles fourrures.

Le soir du jour où on a remis la corbeille de mariage, signature du contrat ; cette signature a lieu ou dans le cabinet du notaire, ou dans la maison de la mariée. Il ne s'agit réellement que de donner des signatures, et la lecture du contrat n'est que pour la forme, car toutes les clauses en ont été définitivement convenues. Dans le cas où cet acte est signé chez le notaire, il est d'usage de l'inviter au dîner que donnent les parents de la fiancée; à plus forte raison, s'il consent à se déplacer et à venir à sa demeure. Disons, en passant et pour mémoire, que tous les frais d'actes de mariage sont acquittés par le marié.

J'admets que la signature du contrat ait lieu chez la mariée. Avant le dîner, le notaire, les futurs, les deux familles, les témoins, laissant les autres invités,

passent dans une pièce à part où l'officier public donne
lecture de l'acte. Cette lecture terminée, ils reviennent joindre les invités et le dîner est servi. Au sortir de la salle à manger on se rend au salon ; le notaire se place à une table autour de laquelle tout le
monde se range, les deux futurs assis à côté l'un de
l'autre au centre du cercle. A l'appel de son nom
par le notaire le fiancé se lève, salue sa fiancée, et
signe ; se retournant, il revient près d'elle, s'incline
et lui remet la plume, mais la laisse aller seule apposer
sa signature. Quand elle a fini, il vient lui donner
la main pour la reconduire à sa place, mais elle ne
s'y rend qu'après avoir fait une révérence à sa
belle-mère à qui elle donne la plume, celle-ci la
passe à la mère de la fiancée, puis dans le même
ordre viennent les parents des deux familles.

Cette cérémonie terminée, les pères des mariés
donnent au notaire le nom des personnes considérables chez lesquelles ils désirent que le contrat
soit porté, pour obtenir des signatures qui sont
un honneur accordé aux conjoints et à leurs familles.

Dans la soirée de la signature du contrat, l'usage
a admis qu'on exposât le trousseau et la corbeille de
mariage. Cette mode me choque, je l'avoue, et je ne
l'admets que suivie d'une manière discrète, je n'accepte point l'exhibition de ce que j'appellerai *la lin-*

gerie intime, ma délicatesse s'en offense, et j'engage les mariées à opposer à cette coutume leur veto absolu. Les raisons sur lesquelles ma réprobation se fonde, elles les sentent mieux que moi, et je n'ai assurément pas besoin de les formuler.

La signature du contrat est parfois suivie d'un grand bal ; la mise de la fiancée doit être blanche ou rose, et elle portera les « souvenirs » que lui auront donnés ses demoiselles d'honneur. A mon sens, il vaut mieux danser ce jour-là que le jour du mariage; la mariée est plus libre d'esprit, plus en possession d'elle-même : c'est plus convenable, enfin, à tous égards. En cette même journée la jeune fille, qui n'est réellement tenue à aucun cadeau, fait ceux que son cœur et sa reconnaissance lui inspirent et lui dictent. Elle placera assurément en première ligne son institutrice, si elle en a une, et ses maîtresses ; elle leur témoignera publiquement sa reconnaissance, et, dans tous les arrangements des cérémonies, elle priera son fiancé de leur réserver des places de choix et des honneurs particuliers. Rien de plus digne qu'une telle conduite. Il est d'usage aussi que, ce jour-là, les gens de la maison et particulièrement la femme de chambre reçoivent une rémunération pour leurs soins et leur zèle. J'ai vu de très-grandes maisons où l'on avait la pieuse attention de convier la nourrice ; son bonnet de villageoise ne jurait point au milieu des plus brillants costumes, et rappelait de doux et touchants souvenirs.

En cas de bal le jour du contrat, la fiancée dansera avec son fiancé la première contredanse ; la seconde appartient au notaire, la troisième et la quatrième aux garçons d'honneur qui déjà lui ont été présentés. Il est peu convenable pour elle de valser ou de polker. Pendant la soirée, donnant le bras à sa belle-mère, suivie de son mari, elle fera le tour des salons pour remercier les invités ; si le bal a lieu le jour de son mariage, elle sera dispensée de cette cérémonie, car elle aura vu tout le monde à la sacristie.

Que le bal ait lieu avant ou après la cérémonie de l'église, les demoiselles d'honneur — nous en parlerons bientôt — remplissent leurs fonctions et les garçons d'honneur celles qui leur sont dévolues.

A Paris, et dans beaucoup de villes, le mariage civil précède de vingt-quatre heures le mariage religieux. A cet effet, le marié envoie des voitures chercher ses témoins, qui se rendent directement à la mairie, tandis qu'avec son père et sa mère il va chez sa fiancée, qui l'attend habillée en costume de ville. Elle descend, un bouquet à la main, donnant le bras à son père et accompagnée de sa mère et de sa sœur, si elle en a une. Dans une voiture vient ensuite le marié et sa famille.

Devant l'officier de l'état civil la fiancée se met à

la droite de son fiancé, et chacun d'eux a près de lui les deux témoins exigés ; derrière se tiennent les parents. Quand vient le moment de la signature, c'est la jeune fille qui signe la première ; elle présente la plume à son prochain maître, qui, en la recevant, lui dit : « *Merci, madame.* » A partir de cet instant, qui a décidé de sa vie, on ne l'appelle plus autrement. Les témoins font leur office ; après eux, les parents apposent, à leur tour, leur signature sur le registre municipal, et toutes les prescriptions légales pour la validité du mariage sont remplies. En sortant de la mairie, le marié donne le bras à sa femme et, avec la mère de celle-ci, monte dans la voiture qui l'a amenée. Il est d'usage que toutes les personnes qui ont assisté à cette cérémonie passent le reste de la journée chez la mariée. La jeune femme préside au repas ayant en face d'elle son mari. A la fin de la soirée, il doit partir avec, et non après, les derniers invités.

Les frais du mariage civil sont nuls, le marié n'a qu'à payer les voitures, à donner une légère gratification aux garçons de bureau de la mairie ; mais je l'invite à ne point oublier le tronc des pauvres, qui se trouve toujours dans la salle des mariages. Pour les malheureux le bonheur doit avoir la main libérale.

A Paris et je crois dans la plupart des grandes villes, depuis peu d'années, pour les mariages, les mairies s'ouvrent tous les jours, sauf le dimanche ; l'église, pour cette cérémonie, excepté le vendredi et le dimanche.

Aux mairies, l'acte s'accomplit pendant la matinée et il faut que chaque noce attende son tour, en suivant l'ordre d'arrivée, pour passer devant le magistrat municipal. Ce petit ennui se renouvelle souvent et, quoiqu'il dure moins qu'autrefois, quelques familles désirent s'y soustraire. Elles trouvent les maires d'une composition facile, et il faut leur en savoir gré, car leurs fonctions très-pénibles sont absolument gratuites. Ces magistrats, en dehors des heures de la matinée, consentent donc à se mettre à la disposition des parents ; pour cet acte de complaisance, ils ne leur demandent, sans l'imposer formellement, qu'une légère redevance dont on convient à l'amiable, en faveur des pauvres ou de la Caisse des écoles.

Chaque mairie, à Paris du moins, a pour les mariages une salle spéciale que l'édilité se plaît à décorer. Dans ce but, depuis quelque temps, on a fait appel aux peintres les plus habiles. Leur pinceau relève ainsi l'éclat d'une prescription légale toujours un peu terne.

Dans quelques contrées, les mariages ont lieu à minuit. C'est une fantaisie des classes riches que j'apprécie peu. Quoi que l'on fasse, de quelques lumières qu'on les éclaire, les profondeurs de l'église restent sombres, et inspirent d'involontaires tristesses. C'est, du moins, l'impression que j'ai toujours ressentie. Je pense cependant que cette cérémonie peut être fort belle dans une petite chapelle seigneuriale remplie d'arbustes, de fleurs et de flambeaux ; mais, à vrai dire, je préférerai toujours, comme théâtre d'une union solennelle, une vaste nef et les cierges pâlissant sous la lumière diaprée des verrières éclairées par la lumière du ciel.

Le mariage religieux est toujours précédé du mariage civil ; le marié se munira donc d'un acte qui l'atteste, ainsi que d'un billet de confession, s'il est catholique ; et il aura soin de faire remettre ces deux pièces à la sacristie avant de se présenter à l'autel, la veille au moins ; il y aura remis son extrait de baptême et celui de la future.

Il est d'usage, lorsque la famille prie un ecclésiastique ami de la famille de donner la bénédiction nuptiale, de lui offrir un cadeau, mais ce souvenir ne doit pas être fait à l'église, il lui sera porté dans sa demeure.

Les lettres d'invitation, faites en double, au nom des deux familles, sur papier fort et satiné, sont pliées en deux et mises sous de grandes enveloppes. Il est un autre genre d'invitations, elles consistent en une grande carte de carton-Bristol, le recto est séparé en deux par une ligne, et, d'un côté, se trouve l'invitation de la famille de la mariée ; de l'autre, celle de la famille du marié ; le tout entouré de fleurs. Ces charmantes cartes sont remises ou envoyées affranchies dans des enveloppes en papier glacé.

Ce service doit être fait avec beaucoup d'attention et terminé huit jours au moins avant la date de la cérémonie. Si, passé ce délai, vous vous apercevez d'un oubli, allez chez la personne qui n'aurait pas été portée sur vos listes, et priez-la de vous pardonner; dans le cas où le temps vous manquerait, réparez cette faute par une lettre très-amicale. Les familles qui savent dans quel tourbillonnement on vit en cette circonstance, assurément ne vous tiendront pas rigueur.

Il est une autre responsabilité qui incombe tout entière au marié : c'est l'organisation du service des voitures, le jour du mariage. Ordinairement, si l'un des garçons d'honneur est son ami intime, après lui avoir donné ses instructions de la manière la plus précise, il le charge de cette tâche, le laissant maître de pourvoir à l'imprévu ; ce n'est pas toujours une affaire commode. En effet, au moins une heure avant la cérémonie, il faut que la voiture de la mariée soit devant sa porte, tandis que d'autres vont chercher les grands parents, les demoiselles d'honneur, les témoins, les personnes âgées et toutes celles à qui on tient d'une manière spéciale.

Les frais de ces voitures, ainsi que tous ceux de l'église, qu'il aura eu soin de régler ou de faire régler d'avance, sont à la charge du marié, tandis que ceux du repas de noces et de la fête qui l'accompagne sont supportés par la famille de la mariée.

Le marié avec sa famille se rend chez la mariée, il lui porte le bouquet de noces, une merveille ! il doit être entièrement blanc, et il faut avoir eu soin de prier la fleuriste de ne point y faire entrer trop de fleurs odoriférantes. L'épousée n'a pas besoin d'avoir les nerfs surexcités.

A propos de bouquets, il faut que je répare une omission.

Le jour où les paroles ont été échangées, le jeune homme a donné à sa promise un bouquet blanc ; depuis, presque chaque jour, il lui en a envoyé d'autres, mais ceux-ci n'étaient pas d'une couleur virginale ; ils sont allés, par une progression que les fleuristes habiles connaissent, toujours en se fonçant, de telle sorte que celui de la veille du mariage — il est de rigueur — se trouve être entièrement rouge.

Retournons à la maison de la mariée. Dans le salon arrivent successivement les invités, que reçoit le chef de la famille, tandis que la mariée, si tel a été le bon plaisir des couturières et du coiffeur, donne les derniers soins à sa toilette. Lorsqu'elle est prête, sa mère vient chercher son gendre, l'introduit auprès de sa fille, et bientôt ils paraissent ensemble pour recevoir les félicitations de l'assemblée.

Dans quelques provinces et dans quelques familles parisiennes s'est perpétué un usage très touchant et que je blâme précisément à cette cause. Au moment où, toute parée pour l'autel, elle se trouve pour ainsi dire sur le seuil de la nouvelle maison qu'elle va habiter, la mariée demande à son père et à sa mère leurs bénédictions. Certainement cette coutume est fort pieuse, mais elle est toujours accompagnée d'un déluge de larmes, trop heureux encore quand des crises de nerfs ne viennent pas s'en mêler. Il faut donc éviter cette scène émouvante, si vous ne voulez pas que la mariée arrive à l'église avec les yeux rougis et le visage bouleversé, ce qui est toujours très peu agréable pour le mari et sa famille, qui ont l'air de traîner une victime à l'autel.

La première voiture du cortège est celle de la mariée, la jeune femme s'assoit au fond, ayant sa mère à sa droite, le père s'assoit sur le devant; dans la seconde, le marié prend place au fond, sa mère assise près de lui, le père sur la banquette antérieure (1).

(1) J'ai dit que la voiture de la mariée dans la file était la première; cependant, à Paris, elle vient quelquefois la dernière et je trouve cet arrangement assez sensé. Pendant que le cortège se forme, la mariée reste moins de temps sous le porche exposée au froid, à la poussière et aux regards du public.

Dans les autres voitures viennent les membres des deux familles, les témoins, les garçons d'honneur et les invités. Arrivées devant le porche, les voitures s'arrêtent ; la mariée descend et gravit *lentement* les escaliers appuyée sur le bras de son père, elle s'arrête un instant à la porte pour laisser au cortége qui doit la suivre le temps de se former. Derrière elle vient le marié donnant le bras à sa mère, et la mère de la mariée au bras du père du marié, puis les témoins, les plus proches parents, les garçons et les demoiselles d'honneur. Ce cortége traverse la nef, se dirigeant vers le chœur ou vers la chapelle de la Vierge. La mariée ne doit point promener ses regards à droite et à gauche sur l'assistance qui se tient debout, elle va droit aux siéges préparés pour elle et son mari devant l'autel. A l'entrée du chœur, elle quitte le bras de son père, et s'assoit dans le fauteuil à gauche, son mari dans celui de droite ; à gauche aussi dans le chœur et la nef prennent place les invités de la mariée, à droite ceux du marié. Cependant, si un des côtés est plus garni que l'autre, il est de bon goût de faire disparaître cette inégalité ; les derniers venus, les retardataires, doivent prendre ce soin.

Je n'ai pas besoin de dire que les costumes de la plus correcte élégance sont de rigueur pour cette cérémonie, et que rien ne serait plus choquant que de ne pas s'unir aux prières de l'Eglise, au moins par une tenue respectueuse et le silence. Ce qui n'a pas lieu toujours, j'ai le regret de le dire : plus souvent que les hommes, les femmes, en ces circonstances, oublient qu'elles sont dans la maison du Seigneur. C'est de la dernière inconvenance. Encore une fois, si les cérémonies religieuses ne vous inspirent que des pensées de moquerie, n'entrez pas à l'église.

Le prêtre, en suivant les rites prescrits, a un certain nombre de questions à adresser aux mariés qui l'écoutent. Ils doivent lui répondre nettement, clairement, mais sans hausser la voix. Quand il demande à la mariée : « Consentez-vous à prendre pour époux M. X*** ici présent ? » elle se tourne respectueusement vers son père et sa mère, semble attendre une minute leur bon plaisir, les salue, et prononce alors les paroles, ou plutôt la parole, le « Oui », qu'attend l'officiant. Interrogé à son tour, le marié tient la même conduite.

Lorsque les anneaux sont bénits, les mariés ôtent leurs gants ; puis le marié, après un salut, prend l'anneau d'or destiné à sa femme et lui passe l'alliance au doigt annulaire de la main gauche. Il n'est pas d'usage que la jeune femme rende le même devoir à son mari. Cette cérémonie terminée, les mariés remettent leurs gants et la messe continue.

A l'offertoire, on tient le poêle sur la tête des

époux ; ce sont ordinairement les deux plus jeunes enfants des familles qui s'unissent que l'on choisit à cet effet. C'est très-bien, mais comme, s'ils sont souvent trop petits, on est forcé de les monter sur des chaises, j'aime peu cet usage, si cher aux collégiens ; il est rare qu'il ne soit pas accompagné de petits accidents qui troublent la cérémonie, et que la coiffure de la mariée ou que son voile flottant n'en ressentent point les dangereux effets. L'office de deux jeunes gens me semblerait donc de beaucoup préférable.

Parlons maintenant de la quête, et, à ce propos, des demoiselles et des garçons d'honneur, que nous avons un peu oubliés.

Quelque temps avant la signature du contrat, si depuis longtemps la chose n'est faite, la mariée a désigné ses demoiselles d'honneur. Ce n'est que de leur consentement et du consentement de leurs familles que sont choisis les garçons d'honneur. Ils doivent être célibataires et n'avoir point été mariés, cette prescription est de rigueur. Dès qu'un garçon d'honneur est choisi, il va remercier sa demoiselle de l'honneur qu'elle a bien voulu lui accorder, il lui offre un bouquet de fleurs blanches. Quelques jours après, il est d'usage que les parents de la jeune fille l'invitent à un dîner. La veille du mariage, il se rend auprès d'elle afin de prendre ses ordres pour le lendemain.

A l'heure convenue, il viendra en voiture, comme nous l'avons dit, chercher sa demoiselle, lui présentera un beau bouquet blanc et la conduira avec sa famille chez la mariée. Il lui donnera le bras, et, à partir de ce moment, il sera son cavalier attentif, assidu, mais noblement respectueux. S'il y a bal, il l'ouvrira avec elle ; s'il y a repas, sa place sera à ses côtés. Nous avons dit qu'il entrait à l'église en lui donnant le bras ; en sortant, il le fera encore. Si elle veut rentrer chez elle, il la reconduira, et, s'il en est besoin, il reviendra la chercher pour le repas. A la fin de la soirée ou au bal, il est tenu de la ramener à son logis ; mais, en général, la famille de la jeune personne, après l'avoir vivement remercié de la politesse, le dispense de ce dernier devoir. Je dis dernier, ce n'est pas tout à fait exact ; car, dans la semaine, il ira présenter ses respects aux parents, et faire agréer à la jeune fille l'hommage de sa gratitude. Il y a bien des mariages qui commencent ainsi, et j'engage les familles à y penser, lorsqu'elles permettent à leurs enfants d'accepter tel ou tel garçon d'honneur.

A l'église, les demoiselles d'honneur sont quêteuses de droit ; leurs garçons leur donnent la main. Je ne reviendrai pas sur ce que j'ai dit plus haut (1) des quêtes ; cependant je dois faire observer que dans

(1) Voir p. 80.

les messes de mariage les quêtes n'ont jamais lieu à la porte. Les demoiselles d'honneur étaient autrefois toujours vêtues en blanc ; mais, pour se distinguer de la mariée, elles avaient l'attention délicate de porter soit des rubans, soit des parures, soit des fleurs de couleur ; aujourd'hui elles portent seulement des robes claires et le blanc semble même leur être interdit.

Voici la messe terminée ; on se rend à la sacristie pour y signer l'acte, la mariée ne donne plus le bras à son père ; désormais elle appartient à une autre famille : elle s'appuie sur son mari, qui la conduit à la sacristie.

Là, il y a foule et quelquefois désordre ; j'ai vu des curés et des pasteurs y apporter un excellent remède : ils plaçaient les mariés, ayant à gauche et à droite leurs pères et mères, dans une encoignure de la pièce, et le bedeau faisait défiler toute l'assistance devant l'heureux couple. A tous, la mariée doit un salut, un sourire, une aimable parole, à quelques-uns un serrement de main ; mais elle ne tendra son front qu'à ses parents et aux plus intimes de sa famille. Son mari lui saura gré, j'en suis certaine, de cette modeste retenue. Après les présentations et les salutations, quelquefois bien longues, le mari sort de la sacristie donnant le bras à sa femme, le père de la mariée à la mère du marié, le père du marié à la mère de la mariée ; la jeune femme a alors le droit de sourire aux personnes qui garnissent encore la nef. Quand la porte de l'église s'est ouverte devant elle, elle se dirige vers la première voiture, elle y monte, s'assoit dans le fond à droite, son mari à côté d'elle, avec son beau-père et sa belle-mère sur le devant. Pour moi, et je préfère cet usage, j'ai vu quelquefois la banquette du devant occupée par les deux mères.

A moins que l'on ne soit formellement invité, on ne doit pas suivre la mariée chez elle ; ce serait au moins une indiscrétion.

S'il y a un repas de noces, ce sont les jeunes époux qui le président comme chefs de maison, et qui y tiennent les places d'honneur ; ils commandent le service. Ce repas doit avoir lieu dans la maison de la famille de la mariée ; s'il est dressé dehors, il est toujours à sa charge :

Aujourd'hui, il est d'un usage assez fréquent après la cérémonie, qu'un lunch soit servi dans la maison de la mariée. Cela a lieu lorsqu'il n'y aura pas ce jour-là de dîner de noce. Ce lunch est ou *ouvert*, ce qui veut dire que tous les invités à l'église y peuvent prendre part, ou il est particulier et doit réunir seulement certains d'entre eux. Sur les invitations qui ont été lancées par les deux familles pour la cérémonie religieuse, quelques personnes, désignées par la parenté, l'affection ou le respect, trouvent ces mots écrits ou imprimés : « *A la sortie de l'église, on se réunira à la maison de la mariée, nous vous prions de ne pas l'oublier.* » En lisant cette phrase, les personnes qui l'auront reçue comprendront ce qu'elle signifie et se rendront à cette aimable invitation. On peut aussi adresser une carte imprimée que l'on glisse dans la lettre d'invitation ; cette carte est ainsi conçue : *Monsieur et Madame *** recevront après la cérémonie religieuse ;* et l'adresse au-dessous. Il va sans dire que la toilette est la même que celle que l'on portait à l'église ; les hommes peuvent être en redingote.

Ces lunchs auxquels, en se promenant, président naturellement l'époux et l'épousée — c'est l'heure pour eux des plus chaleureux compliments — sont d'ordinaire fort animés, fort gais. J'ai assisté dernièrement à une de ces petites fêtes qui, commencée à une heure, durait encore à quatre. Pour leur organisation, je conseille aux familles de s'adresser à des restaurateurs qui sont habitués à dresser ces sortes de buffet. La mère de famille a, ce jour-là, bien d'autres choses en tête que de s'occuper de l'office, de la cuisine et de la cave. Et je ne suis pas sûre que, même au point de vue économique, elle ne doive préférer le système que je l'engage à adopter. Ces entrepreneurs en bonne chair fournissent tout et le personnel qu'ils emploient fait fort bien le service, avec rapidité, convenance et propreté.

Mais enfin, comme quelques maisons pourraient vouloir se charger elles-mêmes des préparatifs de ce lunch, je dois parler de son menu. Il se compose de viandes froides, de gibier, de pâtisseries, de sucreries de toutes sortes, de bouillon froid, de vins de toutes les marques, de thé, de café et de liqueurs.

Avant l'apparition de ce lunch s'est introduit un usage qu'il ne contredit pas et à qui il ne fait aucun obstacle; il présente de grands avantages mêlés à quelques inconvénients que je vais examiner.

Après la cérémonie nuptiale, on offre aux parents et aux témoins un déjeuner dînatoire; la jeune femme, absente un instant, y prend place en élégant costume de voyage, puis les deux ramiers s'envolent, et tout est terminé. S'ils partent pour une de leurs propriétés, s'ils vont demander une souriante et discrète hospitalité à des grands parents ou à des amis bien-aimés, je ne puis qu'applaudir; mais j'ai quelque souci à les savoir allant d'auberges en auberges, et si la jeune épouse n'est pas accompagnée d'une femme de chambre, je la plains, lorsqu'elle aura à réclamer certains services que sa modestie hésitera à solliciter de son mari, et qu'elle ne pourra demander à des étrangers sans une pénible rougeur.

Pour me faire comprendre, que l'on me permette de citer l'exemple de ce qui se passe dans un pays

où la femme est pourtant très-honorée et les liens
conjugau . sévèrement respectés. Aux États-Unis,
c'est une coutume générale après la célébration, très
succincte et très-rapide d'ailleurs, du mariage, que les
époux disparaissent et aillent loin cacher leurs premiers jours de bonheur. Dans quelques-uns de ces
hôtels immenses, dont chez nous le *Grand Hôtel* et
l'*Hôtel du Louvre* ne sont que de pâles copies, il y a
une chambre — qui porte un nom particulier (1) —
très luxueusement meublée, uniquement destinée
aux jeunes mariés. Est-ce que cette affectation et
cette banalité publique n'ont pas quelque chose qui
révolte? Je laisse aux femmes à compléter ma pensée, et aux mères à apprécier si mes répugnances
contre un usage que je blâme ne sont pas légitimes.
J'en ai assez dit, et je reviens à la noce, dont j'ai
essayé de décrire minutieusement le cérémonial.

Si, parmi les membres de la famille et les invités
que le matin on a envoyé chercher, il en est qui ne
sont point engagés au repas, les voitures doivent les
reconduire. Pour les femmes, les toilettes sombres
ne sont point de mise, à plus forte raison les vêtements de deuil; une veuve qui porte encore ses
crêpes ne vient pas à une messe de mariage, où sa
présence éveillerait de tristes pensées. Pour faire
honneur à la mariée, tous les invités seront rendus

(1) Bride-chamber.

avant elle à l'église ; ils se tiennent debout quand elle la traverse. Dans la quinzaine qui suit ils doivent une visite à la famille qu'ils connaissaient avant le mariage et le dépôt d'une carte cornée chez l'autre. En tout cas, pour cette dernière, la visite n'est pas strictement obligatoire.

S'il y a un bal, la jeune femme se contente de substituer à son corsage montant un corsage décolleté ; elle a quitté son long voile, mais elle a gardé sa couronne, et, quoique l'usage des gants blancs soit passé, elle en portera.

Les visites de noces ne commencent que trois semaines après la célébration du mariage ; jusqu'alors la famille, les amis intimes, sont seuls admis chez les mariés, qui n'acceptent des invitations à dîner que de leurs proches. Toute personne à qui ils ne rendent pas une visite de noces, si elle est mariée elle-même, doit se regarder comme écartée de leur société. Il faut donc que le jeune ménage dresse avec soin et prévoyance la liste des visites qu'il a à faire. Après viennent les repas et les fêtes qui sont rendus aux jeunes époux, puis ils rentrent dans la vie régulière et normale, où je les laisse.

Mais je n'en ai point fini avec le mariage, si les jeunes filles se marient, les veuves se remarient, et l'on conçoit que pour elles les usages diffèrent.

Légalement, une veuve peut convoler en secondes

noces dix mois après le décès de son mari ; mais, suivant la bonne compagnie, elle doit attendre au moins deux ans, c'est-à-dire la fin de son deuil. Du reste, il est mille causes fort honorables et quelquefois même impérieuses, qui permettent et imposent une union à plus bref délai. Pour un homme, le veuvage dure au moins six mois. Si un veuf épouse une jeune fille, le cérémonial est identiquement le même que celui que j'ai détaillé plus haut; si c'est une veuve qui convole, il est singulièrement simplifié. Il est le même à la mairie, mais tout autre à l'église, alors même que la veuve donnerait sa main à un jeune homme. D'abord on n'adresse point de lettres d'invitation pour la messe. Avec ses témoins, sans demoiselles d'honneur, et quelques parents, elle se rend de bonne heure à l'église, en chapeau, sans fleurs à la ceinture ; elle se met, si elle veut, avec tout le luxe que sa fortune comporte, mais des vêtements simples d'une couleur claire sont préférables. Après la messe, qui n'est jamais célébrée à la chapelle de la Vierge, vient un déjeuner auquel n'assistent que les témoins, et, huit jours après, les nouveaux mariés envoient à leurs amis et connaissances des lettres de faire part et leurs cartes. La nouvelle épouse n'est pas tenue aux visites de noces, et les personnes à qui elle a envoyé des cartes, si elles ne lui en retournent pas, témoignent par là qu'elles ne désirent pas avoir de relations avec elle ou avec son mari.

Ici se place une question, d'une nature assez délicate aux yeux de quelques personnes, à laquelle il faut bien que nous fassions une réponse. Cette question, la voici : si le veuf ou la veuve qui se remarie a des enfants du premier lit, ceux-ci doivent-ils figurer dans les cérémonies qui leur donnent une belle-mère ou un beau-père? A mes yeux, la chose n'est point douteuse; je suis pour l'affirmative, les enfants n'ayant pas le droit de juger et, à plus forte raison, de blâmer les actes de leur père et de leur mère même par leur silence, même par leur abstention, qui équivaudrait à une protestation. Si les enfants sont jeunes, comme il arrive le plus souvent, la question, pour l'ordinaire, se trouve facilement tranchée. En effet, les enfants, avant la cérémonie et parfois avant même que leur ingénuité s'en doute, ont été mis en rapport avec la personne qui va devenir leur beau-père ou leur belle-mère, et il faudrait que celle-ci eût été bien insouciante ou bien maladroite pour ne pas obtenir leur facile amitié. Du reste, conquérir leur cœur, prendre la ferme résolution de les rendre heureux est pour elle le plus sacré des devoirs. Dans tous les mariages de cette sorte dont j'ai été témoin, j'ai toujours vu présents les enfants du premier lit fort fêtés, fort caressés par les membres de leur nouvelle famille.

Si les enfants sont plus âgés, en toute maturité de raison, la soumission, le respect, la reconnaissance qu'ils doivent à celui ou à celle dont ils tiennent le jour, leur commandent la conduite qu'ils doivent avoir et le maintien qu'ils garderont pendant la cérémonie.

Mais encore une fois, si vous ne vous sentez pas le cœur assez bon, assez tendre pour aimer vos beaux-enfants, ne vous mariez pas.

Le mariage d'une demoiselle qui a passé la trentaine, sauf le vêtement blanc permis, mais non de rigueur, se fait, ceci me blesse, dans les mêmes conditions de cérémonial ou plutôt d'absence de cérémonial que celui d'une veuve. Pourquoi? Je n'en vois pas la raison. Une jeune fille, souvent par piété filiale, par dévouement fraternel, dans ses premières années, s'est refusée au doux joug de l'hymen, pourquoi ne pas entourer son tardif mariage des honneurs accordés à ses amies plus jeunes et moins méritantes peut-être?

Je n'ai parlé jusqu'à présent que du mariage célébré dans l'église catholique; si pour les unions mixtes, protestantes ou juives, l'étiquette extérieure et civile ne varie pas, elle diffère naturellement au temple et à la synagogue, par suite des rites religieux. Dans les mariages mixtes, la consécration et la bénédiction de Dieu se donnent successivement à l'église et au temple, en commençant toujours par l'église. Le conjoint catholique doit avoir une permission de son évêque. Par suite de cette double cérémonie, dans les lettres d'invitation on a soin d'indiquer l'église, le temple, et l'heure où, dans l'un et dans l'autre, le mariage sera consacré.

Les mariages protestants, quant à ce qui nous intéresse, n'ont pas de différence bien notable avec les mariages catholiques. J'ai remarqué cependant qu'à la sacristie, par exemple, l'assistance est, en général, plus grave et moins bruyante ; cela tient, sans doute, à l'usage qu'ont les pasteurs d'y prononcer une courte allocution dans laquelle ils appellent la bénédiction du Très-Haut sur tous ceux qui ont assisté à la cérémonie.

A la synagogue, la pompe est fort belle ; les mariés, leurs pères et mères, ayant au milieu d'eux les tables de la loi, sont placés sous un dais souvent très-riche, souvenir peut-être des tentes d'Israël, et de la majesté patriarcale. Après la cérémonie de l'anneau, le rabbin fait communier les deux époux avec le vin consacré, et l'on brise le verre dans lequel ils ont bu. A la synagogue, les hommes, qui restent toujours la tête couverte, se placent d'un côté de la nef, et les femmes de l'autre : elles sont mises avec le plus grand luxe, à Paris du moins ; je n'ai jamais vu tant de pierres précieuses que dans certains mariages israélites. Après la cérémonie, les assistants passent dans un petit salon, où ils vont complimenter les jeunes époux.

J'en ai fini, je crois, avec le mariage, mais que l'on veuille bien me permettre quelques mots encore. A quelque culte qu'appartiennent les mariés, leur union est toujours célébrée par des réjouissances ; eh bien, que l'on compare celles d'aujourd'hui avec celles d'autrefois, et l'on sera bien forcé de reconnaître que nous avons gagné en moralité. Jadis c'était un vrai supplice pour les mères que de conduire à une noce leurs chastes enfants ; maintenant, elles n'éprouvent plus cette terreur. On ne soumet plus la mariée à des persécutions ridicules et odieuses, on ne chante plus à table des refrains qui forçaient à rougir ; toute indiscrète curiosité a cessé, et mal venu serait maintenant celui qui voudrait faire ce que faisaient nos pères. La bourgeoisie a rompu avec les mauvaises traditions ; et, si les fêtes du mariage sont animées et joyeuses, elles restent pudiques et décentes.

Pour terminer ce récit didactique et un peu sec, permettez-moi de conter un mariage comme je voudrais qu'il y en eût beaucoup. J'emprunte mon récit à la chronique du dix-neuvième siècle.

« M. V. A., jeune avocat de Valence, vint à Paris,

Admis dans la société, il y remarqua une jeune personne charmante et s'informa de la famille à laquelle elle appartenait; on lui apprit qu'elle était la fille du romancier P. L. Il la vit deux ou trois fois encore avec plus d'intérêt et finit par en devenir épris.

Il pria la maîtresse de la maison de vouloir bien parler à M. P. L. et de le sonder sur ses intentions relativement à sa fille. Le romancier, toujours original, demanda, dès que la conversation fut ouverte, qu'on allât au fait, et aussitôt qu'il connut la demande, il répondit qu'il se trouvait honoré du choix que l'on faisait de son enfant, mais qu'il n'avait aucune dot à lui donner, et que, semblable aux jeunes filles de la Normandie, elle ne possédait que son *chapel de roses*. A., qui n'était nullement conduit par des vues d'intérêt, dit qu'il préférait une femme aimable à la fortune, et que dès lors les arrangements seraient bientôt faits.

« Enchanté de cette action de son gendre futur, P. l'invita à un dîner où se trouvaient Michot, acteur du Théâtre-Français, et sa femme, tante de la future, une autre tante, et un parent.

« Au dessert, P. se lève, et prenant A. par la main, il le présente en disant : « Voici un garçon « d'honneur qui demande à être mon gendre, je lui « ai fait savoir que je n'ai rien à donner à ma fille,

« il a préféré le bonheur à la fortune, et il la prend
« sans dot.

« — C'est un peu sec, dit Michot ; moi je lui as-
« sure cent mille francs, dont je lui remettrai moitié
« après la cérémonie.

« — Quant à moi, dit l'autre tante, je possède
« beaucoup de diamants et une grande quantité de
« vieille argenterie, je ne porte plus les uns et ne
« me sers guère de l'autre ; en conséquence je donne
« à ma nièce un écrin et un service complet.

« — Allons, mes amis, je ne veux pas être en
« reste, reprit P.; comme père de la mariée, je
« compléterai les deux cent mille francs, soit en
« linge, soit en argent. Soyez heureux, mes enfants,
« et aimez bien vos parents... Parbleu, ce coquin-là
« est-il heureux ! il croyait n'avoir qu'une jolie
« femme, et le voilà qui trouve une jolie femme et
« une jolie dot. »

Bah ! ce vilain monde n'est pas aussi laid qu'on
veut bien le dire !

LES VISITES

Je ne veux point placer le cérémonial des jours
funèbres après celui du mariage, il viendra à son
tour : aussi bien, on vit avant de mourir ; sortons
donc, s'il vous plaît, de l'église et de ses pompes,
pour rentrer dans le monde et dans la partie plus
délicate du sujet que nous traitons. Les grands évé-
nements de l'existence sociale, aussi bien, ont des
us et coutumes déterminés ; il ne s'agit à peu près
que de regarder autour de soi pour les connaître ;
c'est une œuvre de mémoire. Mais se mouvoir dans
la société sans en blesser les habitudes et les convenances, y paraître avec distinction, n'est point
aussi commode ; dans ce commerce j'ai vu de rares
et de brillants esprits échouer complétement, et
même des femmes, en général souples et fines, n'y
pas réussir.

O'Connel disait qu'il se sentait de force à guider
un char attelé de quatre chevaux à travers la forêt
des lois anglaises sans accrocher ni branches ni ra-

cines; c'est un tour de force sans doute, mais, si l'on veut réfléchir, certainement il est moindre que de parler pendant un quart d'heure sans froisser huit ou dix personnes, à peu près étrangères, qui vous écoutent. Que dis-je? sans les froisser! il faut plus, il faut leur plaire, se faire reconnaître d'elles comme un de leurs pairs, et les quitter en les laissant sous l'impression d'un certain charme. Je sais bien qu'il y a des natures qui, par un don en apparence inné, possèdent ce privilége d'attirer et de séduire; mais regardez-y un peu de près, vous ne tarderez pas à reconnaître que tout, en ces êtres privilógiós, n'est point présent de nature, qu'il y a dans leur bonne grâce beaucoup de réflexion, beaucoup d'acquis, une grande connaissance des règles de l'étiquette et un coup d'œil rapide qui sonde les cœurs.

Par bien des côtés divers la France a eu prise sur l'Europe; son génie particulier, mêlé d'enthousiasme, et de bon sens, le génie de ses enfants, de sa littérature et de ses arts, lui ont fait une place à part et si grande et si ferme, qu'elle l'a conservée même aux plus mauvais jours de son histoire. Même sous Louis XV, alors que tout croulait, elle menait l'esprit du monde, et, sans prétendre nous flatter, l'esprit des femmes françaises, les salons, la relevaient de ses défaites diplomatiques et militaires. Le grand Frédéric s'inquiétait de ce qu'on disait de lui au Marais, les Anglais se mêlaient à nos assemblées pour en prendre le ton, et Catherine recherchait parmi nous une popularité que, comme femme, je suis très-loin de lui accorder. Napoléon craignait les salons du faubourg Saint-Germain et exilait Mme de Staël, dont la conversation était plus brillante encore que la plume.

Doit-on faire annoncer les personnes qui entrent? Je suis partisane résolue de cet usage. Quoiqu'il soit un peu solennel, qu'il ait l'inconvénient de briser ou du moins de suspendre la conversation, il a un avantage si incontestable, si réel, que l'on doit passer sur ses légers inconvénients. Il faut que par un exemple je vous montre son utilité.

M. Ma.... venait de débuter dans les lettres, son talent s'était révélé avec un vif éclat dans un roman dont on parlait beaucoup, mais dans le monde sa personne était peu connue. Cet écrivain se trouvait être un des amis de Mme V..., chez laquelle je me trouvais en nombreuse compagnie. La porte du salon s'ouvre, et je vois se glisser un jeune homme à qui la maîtresse de la maison adresse familièrement et affectueusement un salut de la main. Elle agissait ainsi parce que dans ce moment M. C. B..., un perpétuel candidat à l'Académie, tenait le dé de la conversation et qu'elle savait combien il lui déplaisait d'être interrompu. Arrivé à la fin de ses périodes, sans crier gare, il laisse tomber cette phrase :

« Oui, mesdames, nous sommes une race légère, témoin le succès du dernier roman de M. Ma.... »

A ces mots malencontreux, Mme V... très troublée se soulève de son fauteuil, elle allait parler, mais le dernier venu ne lui en laissa pas le temps. « Monsieur, dit-il en s'adressant à l'imprudent babillard, ne serions-nous pas plutôt une race essentiellement bonne, se plaisant dans sa bienveillance à encourager les débuts des jeunes gens ? C'est sans doute ce qu'elle a voulu faire pour moi, A. Ma...., »

Que l'on juge de l'effet de cette courtoise réponse. Faites donc toujours annoncer, et priez votre domestique de ne pas trop estropier les noms.

Les salons de Paris sont une de nos gloires nationales ; autant peut-être que notre littérature, ils ont contribué à notre honneur et à notre prestige ; et les salons de Mme Du Deffant, de Mme Geoffrin ont rendu des arrêts devant lesquels toutes les têtes couronnées s'inclinaient. Ces assemblées brillantes, où régnait l'esprit des femmes, où tous les hommes de génie venaient recevoir le diplôme de leur célébrité, où le talent et la noblesse se coudoyaient, ont un peu disparu ; mais leurs traditions sont encore vivantes, et pas bien loin de nous sont les brillantes réunions de Mme de Récamier et les soirées charmantes de Ch. Nodier. Là se pressaient la glorieuse pléiade des grands artistes, V. Hugo, A. Musset, Mérimée, A.

Scheffer, A. Dumas, les frères Johannot, David d'Angers, et tant d'autres qui devaient renouveler les conditions de la peinture, de la sculpture et de la presse. Que de bonnes heures j'ai passées dans ce milieu charmant à côté de Marie, la fille spirituelle et bien-aimée de l'auteur de *Trilby* et du *Roi de Bohême!*

Je ne connais plus de salon qui ait l'éclat de ceux-là, mais nous en avons conservé le souvenir et le parfum, malgré l'importation détestable des clubs anglais, qui chez nous ont pris droit de cité. Pour mon compte, je ne les considère que comme des maisons de jeu déguisées, où l'on joue de l'or au lieu de jouer des gros sous, et où l'on abdique notre supériorité nationale, l'élégance des mœurs françaises.

Quoi qu'il en soit de cette fâcheuse anglomanie, il reste encore des maisons où l'on reçoit, un monde qui, fidèle à notre passé, se plaît dans le commerce civilisateur des femmes, et qui sait rechercher des plaisirs plus sains et meilleurs. A quelle heure faut-il se présenter dans ces maisons-là? Comment faut-il s'habiller? Sur quoi faut-il porter la conversation? Et combien de temps doivent durer les visites?

Ce sont là autant de petits problèmes fort embarrassants, si l'on ne connaît pas les usages. Ceci me rappelle une histoire :

Le baron d'Holbach avait présenté à Mme Geoffrin un Anglais de distinction, le général Clerk, qui se mo-

quait de l'étiquette comme le maréchal de Gassion
des jolies femmes. Il arrive avec son présentateur ;
la spirituelle maîtresse de maison l'accueille à merveille. Au bout de quelques minutes, le baron se
lève, s'en va, et, contrairement à toutes les convenances, l'Anglais ne le suit pas. Voilà Mme Geoffrin
fort étonnée, mais elle essaye de relever la causerie :

— Allez-vous beaucoup au spectacle ?

— Très rarement, madame.

— A la cour, chez les princes ?

— On ne saurait moins.

— A quoi passez-vous votre temps ?

— Mais quand je me trouve bien dans une maison, j'y cause et j'y reste.

A cette réponse, Mme Geoffrin pâlit sous son fard.
Quelques instants après, arrive d'Alembert, elle par-
vient à lui persuader qu'il a mauvaise mine, et prie
M. Clerk de reconduire le savant. L'Anglais de témoigner combien il est flatté de cette mission.
Mme Geoffrin respire, elle croit qu'elle va être délivrée
de son visiteur, lorsque celui-ci, sans se déranger
de son fauteuil, dit au secrétaire de l'Académie :

— Monsieur d'Alembert, disposez tant que vous
voudrez de ma voiture, qui est à la porte... pourvu
qu'elle vienne me chercher ce soir...

Ce fut un coup de foudre pour Mme Geoffrin ; l'Anglais demeura ferme jusqu'au soir ; à partir de cette

unique visite, jamais elle ne voulut le recevoir.

Que manquait-il au général Clerk, qui était, au fond, un homme très distingué? Peu de chose : savoir que l'on ne va pas, en première visite surtout, s'établir chez une femme pendant plusieurs heures.

Beaucoup de jeunes gens par timidité, quand ils sont timides, restent ainsi, avec grand malaise, cloués sur leurs siéges, ils ne savent pas sortir; c'est à la maîtresse de la maison à les délivrer de cette torture. Mais je ne dois pas parler de la fin avant d'avoir abordé le commencement.

A Paris, on se visite de trois à cinq heures et demie du soir, et il en sera ainsi tant qu'on dînera communément à six. Déjà l'heure de ce repas est portée à sept. Et plus elle sera reculée, plus celle des visites le sera, par l'usage, par la nécessité des affaires, ou pour d'autres causes.

En province, jusqu'à présent, elles ont généralement lieu de deux à quatre ; elles sont ainsi, du reste, subordonnées aux heures du repas.

On ne viendra ni plus tôt ni plus tard ; et, si la personne que l'on veut visiter a un jour de réception, on se présentera chez elle seulement ce jour-là. Agir autrement serait dire que l'on ne désire point la rencontrer; les amis intimes ont seuls le droit de déroger à cette règle, ils viennent quand il leur plaît, ayant toujours soin, cependant, de choisir les moments où ils savent que leur présence ne sera point incommode. Si votre ami donne un dîner, évitez d'aller chez lui trop tard : vous le gêneriez probablement, ou auriez l'air de vouloir vous faire inviter. Les libertés de l'amitié ne vont pas jusqu'à l'indiscrétion.

Les visites d'affaires ont d'autres conditions ; on se rend chez son banquier avant ou après l'heure de la Bourse ; chez son avocat ou son avoué, avant ou après l'heure des audiences ; au cabinet de son notaire, quand on sait qu'il reçoit.

Les audiences se donnent généralement dans la matinée ; pour celles-ci, je n'ai qu'une recommandation à faire, c'est l'exactitude. Vous arriverez toujours au moins un quart d'heure avant l'assignation ; vous remettrez à l'antichambre votre lettre d'audience, vous passerez à votre tour, et je vous souhaite de la patience. Si l'on vous fait attendre, ne témoignez pas une impatience probablement inutile, occupez votre esprit de l'affaire qui vous amène, et faites votre thème de manière à prendre le moins de temps possible à la personne à qui vous allez parler ; elle vous en saura gré et vous gagnerez dans sa bienveillance et son estime.

A quelque heure que soit l'audience d'un ministre, d'un préfet, d'un magistrat, ou de toute autre personnage, on ira en frac. Comme il est assez étrange

de sortir ainsi vêtu de si bonne heure, on passe par-
dessus son habit un vêtement que l'on quitte dans la
salle d'attente, et que l'on reprend en sortant. En
vous présentant dans l'antichambre, ne soyez ni
humble ni hautain ; j'ai eu un ami qui avait un si
grand air, que jamais ni valet ni huissier ne lui de-
mandait sa lettre d'introduction. Si dans le salon
d'attente vous rencontrez une personne de votre connaissance, abordez-la discrètement, et parlez-lui à
voix basse. Il y a toujours des figures que l'on est
sûr d'y rencontrer. Quelqu'un en position d'être
cru me disait qu'après maintes révolutions c'étaient
toujours les mêmes.

Il est des ministres, voire même de moindres fonctionnaires, qui reçoivent debout; vous resterez comme
eux, et, en tous cas, vous ne prendrez un siége que
s'ils vous y invitent. Cependant une femme s'assoit
toujours ; en général les prêtres jouissent de la même
faveur. Après les saluts, vous attendrez que l'on vous
adresse la parole; vous tâcherez que vos réponses et
vos explications soient nettes, courtes, respectueuses,
et vous donnerez au personnage la qualification que
son titre exige ; mais évitez de le répéter à chaque
phrase, ce serait d'une obséquiosité ridicule.

Il faut des circonstances bien graves pour qu'une
jeune femme se rende seule à une audience ; elle se
fera accompagner par une personne connue, un pa-

rent, un vieillard, un ami, ou une amie. Elle aura une toilette simple, très-soignée, mais non voyante ; il est probable qu'elle attendra peu ou pas dans le salon d'attente, étant d'usage que les dames passent les premières.

Revenons à nos visites ordinaires. Il ne suffit pas de connaître les heures auxquelles on les fait, il faut encore savoir comment on s'y comporte. J'ai connu des hommes très-braves qui éprouvaient une sorte de terreur en entrant dans un salon ; ce sentiment provient en général d'un manque d'éducation première, ou d'une vie trop retirée. Cette appréhension, exagérée sans doute et dont on peut sourire, n'est point cependant sans quelque fondement. Il existe malheureusement des salons où la critique, la moquerie, l'esprit de dénigrement tiennent assises. J'en connais, je le confesse tout bas ; aussi, quoique mon âge me donne tous les droits possibles de tenir tête à la médisance, j'avoue que je n'y mets les pieds que contrainte et forcée, mais sans nulle faiblesse, résolue à défendre les absents qu'on attaque. J'y romps pour eux de belles et bonnes lances et me refuse à me prêter à de méchants commérages, qui feraient battre des montagnes. J'engage toutes les femmes à m'imiter et avoir les vigoureuses réponses d'Alceste.

Si ces salons sont ainsi, c'est toujours la faute des

maîtresses de maison, elles ne possèdent pas les qualités de l'emploi. Tout l'esprit qu'elles peuvent avoir ne supplée point à l'amabilité, au tact qui leur manquent. Une femme auteur, Mme S. G., mère d'une fille plus célèbre qu'elle, avait une verve étincelante; néanmoins son salon était le théâtre de véritables combats et un antre à calomnies. Elle a laissé une mémoire détestée, et aucun ami ne l'a pleurée. La belle duchesse d'A., au contraire, enlevée si jeune, a vu sur sa tombe couler les larmes de toute la brillante société qu'elle avait formée. Quand devant elle un nouveau venu — les anciens avaient pris le pli de la maison — attaquait quelqu'un, elle s'efforçait de détourner la conversation, et si elle n'y parvenait pas : « Je vous en prie, monsieur, ne continuez pas, disait-elle avec une tristesse réelle; la médisance me fait mal. » Aussi, autour d'elle, quel commerce riant et facile ! Comme l'esprit et le cœur se trouvaient rassurés et épanouis ! quelle vraie gaieté ! quelle conversation aimable et polie !

Une maîtresse de maison doit être d'une humeur bienveillante et égale, avoir l'imagination ouverte à toutes les choses de la curiosité ; une teinte de solide littérature est excellente pour elle, mais bien moins nécessaire que la justesse de l'esprit et le tact. Pour chacun, elle doit trouver un mot aimable, et c'est assurément de son adresse que dépend le terrain sur lequel se meut la conversation ; elle la varie à chaque nouvel arrivant, elle la contient, la ramène, sans la laisser jamais dégénérer en discussion passionnée. Elle est encourageante pour la jeunesse, respectueuse pour les vieillards ; elle fait les honneurs de chez elle sans bruit, tout y est bien préparé d'avance et à sa place ; en hiver, la pièce où elle reçoit sera suffisamment chauffée, en été, rafraîchie, autant que faire se peut, et toujours sans parfums, de peur d'incommoder ceux qui les craignent. Si elle aime les bêtes, goût fort permis, elle les éloignera, de peur qu'elles ne finissent par remplir le rôle important et ridicule que jouait le chat de la comtesse de Maurepas, ou le carlin de Mlle Choin. Elle saura si bien écouter, enfin, qu'elle donnera de l'esprit à ceux mêmes qui n'en ont pas ; ils sortiront contents d'eux, estimant n'avoir jamais mieux dit. Tout en semblant recevoir son monde sur le pied d'une égalité parfaite, elle aura des nuances infinies de distinction et de politesse, sans interrompre la causerie, qui courra comme le furet du bois joli.

Il est des maîtresses de maison qui prennent le dé de la conversation, je ne les approuve pas ; c'est un rôle trop délicat et qui exige une supériorité acquise et reconnue. Ainsi réglée d'avance, la causerie devient une conférence, tourne au monologue, et perd tout laisser-aller.

Les soins matériels ne seront point négligés par une maîtresse de maison, les fauteuils bien disposés, les tabourets sous les pieds, et si le feu a besoin d'être ranimé, les flambeaux allumés, elle a ordonné d'avance les choses de manière à ce que le service se fasse sans bruit et avec le moins de dérangement possible. Elle ne doit point quitter le siège qu'elle occupe pour l'offrir à un visiteur, à moins qu'elle ne veuille lui témoigner un respect tout particulier. Cette offre, du reste, est presque toujours refusée, et doit l'être.

La maîtresse de maison ne reconduit personne au-delà de son salon, elle se contente de se lever et de dire quelques mots de remercîments et d'adieu. Il y a, à cette règle, quelques exceptions, mais elles doivent être très-rares et accordées seulement au grand âge ou à des distinctions hors rang. Les femmes se trouvant dans un salon, ne se lèvent point à l'entrée ou à la sortie d'un visiteur, même si ce visiteur est une femme. Si la réunion est nombreuse, dans nos étroits salons l'arrangement des siéges n'est point toujours facile; on les dispose généralement en un demi-cercle où sont ménagées une ou deux ouvertures, de façon qu'un visiteur, en sortant, ne dérange point tous les autres.

Évitez d'entrer dans un salon d'une façon bruyante, pénétrez le plus adroitement possible dans le cercle, et présentez vos hommages à la personne que vous venez visiter ; puis, par un salut circulaire, vous rendez vos devoirs à l'assemblée, ensuite vous vous assoirez sur le siége vacant sans souffrir que l'on se dérange pour vous ; n'allez pas surtout, restant debout au centre du cercle, vous accouder sur la cheminée, en tournant le dos au feu. Les personnes qui ont cette mauvaise habitude, je les engage fortement à y renoncer ; elle n'est acceptable que dans l'intimité, et encore tout au plus, surtout s'il y a des femmes qui doivent avoir leur part de la chaleur du foyer.

Vous devez, en vous asseyant adresser quelques mots à vos voisins ou voisines de droite et de gauche ; mais vous ne parlerez pas à voix basse ; vous écouterez la conversation générale et vous la prendrez au point où elle est parvenue, vous rendant, aussi bien compte que possible, de ce qui a pu être dit avant votre arrivée, afin d'éviter les redites. Ayez une parole claire, point d'animation, de l'esprit, si vous pouvez, pas de lourdeur surtout, le génie français ne le souffre pas. Ne soyez point monotone, afin que l'on ne vous applique pas le mot de Mme Dudeffant : « Cet homme a l'air de s'ennuyer à mort de ce qu'il dit. » Ne parlez pas étourdiment ; s'il se trouve dans le salon une seule personne qui ne vous soit pas connue, ne sortez pas des généralités, de peur de commettre quelque maladresse involontaire.

Je n'ai parlé jusqu'à présent que des visites dans les salons, où beaucoup de monde se rencontre à la fois; mais le plus souvent la personne que l'on va voir se trouve seule ou avec un ou deux visiteurs comme vous; alors tout est singulièrement simplifié, quoique vous deviez montrer la même politesse et le même tact. Quand la maîtresse de maison est seule, vous pouvez prolonger un peu votre visite, mais une demi-heure est une limite que vous devez rarement franchir. Si une personne entre, ne partez point immédiatement, ce serait peu aimable pour elle.

En entrant vous avez eu soin de laisser à l'anti-chambre votre pardessus, votre parapluie, mais vous avez conservé votre chapeau, les dames peuvent y mettre certains de leurs vêtements; elles conservent leur ombrelle.

Il est des visites de rigueur. Au jour de l'an on en doit à toute sa famille, et aux maisons avec lesquelles on désire garder des relations. La veille, on va chez ses grands-pères et grand'mères avec ses enfants; le jour même, chez ses père et mère, oncles et tantes, ainsi que chez ses supérieurs. Dans la semaine, on visite le reste de sa famille; dans la quinzaine, ses connaissances les plus intimes; dans le mois, tout le monde. Ces visites-là doivent être très-courtes, de quelques minutes seulement.

Il en est de même des visites de condoléance. Dans

ce cas, il est de bon goût pour les femmes d'adopter des vêtements noirs, et, naturellement, tout autre doit être leur toilette, si elles font des visites à propos de fête, de baptême ou de mariage.

Parmi les visites obligatoires, je n'ai pas cité celles que vous devez faire dans une ville où vous venez vous fixer. Ces visites-là, ou plutôt leur choix, est chose assez délicate, puisqu'elles indiquent et déterminent le milieu social dans lequel, par votre éducation, votre fortune, votre rang, vous vous croyez le droit de vous présenter. N'ayez point de trop hautes prétentions, si vous ne voulez pas vous exposer à de trop froides réceptions. Je crois que ces divisions tendent un peu à disparaître; mais, jadis, dans les grandes villes de province, il y avait trois sociétés très-distinctes : la noblesse et le haut clergé, la magistrature, le commerce. Chacune de ces divisions avait son monde et son salon ; alors, d'après son propre rang, il était facile de savoir à quelles portes on pouvait légitimement frapper. Aujourd'hui, ces distinctions se sont un peu effacées; mais, ne vous y trompez pas, dans le fin fond, elles subsistent encore; conduisez-vous en conséquence.

Si vous venez dans une ville en qualité de fonctionnaire public, votre conduite est toute tracée : vous visiterez, dès les premiers jours de votre arrivée, vos supérieurs, vos collègues et leur famille sans exclusion ; plus tard seulement vous ferez un choix, s'il y a lieu. Ces premières visites, ne l'oubliez pas, sont toujours des visites habillées. Fort ennuyeuses, elles exigent beaucoup de tact : soyez tout oreilles, vous entrez dans un monde inconnu, parlez peu, restez dans les compliments et les généralités ; c'est le seul moyen d'éviter quelques malheureuses maladresses.

Une femme, quel que soit son âge, ne va point visiter un homme seul, à moins qu'il ne soit son très proche parent. Des circonstances impérieuses peuvent faire déroger à cette règle, mais elles sont très-rares. Une jeune personne ne reçoit jamais que ses amies.

A Paris, les hommes visitent peu, d'autres occupations les retiennent ; les femmes sont presque exclusivement chargées de ces politesses, qui deviennent quelquefois très-exigeantes et très-fatigantes, car l'envoi d'une carte ne saurait y suppléer en maintes circonstances. Aussi j'engage mes amies à borner leurs relations, si elles ne veulent pas que leur intérieur et les soins qu'il exige n'éprouvent de dangereuses souffrances. Les devoirs du monde ne doivent point faire oublier qu'il en est d'autres plus sacrés à remplir. Mme Benoiton n'est jamais au logis, aussi Dieu sait comment y vont les choses !

Il est des personnes qui, en venant loger dans une maison, envoient leurs cartes aux locataires qui l'habitent. C'est assurément très-poli, mais je ne me suis jamais assujettie à cet usage, il peut servir de point de départ à des relations dont vous pourriez avoir plus tard grandement à vous repentir. La société parisienne est trop mêlée pour qu'on se livre au hasard. Parce que vous habitez sous le même toit que moi, ce n'est point une raison pour que ma porte vous soit ouverte.

C'est ici le lieu de placer une anecdote qui, en expliquant les motifs de mes réserves, se relie à mon sujet.

Une veuve, que je compte au nombre de mes amies, reçut un jour une carte de visite portant deux noms inconnus; c'étaient ceux d'un monsieur et d'une dame qui venaient s'établir dans la maison qu'elle habitait. Mme G. répondit à cette politesse par une politesse semblable; elle pensait que les choses en resteraient là. Elle se trompait. Deux ou trois fois les nouveaux locataires descendirent chez elle sans la rencontrer; et sans savoir pourquoi cette démarche l'ennuyait, elle se décida à leur rendre visite. Elle trouva un homme et une femme parfaitement élevés au milieu d'un ameublement qui annonçait autant de fortune que d'élégance.

Des relations s'établirent, on se visita, et plus Mme G. voyait ses aimables voisins, plus elle les prenait en goût et les tenait en estime. La dame lui dit

un jour avoir une bague à acheter et elle pria Mme G.
de bien vouloir l'accompagner chez son bijoutier,
afin de la guider dans son acquisition. Mon amie y
consentit. Longs pourparlers, longue séance chez le
joaillier, le mari survient ; nouvel examen de tous
les baguiers. Bref, se laissant tenter, ils achetèrent
un jonc de cinq à six cents francs, plus une rivière
de douze mille francs, le tout fut payé comptant en
billets de banque. Le soir de ce même jour, les connaissances de Mme G. vinrent lui apprendre qu'un de
leurs proches parents mortellement malade les appelait près de lui. Ils allaient donc prendre le chemin
de fer d'Orléans. Mon amie les plaignait de tout son
bon cœur. Au moment où il la quittait, le ménage
lui fit part d'un léger embarras.

— Nous n'avons que des billets de banque, dit
le mari.

— Voulez-vous un peu d'or ?

— Je vous serais bien reconnaissant.

Ouvrant aussitôt son secrétaire, Mme G. en sortit
cinquante pièces de vingt francs et reçut un billet de
mille francs tout neuf.

Ils partirent ; le lendemain, la police faisait une
descente dans leur appartement et Mme G. était inter-
rogée. Elle apprit alors qu'elle avait été la complice
involontaire et la victime d'une bande de faussaires
qui avaient changé leur coupable papier contre

deux ou trois cent mille francs de pierres précieuses.
Comme elle était d'une délicatesse parfaite, elle rem-
boursa son bijoutier ; outre bien des ennuis de toute
sorte, interrogatoires, etc., Mme G. paya donc assez
cher son imprévoyante facilité.

N'ouvrez donc votre porte qu'à bon escient ; ayez
ce que j'estime beaucoup dans la société anglaise, le
respect de la maison : c'est une des vertus qui gardent les mœurs. Ne vous jetez à la tête de personne,
mais ne souffrez pas que personne s'impose à vous.
Ne faites jamais de votre salon un rendez-vous banal :
la prudence, la dignité et le bon goût vous le dé-
fendent.

En parlant de la prudence avec laquelle on doit
causer dans les salons, il est un écueil très-grave,
très-dangereux, que j'ai oublié de signaler :

Dans les grandes maisons de France les noms
varient. Ainsi, les d'Orléans sont Montpensier,
Joinville, Nemours, Eu, Paris ; les Condé avaient
des branches de divers noms, les Guises aussi, les
Rohan ; bien d'autres, du grand au petit, se trouvaient dans les mêmes conditions. On peut dire que
c'était la condition générale de la noblesse française, et elle explique l'importance attachée autrefois à l'étude du blason.

Or, ce qui existait chez nous, et ce qui existe
encore — j'ai un ami qui, après avoir été comte de

G..., est devenu, à la mort de son père, duc deD...—
subsiste en Angleterre, en Italie, en Allemagne et
dans tous les pays du Nord. Si donc vous vous
trouvez dans un salon aristocratique, prenez bien
garde, évitez de juger tel ou tel personnage : vous
pouvez avoir devant vous un de ses parents, même
son fils, qui ne porte pas le même nom que lui.

DES CARTES DE VISITE

La confection d'une carte de visite n'est point indifférente ; elle ne doit être ni trop grande ni trop
petite, un peu moindre pour les femmes que pour
les hommes, sur beau carton, très-simple, sans
recherche bizarre des caractères et sans dorure. On
aura soin de les tenir dans un état de conservation parfait, une carte souillée ou fanée n'est pas présen-
table.

Devant son nom un homme ne mettra jamais le
mot *monsieur*, une dame toujours le mot de *madame*
avec le prénom de son mari si elle a des homo-
nymes. Un homme et une femme feront inscrire
leurs titres de noblesse, mais celle de l'homme portera seule au bas l'adresse. Si l'homme exerce une
profession, il l'indiquera; ce serait ridicule chez
nous à une femme de mettre à la suite de son nom
la profession de son mari, comme cela se fait en
Allemagne.

Un ménage a une carte où les deux noms sont

accouplés, celui du chef de la maison en tête. S'ils ont une grande fille, son nom pourra y être joint avec l'abréviation de mademoiselle. Le nom du fils n'y figurera jamais ; de bonne heure il aura sa carte. Dans ses visites, l'homme laisse autant de cartes qu'il y a de personnes de l'un et de l'autre sexe à la maison où il se présente ; cependant, à la rigueur, deux peuvent suffire, à moins qu'il n'y ait un grand-père et une grand'mère. La visiteuse ne remet des cartes que pour les femmes.

Si on est à la veille de faire une absence, on écrira sur la carte que l'on dépose les lettres P. P. C., elles veulent dire *pour prendre congé*. Au retour de la campagne on envoie des cartes.

Quand les personnes chez qui vous vous présentez sont absentes, vous faites à votre carte un pli de façon à ce que votre nom soit presque recouvert ; pour les visites de condoléance, la brisure a lieu dans l'autre sens. Si l'on veut envoyer une carte, elle sera toujours sous enveloppe ; mais lorsqu'on habite la même ville que son supérieur, on ne se permettra jamais cette liberté. Au jour de l'an, chez les grands personnages, on ne dépose pas sa carte, on va s'inscrire sur des listes disposées à cet effet dans la loge du concierge ou à l'antichambre.

Si on accepte une invitation à dîner, on doit immédiatement porter ou envoyer une carte, on ré-

pondra de même pour une invitation de bal ou de
soirée, comme nous l'avons dit ou le dirons plus
tard.

Un de vos amis obtient-il quelque avancement
dans sa carrière, un succès, ou une récompense,
vous lui adresserez votre carte avec un mot de félicitation, mais envoyez-la-lui sous enveloppe fermée.
Règle générale, quand une de vos cartes portera un
mot de votre main, ne le livrez pas à la curiosité
bavarde des concierges.

Une femme n'en adresse jamais à un célibataire.

Une toute jeune fille ne dépose pas de cartes,
cependant elle peut en avoir à son nom pour joindre
à un cadeau qu'elle fait à une amie ; ces cartes se
font petites et avec le nom de baptême précédant
seul le nom de famille, sans mettre le mot *Mademoiselle*. Toute autre est la position d'une jeune fille
exerçant une profession ou se trouvant orpheline ;
elle aura ses cartes de visite et sera tenue aux mêmes
exigences mondaines que la femme mariée.

Si vous êtes en deuil, vos cartes doivent être entourées d'une large bande noire.

Voilà, en le considérant au point de vue général,
tout ce que j'ai à dire des cartes ; quant à leur usage,
nous en parlerons lorsqu'il sera besoin, mais nous
devons ajouter que l'habitude d'en envoyer au jour
de l'an semble tendre à se restreindre.

A propos de cartes, je vous engage à avoir un livre où vous rangerez par lettre alphabétique le nom de vos amis, de vos connaissances et même de vos fournisseurs, avec leurs adresses, que vous modifierez à mesure qu'ils en changent. Ce petit livre vous sera de la plus grande utilité, il est même indispensable.

DE LA TABLE ET DES DINERS

Les maîtresses de maison voudront bien me pardonner de m'étendre un peu sur un sujet qui, dans leurs attributions, joue un rôle presque capital. Ce n'est point une mince affaire que d'avoir des convives, de leur plaire, de les amuser, en les réunissant autour de votre table. Il y a toute sorte de dîners, depuis le modeste pot-au-feu jusqu'aux grandes fêtes de la gourmandise ; et les plus agréables ne sont point toujours les plus somptueux.

Un des maîtres de l'art qui a eu tant d'illustres professeurs, un esprit délicat, Brillat-Savarin, disait que le nombre des invités ne devait être « ni moindre que celui des Grâces ni plus élevé que celui des Muses ». Pour moi, tout en approuvant en principe le spirituel épicurien, je me contenterai de vous engager à choisir vos convives de telle sorte qu'ils se conviennent et se plaisent, qu'une conversation générale, agréable à tous, puisse circuler autour des verres ; sans ce soin assez délicat, et pas toujours facile, il y a beaucoup à parier que votre repas, si excellent qu'il soit, manquera d'entrain et de gaieté. Pour éviter un fâcheux, un trouble-fête, si les convenances ne vous l'imposent pas d'une façon absolue, faites tout ce que votre diplomatie vous conseillera. Il est des gens dont la seule présence fait tourner à l'aigre les meilleurs vins et les meil·eures sauces.

Votre liste arrêtée, vous lancerez vos invitations, elles doivent être expédiées au moins huit jours à l'avance. Ces invitations se font pour les grands dîners sur une grande carte de fort beau papier glacé. Pour les repas de moindre importance, par billets écrits à la main. Les cartes avec un mot ne sont admises que pour les personnes avec lesquelles on est intimement liée. L'invitation reçue, on doit immédiatement répondre, si l'on ne peut pas l'accepter. Passé le délai de huit jours, si vous éprouviez un refus, et qu'une place vînt à demeurer vacante, vous ne pouvez prier de l'occuper qu'un ami intime qui ne se blessera pas de ce rôle de remplaçant. Les supérieurs doivent être priés par une demande faite en personne. Vous veillerez à ce que votre repas soit servi un quart d'heure, au plus tard, après l'heure portée sur votre invitation ; c'est ce qu'on appelle *le quart d'heure de grâce*. Passé ce délai, vous ne devez rien au retardataire ; l'excès de politesse que vous lui témoigneriez ne serait rien moins qu'une impolitesse pour vos autres convives. Aussi bien, comme le disait M. de Montron, « dîner n'empêche pas d'attendre », et je ne vois pas pourquoi vous différeriez, au risque de donner à vos convives des mets calcinés ou desséchés. Passez outre résolument.

Maintenant entrons, s'il vous plaît, dans votre salle à manger, dans votre office, voire même dans votre cuisine, et examinons vos préparatifs.

Votre table est bien dressée, la nappe est d'une blancheur irréprochable, vous n'avez pas laissé tortiller d'une façon prétentieuse les serviettes de vos convives, vos cristaux brillent, votre argenterie a été passée à la peau. C'est un grand dîner que vous donnez, votre surtout ainsi que les bouts de table sont garnis de fleurs rares, vous avez eu l'attention de ne pas les choisir trop hautes afin qu'elles ne gênent point les regards de vos invités. A la place de chaque dame, vous avez fait placer une belle rose en branche et semer quelques violettes, quelques pétales de roses sur votre nappe; c'est fort à la mode aujourd'hui. Je les aime mieux ainsi que dans les coupes où les Romains les effeuillaient, leur vieux falerne en devait prendre un singulier goût. Vous avez placé à côté de chacun de vos convives un menu — l'ai-je assez repoussé autrefois? mais son usage a prévalu et je me suis soumise. Le menu actuel est orné par le crayon et le pinceau, c'est un véritable objet d'art; chacun d'eux appartient au convive dont il porte le nom écrit à la main. Il l'emportera, n'ayez garde d'en douter, et il aura raison, comme un souvenir de votre somptueuse hospitalité. Je connais des femmes qui font album de ces précieux menus.

Suivant une mode qui date déjà de quelques années, entre la nappe et le bois de la table s'étend un épais tapis, qui assourdit le bruit des verres et des couteaux lorsqu'on les pose. C'est très-bien.

Sous les pieds des convives un tapis, des boules d'eau chaude, des tabourets pour les dames qui ne craignent point le froid : à merveille ! La pièce a été chauffée d'avance, vous avez laissé tomber le feu, comptant sur les lampes et les candélabres pour maintenir la température. Votre éclairage sera brillant, rien n'égaye davantage un festin, il faut que la lumière rie sur les porcelaines et les métaux. Votre buffet est chargé d'assiettes, de couteaux et d'argenterie pour le service. Sauf vos roses et vos violettes, vous avez choisi des fleurs presque sans parfum ; c'est d'une sage prudence, car, sous la chaleur des bougies et des mets, il se développerait et finirait peut-être par incommoder vos convives. Mais comment avez-vous disposé ceux-ci ? Auront-ils, comme on dit, leurs coudées franches ? Vous avez calculé votre espace de manière à ce que chacun d'eux ait une place de 60 à 70 centimètres, c'est suffisant ; plus écartés, chacun d'eux aurait l'air d'être isolé, et quoique je sache bien que l'idée vous semblera étrange, croyez-moi pourtant, la conversation en souffrirait. A droite de l'assiette, la cuiller et le couteau ; à gauche, la fourchette, devant, les verres alignés pour les divers vins. Vous savez que le vin du Rhin se boit toujours dans des verres de Bohême en couleur — et je vois avec plaisir que pour vos cristaux vous n'avez pas choisi de ces verres opaques qui ternissent les rubis du bourgogne et l'or du sauterne. Vos salières, vos carafes, vos hors-d'œuvre sont à leur place et votre table n'est point encombrée. Je ne doute pas que vous ne vous soyez arrangée pour avoir des assiettes doucement chauffées, afin que les mets ne se refroidissent pas trop vite et que les graisses ne se figent point. Vous avez multiplié les carafons de vin ordinaire, un pour trois personnes, recommandez à vos domestiques de les remplacer *avant* qu'ils soient vides.

Je ne vois pas les sièges élevés de vos petits enfants. Que c'est raisonnable ! Savez-vous ce que contait M. R..., de spirituelle et triste mémoire ? « Quand on me donne un enfant pour voisin de table, disait-il, au second plat il tombe le nez dans son assiette, il faut l'emporter, il est gris. » Vos chers petits anges viendront au dessert, alors ils recevront force sucreries, riant accueil, et je serais bien surprise si on ne serrera les rangs pour leur faire une petite place. Vous aurez à les défendre contre les largesses trop abondantes de vos convives un peu surexcités, et généreux comme on l'est après boire.

Vous êtes toute jeunette encore, quoique mère, je vous ai tenue dans mes bras lorsque vous n'étiez pas plus haute que cette bouteille à long col ; voulez-vous me permettre de faire quelques recommandations à votre chef de service, qui vous obéit certainement en se tenant si propre, mais qui me paraît un peu empêtré avec les gants de coton blanc imposés par l'usage.

« François, venez ici ; ne passez pas votre main dans vos cheveux, je n'ai pas besoin de vous dire pourquoi. Écoutez-moi. Rien ne vous manque, madame a tout disposé pour que le service se fasse bien correctement, vous avez des aides en suffisante quantité ; le reste dépend, en grande partie, de vous.

« En annonçant que « madame est servie » — n'allez pas vous tromper : c'est bien « madame » et non « monsieur » qu'il faut dire — vous ouvrirez les deux battants de la porte qui communique du salon à la salle à manger ; faites-le, si cela vous plaît, avec un peu de fracas, mais que, à partir de ce moment, on ne vous entende plus, ayez des pas de velours. Votre annonce faite, vous vous retirerez prestement, et, la serviette sur le bras, vous vous placerez gravement dans un coin de la salle jusqu'à ce que tout le monde soit assis, ce qui se fera sur un signe de votre maîtresse. Vous n'aurez pas à vous occuper du potage, car tous les convives le trouveront devant eux servi dans leur assiette. Au repos, votre place est derrière votre maîtresse, les yeux fixés sur votre maître ; vous devez lui obéir au regard et au geste, aller vite et ne pas courir, les totons tournent et ne font pas de besogne.

« Quand un convive aura fini son potage, vous lui enlèverez son assiette, dans laquelle il aura laissé sa cuiller ; j'espère, François, que, comme un domes·tique mal appris, vous ne prendrez pas l'assiette d'un autre convive et que vous ne l'empilerez pas sur la première. On sert ainsi dans les cabarets, me suis-je laissé dire, mais jamais dans les bonnes maisons ; vous passerez, une à une, séparément, sé... pa... rément, chaque assiette sur cette table préparée à cet effet. Vos aides les feront promptement disparaître ; s'ils font du bruit, vous leur lancerez un regard ter-rible. Vous veillerez à ce que l'écuyer tranchant, puisque écuyer il y a, découpe de manière à ne pas ralentir le repas.

« Vous entendrez peut-être des choses plaisantes

dont vous ririez volontiers ; n'ayez garde ! Vous devez être comme la statue du Commandeur. Vous ne savez pas ce que c'est que cette statue-là ? Non ; peu importe, cette ignorance n'est pas péché. Je voulais dire que vous devez garder un visage impassible ; c'est d'absolue rigueur. Si votre maître, par hasard, vous appelle, ne lui répondez pas naïvement « Oui, monsieur ! » Allez près de lui, et prenez ses ordres, qu'en homme bien élevé, il vous donnera certainement à voix basse.

« Mais reprenons l'ordre du service : après le potage vous passez derrière chaque convive, votre serviette sur le bras gauche et une bouteille à la main, et vous murmurez à son oreille « madère ! », sur un signe il vous répondra, et vous remplirez lentement le verre préparé. Vous vous arrêterez dès qu'il vous dira « assez » ou « merci ». Ce convive, toutes les fois que vous remplirez cette partie de votre office, n'aura garde de se pencher à droite et à gauche ; il sait qu'il pourrait vous faire faire un malheur, comme on dit. Sur un mouvement ou un mot négatif, vous passez, sans insister, malheureux ! et vous continuez votre ronde.

« Vous agirez ainsi pour tous les grands vins que votre maître vous ordonnera d'offrir, et vous aurez soin de ne pas agiter les bouteilles, de verser lentement, et quand il n'en restera plus qu'un verre ou deux dans la bouteille, suivant que le précieux liquide dépose ou ne dépose pas, vous en prendrez un autre. L'ordre dans lequel doivent être servis les liquides vous sera indiqué par votre maître. Ainsi que le madère, le xérès est servi avec les entrées, puis viennent les sauternes, les vins de Bordeaux, les bourgognes de première marque. Au dessert, le vin de Champagne frappé ou non, le tokay et les vins sucrés.

« Voilà ce chapitre terminé, passons à un autre, ou plutôt continuons l'ancien. Après chaque plat, vous enlevez l'assiette qui a servi ; le convive y a laissé sa fourchette et son couteau, la fourchette renversée et le couteau en croix, afin d'éviter que vous ne le laissiez tomber ; vous en ferez autant en lui offrant une assiette chargée d'un couteau et d'une fourchette propres. Si un convive vous demande à voix basse un condiment ou un hors-d'œuvre placé hors de la portée de sa main, vous vous hâterez de le servir, vous lui présenterez moutarde, salière ou poivrière sur une assiette, et ensuite vous les replacerez où elles étaient, afin que le désordre ne se mette pas sur la table. Votre savoir-vivre se montrera dans l'attention spéciale que vous aurez à ce que rien ne manque aux dames ; en les servant, il faut avoir soin de ne pas frôler leur chevelure, et de ne point marcher sur leur robe.

« Si votre maître découpait, vous prendrez de la main droite l'assiette servie et vous la porterez à la personne qu'il vous a désignée ; de la main gauche, vous lui enlèverez son assiette vide, et vous la remplacerez par la pleine. En revenant à votre maître, vous passerez votre serviette sur la première, et vous l'échangerez contre celle qu'il vous tendra. Un convive ne doit pas rester une seconde sans avoir devant lui une assiette ou vide ou remplie.

« S'il vous arrive un accident, soyez peiné, humilié, mais ne vous effarez pas ; tout serait perdu.

« Allez, mons François, voilà le gros de votre charge ; que votre activité et votre bon sens fassent le reste !... »

S'il se rendait coupable, mignonne, de quelque maladresse, ne le punissez que d'un regard. Malgré tout l'esprit qu'il avait, on aimait peu dîner chez Voltaire, parce qu'il avait la manie de gronder sans cesse les gens de service. Dans le cas où l'on vous briserait quelque chose, même cet adorable plateau de vieux sèvres, ne bronchez pas ; par un mot poli, arrêtez le maladroit et malheureux convive qui s'excuse, ne souffrez pas que la conversation se détourne et verse dans les doléances. Vos invités et vos invitées doivent prendre exemple sur vous, si quelque tache vient à tomber sur leurs vêtements.

Tous les détails que nous venons de donner sont

ceux d'un grand dîner donné dans une grande maison.

Les places à table sont réglées d'avance ; le maître et la maîtresse de maison sont au centre, en face l'un de l'autre, ayant à leur droite et à leur gauche les personnes à qui ils veulent rendre plus d'honneur : les dames près du mari, les hommes près de la femme. C'est celui qui doit s'asseoir à sa droite qui donne à la maîtresse de maison le bras pour passer du salon à la salle à manger. Le chef de la maison a eu soin de le prévenir d'avance, ou la dame l'appelle au moment où le domestique annonce qu'elle est servie. C'est encore au maître de la maison que revient le devoir de présenter aux dames les cavaliers qui devront leur offrir le bras pour passer à la salle à manger, et qui seront aussi placés à côté d'elles pendant le repas ; la présentation devient inutile si les personnes se connaissent ; en ce cas un simple avertissement suffit de la part de l'amphitryon. En quittant la table, la maîtresse de maison donnera le bras à celui qui l'y a conduite, mais, alors, elle passera la dernière, laissant l'honneur à la dame que son mari accompagne. Si un prêtre ou un pasteur se trouve parmi ses invités, une place d'honneur lui revient de droit. La marquise de Créquy faisait placer à côté d'elle le petit vicaire de son village de Gatines en Gâtinais, et les

ducs, les pairs, les cordons bleus, n'y trouvaient point
à redire en un temps où les démarcations de la hiérarchie étaient si scrupuleusement observées. Dans
l'arrangement de vos convives, tenez grand compte
de l'âge, et placez-les d'après leurs affinités. Il n'est
pas d'usage de placer une femme à côté de son mari,
mais un fils peut se mettre à côté de sa mère, une
fille à côté de son père ; je crois mieux de l'éviter
pourtant.

Voici une autre variété du service : aux bas bouts
de la table, le dessert ; en avant, de chaque côté,
des réchauds ronds supportant des plats couverts ;
au milieu, un réchaud oblong destiné au poisson
d'abord, ensuite au rôti. Les domestiques enlèvent
les plats, découpent, servent. Un plat ainsi servi,
vide ou à peu près, est replacé couvert sur la table
pour ne pas déranger la symétrie. Lorsque le premier service est terminé, on les enlève tous en
même temps et on les remplace par ceux du second,
que l'on traitera de la même façon.

En thèse générale, dès que les mets sont servis
sur la table, je crois les réchauds de rigueur ; sans
eux, et si les plats ne sont pas couverts, il est presque
impossible de manger chaud. Ces réchauds et ces
couvercles travaillés avec goût, en argent ou en pla-
qué, font d'ailleurs un très-bel effet.

Dans quelques maisons, on offre des sorbets ; on les

passe après le premier service ; ils remplacent très avantageusement *ce coup du milieu*, si cher aux vieux Normands. Pour le boire, ils ne manquaient jamais de vous présenter une eau-de-vie centenaire. Ce dangereux et vieil usage a complètement disparu : ce n'est pas moi qui le pleurerai.

Le café et les liqueurs se servent ordinairement ou dans une pièce à part bien chauffée, ou dans le salon ; c'est la maîtresse de la maison, aidée d'un domestique, qui préside à ce soin. Les tasses, le sucrier, les carafons, sont disposés sur un guéridon. Les invités mettent dans les tasses, avant le café, le sucre pris avec les pinces, et doivent avoir une grande attention à ne pas endommager les fragiles petits chefs-d'œuvre de porcelaine qui contiennent la liqueur fumante. Si on fait passer de l'eau-de-vie, vous ne la verserez pas dans votre tasse : c'est inconvenant.

Un usage, qu'en ma qualité de vieille femme je déteste cordialement, pousse les hommes au fumoir ; laissons-les donc aller.

Mais l'homme ne vit pas que de pain et de truffes ; le meilleur dîner peut être fort ennuyeux, aussi fin et aussi bien servi qu'il soit, si la conversation languit ou dégénère en orageuses discussions. Que le ciel vous préserve de la politique, surtout si vos convives ne professent pas tous la même opinion ! C'est à ceux qui reçoivent à diriger la causerie ; cette tâche n'est pas la moins délicate qu'ils aient à remplir ; le savoir-vivre de leurs invités les y aidera, mais « Aide-toi, et le ciel t'aidera » est une maxime que je recommande : elle est toujours bonne, surtout ici.

Pour me faire comprendre, laissez-moi vous conter une ou deux historiettes. Après La Fontaine, avec bien plus de raison que lui, car de son propre fonds il était riche, j'emprunte à l'esprit des autres, je compile, je compile, et ne suis que le lien qui serre la gerbe.

J'ouvre les Mémoires de Mme de Genlis, et voici ce que j'y trouve : « Dînant chez Mme Nècker (1), le marquis de Chastellux arriva le premier, et de si bonne heure, que la maîtresse de maison n'était point encore dans le salon. En se promenant tout seul, il aperçut, sous le fauteuil de Mme Necker, un petit livre ; il le ramassa et l'ouvrit : c'était un petit livre blanc qui contenait quelques pages de l'écriture de Mme Necker. Il n'aurait certainement pas lu une lettre ; mais, croyant ne trouver que quelques pensées spirituelles, il lut sans scrupule (2) : c'était la *préparation* du dîner de ce jour, auquel il était invité ; Mme Necker l'avait écrite la veille. Il y trouva

(1) Femme de bel esprit, mère de Mme de Staël.

(2) Je suis fâchée de le dire, M. de Chastellux aurait dû fermer le livre. Il eut le tort de ne pas avoir des scrupules, et Mme de Genlis celui de trouver la chose toute naturelle.

ce qu'elle devait dire aux personnes invitées les plus remarquables ; son article y était, et conçu en ces termes : « Je parlerai au chevalier de Chastellux de « *la Félicité publique* et d'*Agathe* (1). »

« Mme Necker disait ensuite qu'elle parlerait à Mme d'Angevilliers de l'amour, et qu'elle élèverait une discussion littéraire entre MM. Marmontel et de Guibert. Il y avait encore d'autres préparations que j'ai oubliées. Après avoir lu ce livre, M. de Chastellux s'empressa de le remettre sous le fauteuil. Un instant après, un valet de chambre vint dire que Mme Necker avait oublié dans le salon ses tablettes ; il les chercha et les lui porta. Ce dîner fut charmant pour M. de Chastellux, parce qu'il eut le plaisir d'entendre Mme Necker dire, mot à mot, tout ce qu'elle avait écrit sur ses tablettes. »

Mme de Genlis était un peu moins que bonne, on sent dans ce récit qu'elle s'égaye sur le compte de la mère de Mme de Staël. Hélas ! tout le monde n'a pas l'intarissable faconde que possédait, malheureusement, disent quelques-uns, l'ancienne institutrice de Louis-Philippe ; mais je ne vois, en vérité, rien qui prête à rire en la conduite de Mme Necker. Dans ces tablettes, ouvertes par l'indiscrétion, je ne reconnais qu'une femme qui veut plaire et être agréable à ses hôtes.

(1) Deux ouvrages du chevalier, dont le dernier est resté inédit.

Mme Campan, sous la direction de qui tant de grandes dames ont passé, reconnaissant que maîtres et maîtresses de maison doivent se préparer à recevoir leurs hôtes spirituellement, comme ils se préparent à les recevoir matériellement, ne recommandait pas à ses élèves la méthode de Mme Necker, elle leur enseignait un autre système assez bizarre. Selon elle, la conversation, toujours dirigée par les amphitryons, par la femme surtout, devait varier suivant le nombre des convives. Se trouvait-on douze à table, il fallait parler voyages, littérature ; huit, beaux-arts, sciences, inventions nouvelles ; six, philosophie, politique ; quatre, choses de sentiment, aventures romanesques ; enfin, si l'on était deux, l'institutrice de tant de têtes qui portèrent d'éphémères couronnes royales prétendait que la conversation appartenait à l'égoïsme, que chacun parlait de soi et pour soi.

Je n'ai assurément point l'esprit de Mme Campan, mais sa théorie me semble complétement fausse et inapplicable. Si j'ai un conseil à donner, je n'irai ni si haut ni si loin, je me contenterai d'engager la maîtresse de la maison à faire rouler la conversation sur les sujets que ses convives connaissent le mieux, et à la varier suivant leurs aptitudes diverses, de manière à ce que chacun, à son tour, puisse dire son mot, briller et recevoir des compliments. Si vous parvenez à satisfaire les amours-propres, tout ira bien, soyez-en sûre.

A table comme au salon, et ce n'est pas toujours facile, ne laissez point tomber la conversation dans la médisance et en des propos trop libres. La gaieté d'un repas autorise assurément une certaine liberté ; mais, pour rire et faire rire, il n'est pas besoin de maltraiter les absents, et, depuis longtemps, l'esprit gaulois qui charmait nos arrière-grands-pères n'est heureusement plus de mise : il a disparu avec les chansons bachiques et autres. On ne chante plus dans la salle à manger, mais, en revanche, beaucoup au salon, où un piano est devenu un meuble à peu près indispensable. A propos de piano, à moins qu'ils ne soient parents et amis intimes, n'imposez pas à vos hôtes la sonate de mademoiselle votre fille ou sa romance, sauf le cas d'un indiscutable talent. Mais je compte revenir sur ce sujet quand je parlerai des soirées.

En voilà assez, je pense, sur la partie spirituelle d'un dîner ; retournons aux usages. Aux dîners d'apparat, les femmes sont décolletées ; en certains pays et même chez nous, à Paris, c'est de règle absolue, et cette mode du haut monde a gagné de proche en proche ; il est bon de s'y conformer. Dans les repas plus intimes, la toilette doit être élégante, les hommes toujours en frac noir et en cravate blanche. Si le dîner est donné par un garçon ou qu'il ne doive y avoir que des hommes, vous pouvez porter la cravate noire. Il faut avoir des gants frais et d'une couleur claire. Les femmes qui ont souvent des gants à plusieurs boutons ne les remettent que rentrées au salon. J'en ai vu quelques-unes déposer devant elles, à côté de leur verre, les gants qu'elles venaient de quitter; elles ne doivent point le faire; d'abord, elles risquent de les voir souiller ou rouler à terre, et ensuite il est peu de bon goût d'infliger à ses voisins la senteur dont ils sont généralement imprégnés et la poudre de riz qui s'en détache. Les jeunes personnes, placées ordinairement avec les jeunes gens aux bas bouts, ne doivent jamais causer avec eux à voix basse. Ne prenant part à la conversation générale que lorsqu'elles y sont invitées, elles doivent la suivre et l'écouter. La fille de la maison veillera au service et secondera sa mère. Le soin de l'arrangement des fleurs et du dessert lui est dévolu, elle prendra garde à ce que les fruits et les sucreries soient placés sur la table dans l'ordre symétrique qu'elle aura réglé. Les jeunes personnes peuvent dans les grands dîners ne pas être décolletées, quoique, je dois le dire, elles le soient invariablement dans le monde de l'aristocratie; en Angleterre, toujours, et même un peu trop. Il va sans dire que les fillettes ne le sont pas et ne doivent pas l'être. Les vêtements blancs pour les jeunes personnes ont une légitime préférence ; cette couleur sied à la jeunesse, et elles l'adopteront, à moins que le ton de leur peau ne le leur interdise. Mais, hélas ! et je le dis à regret, depuis déjà plusieurs années elles délaissent les modestes étoffes dont se paraient nos jeunes ans.

A Paris, il y a très-peu de déjeuners priés ; ces repas ont l'inconvénient d'absorber à peu près toute la journée, et le temps est une étoffe dont le prix est très cher. La province est plus prodigue à cet égard, comme à bien d'autres ; la société y a des heures vides, les plaisirs de la table les remplissent. Les déjeuners priés diffèrent tout à fait par leur menu des dîners : point de potage, des huîtres le remplaçant ; le dessert beaucoup moindre ; emploi de la charcuterie, de viandes froides pour entrées, et rôti ; le poisson toujours servi chaud, les mêmes vins, si l'on veut ; à la fin du repas, on offre du thé ou du café, qui se prend sans quitter la table. Des personnes préfèrent pendant le repas le thé pour boisson ; le domestique place à côté d'eux la théière, sur un réchaud à esprit-de-vin, un petit pot à lait, et un sucrier. A Paris, on fait quelquefois des déjeuners où l'on ne donne que du vin de Champagne ; alors il faut qu'il soit frappé, et on le sert dans des coupes ; en son état naturel, s'il y a quelque chose de naturel dans les vins fabriqués en Champagne, je préfère le voir pétiller dans les cornets. A ces repas les femmes sont en robes habillées de ville et les hommes en redingote. Par une familiarité que je tiens pour fort déplacée, la maîtresse de la maison ne se permettra pas de paraître en peignoir, ni en robe de chambre, ces vêtements fussent-ils des plus élégants. Cette tenue n'est acceptable qu'en famille ou que lorsque arrive un convive inattendu.

Je sais que dans un certain monde on a moins de réserve, que certaines dames, et de grandes, ont adopté cet usage ; mais il étonnera toujours les femmes bien élevées et même les invités, surpris et un peu blessés de ce sans-gêne.

Les soupers, si chers à nos pères, et qui avaient bien leur côté charmant, ces soupers dont l'Europe entière nous enviait la belle grâce et l'esprit, ont disparu de nos mœurs. On ne les retrouve plus qu'après les bals, nous en reparlerons à leur tour ; ils ont été remplacés par le thé, importation anglaise qui, après avoir pris chez nous droit de cité, est entrée en certaines de nos provinces dans les habitudes des classes laborieuses.

Les usages sont comme la fameuse toile de Pénélope : ils se font, ils se défont ; on n'en a jamais fini avec eux. Chaque jour on s'ingénie, ou par esprit de raffinement ou par la force des choses, à en introduire de nouveaux. Quelle est cette force des choses? direz-vous. Je vais m'expliquer et me faire comprendre par un exemple.

Autrefois, au bon vieux temps — j'ai vu ses derniers jours — on déjeunait légèrement de huit à neuf heures, on dînait à midi, on goûtait avec quelques friandises et quelques fruits à quatre heures, puis venait le souper de sept à huit; voilà de quelle vie plantureuse vivaient nos pères; notre vie agitée, nos occupations, ont changé tout cela. Le matin, en se levant, les uns, sans que ce soit précisément un repas, prennent du thé, les autres du lait ou du café; à onze heures le déjeuner, à sept heures le dîner. Ce dernier intervalle de temps a paru long à quelques estomacs, aux estomacs anglais surtout, et ils ont inventé le *lunch*. Le lunch — Dieu et la grammaire leur pardonnent! — le lunch baptisé aujourd'hui *five o'clock tea* et par abréviation *five o'clock*, dont on a fait le verbe « luncher », n'est donc, à proprement parler, que notre ancien goûter. D'abord on s'est contenté des fruits, des fromages, des sucreries de l'office; on prenait ces mièvreries en allant, en venant, et on terminait par un doigt de vin trempé d'eau. Puis sont venus la sandwich anglaise, le thé russe; le lunch s'est transformé en un véritable repas, surtout pour les femmes : elles se sont invitées à « luncher », puisque luncher il y a. Dès lors, menu particulier et le reste. Le lunch varie à l'infini, surtout quand nos seigneurs et maîtres y assistent ; j'en ai vu servis en chaud-froid, volaille froide dans sa glace, vin de liqueurs ; mais en général on se contente de mets moins substantiels. La sandwich y figure de fondation, avec des pâtisseries bien choisies, des crêmes, des fromages ; pour boisson, du thé ou des vins fins ; la gourmandise y ajoute parfois des liqueurs sucrées. Toutes ces friandises se servent sur une table décorée de fleurs autour de laquelle on ne s'assoit pas. Chaque luncheur ou luncheuse mange sur un petit plateau placé sur les genoux. On est servi par la maîtresse de maison, par des domestiques, par des cavaliers galants, ou l'on se sert soi-même.

On a imaginé pour ces réceptions, qui sont en général fort animées, une lingerie particulière, des petites serviettes à dessins et à encadrement de couleur. Il y en a de fort jolies ; mais, je vous en prie, n'en introduisez pas l'usage au dîner : là, rien ne vaut un beau damassé bien ouvré et bien blanc. Tout ce qui est couleur est fantaisie et ne sera jamais de haut ton.

D'autres habitudes, d'autres usages se sont introduits ou sont en train de s'introduire dans l'ordre et le service des repas. Pour en juger le mérite, il suffit de se rendre compte de ce qu'est et doit être un dîner. Si, pour vous, dîner est uniquement satisfaire avec luxe aux besoins gastronomiques de vos invités, je vous avertis que votre salle à manger n'aura jamais la réputation de celle du baron d'Holbach ou de Mme Helvétius. Mais si, comme je le pense, vous voulez que les heures passées autour de votre table soient animées, gaies, spirituelles, ne multipliez pas trop le formulaire d'un service qui, malgré tout le savoir de vos gens, brise la conversation, arrête l'élan de la causerie et l'éteint. Que d'esprit perdu par le seul fait de la présence des domestiques !

Un usage que je comprends fort bien est de faire passer des bols après que les crevettes ont circulé. Rien de mieux; mais pourquoi n'en point faire autant après les écrevisses? Placer une petite serviette sur votre première assiette de dessert avec le joli couvert d'or et d'argent de rigueur et vous enlever le linge imprégné de l'odeur des mets des autres services, dont jusqu'alors vous avez fait usage, est une innovation, à mon sens, d'un bien meilleur goût. Je n'aime pas, je l'avoue, le tripotage des bols ; on a du reste imaginé une chose qui en diminue l'utilité. On sert maintenant les marrons dépouillés de leur enveloppe. Ils sont placés dans une serviette, formant comme une petite tour, et on les prend avec une pince semblable à l'outil du même genre employé chez les confiseurs pour saisir les bonbons fondants.

Terminons ce chapitre, déjà long, quoique incomplet, assurément, par quelques lignes encore.

Evitez de réunir des convives de manière à ce que la table soit garnie de treize couverts : le bon sens rit, je le sais, de cette folle superstition ; vous ne la partagez assurément point, mais je vous engage à ne pas la braver, car elle entache sourdement des esprits très-sensés et très-solides sur tous autres points. Si donc, par suite de l'absence imprévue d'un convive, le fatidique nombre treize apparaît, arrivez à celui de quatorze en ayant en toute hâte recours au dévouement d'un ami.

Il est advenu, par suite de la superstition dont je parle, une singulière aventure à un jeune homme de ma connaissance. Habitué à dîner fort tard, il se promenait, en attendant sept heures, dans le passage de l'ancien Opéra. Il ne tarda pas à voir tourner et retourner autour de lui un monsieur à la mine passablement effarée, mais paraissant du meilleur monde. Après bien des hésitations, ce monsieur l'aborda en souriant :

« Pardonnez-moi, monsieur, et veuillez ne point prendre en mauvaise part l'offre que je vais avoir l'honneur de vous faire. Je suis M. X..., chef de bureau au ministère des finances ; j'ai réuni aujour-

d'hui pour dîner quelques amis et parents ; par suite
de l'absence de l'un d'eux, nous sommes treize, et
j'ai une tante qui dans cette condition numérique
refusera positivement de se mettre à table. J'ai couru
chez des amis, ils sont absents, et ma femme doit
être dans la désolation ; vous seriez mille fois bon... »

Mon promeneur rit beaucoup, se fit prier ; bref,
sollicité de la manière la plus aimable, et peut-être
tenté par l'étrangeté de la situation, il céda... Dans
cette maison, où il reçut un accueil charmant, se
trouvait une jolie jeune fille ; six mois après, il l'épou-
sait. O Providence, qui conduisez les choses par des
fils si mystérieux, voilà bien de vos coups !

Ces invitations *in extremis* ne sont pas toujours
heureuses ; il est des personnes à qui il faut bien se
donner garde de les adresser, on serait mal reçu. Il
en est de même de l'offre du pot-au-feu, les gourmets ne le prisent guère. Cette fortune-là les séduit
médiocrement. En conséquence, ne vous permettez
ce genre d'invitation que si vous êtes assuré d'une
chair, sinon délicate, du moins très-suffisante, et
d'une bouteille de vieux vin.

Il y a des années, un bon bourgeois de la rue
Saint-Denis avait plusieurs fois invité à dîner
M. Mar..., littérateur, journaliste, célèbre par ses
bons mots et par sa gourmandise ; celui-ci avait
toujours refusé. Un jour, le négociant eut le bonheur

de le happer au passage, et midi sonnait. Nouvelle invitation, et pas moyen de la refuser. « Venez, venez, ma femme sera enchantée de vous voir, vous dînerez à la fortune du pot. » Hélas! c'était précisément cette fortune-là que redoutait Mar... Il suivit, l'oreille basse, son heureux amphitryon. L'accueil fut des plus chaleureux, mais le repas maigre, très-maigre, malgré un vol-au-vent ajouté au menu, et le vin sentait Argenteuil. Mar... fit grise mine, pas une saillie ne tomba de ses lèvres. Le bon marchand rutilait. « Vous voyez, lui dit-il en roulant sa serviette, vous voyez, nous vous traitons en ami, nous recommencerons quand vous voudrez. — Eh bien! répondit le cynique, recommençons tout de suite. » Ce n'est pas de nos jours qu'un négociant s'exposerait à recevoir un pareil compliment, il sait trop bien vivre et faire vivre.

Pour achever, disons que, dans les huit jours qui suivent un repas reçu, une visite est d'absolue rigueur.

DE LA MANIÈRE DE DÉCOUPER

ET DE SERVIR

Pour compléter notre formulaire de la table, je
crois utile de dire quelques mots sur l'art de découper
et de servir, art plus difficile, plus utile et plus
économique qu'on ne le pense. Une pièce mal découpée, hachée par une main maladroite et malhabile,
ne fait ni honneur ni profit, et ses débris ne peuvent
plus être représentés. Dans toute pièce de viande ou
de venaison il y a des parties réputées meilleures,
qu'il faut connaître, pour les offrir, suivant les rangs,
à ses convives. Enfin, la propreté de la table dépend
beaucoup de l'habileté de la personne qui découpe.

Le chef de la famille devrait toujours se charger
de ce soin, dame nature lui a donné pour cela tous
les avantages nécessaires, et la forme de ses vêtements lui facilite singulièrement ce travail, qui est
cependant très-souvent dévolu à la maîtresse de
maison. Si un convive découpe bien, il doit s'offrir

pour la débarrasser de ce soin, qui, dans les dîners un peu nombreux, est réellement une fatigue. Les médecins, en général, sont d'excellents découpeurs; j'ai toujours un peu frissonné en songeant aux travaux où ils avaient commencé à acquérir cette dextérité. On ne doit pas trop se gêner pour mettre à contribution une personne qui tranche habilement; les compliments qu'elle recevra la dédommageront de ses peines; il est d'ailleurs d'une vanité honnête d'aimer à montrer ses petits talents.

Pour découper, et ne point hacher les viandes, il faut de bons outils : une grande fourchette à longues dents d'acier, un grand couteau et un autre moindre, tous deux parfaitement effilés; le dernier doit avoir la lame fine et un peu souple, étant destiné à désarticuler le gibier et la volaille. Le découpeur chargé du service aura devant lui une légion de cuillers : heureux s'il sait le goût des personnes! J'ai connu une brave dame qui aurait, je crois, pleuré si on ne lui avait offert le foie d'une volaille rôtie; ce qu'elle en a mangé dans sa vie est incalculable.

Entrons dans notre sujet et commençons par la viande de boucherie.

Le premier soin du découpeur est d'examiner le sens du morceau de bœuf qu'il a devant lui; il l'attaque de travers. L'aloyau ne va pas sans le filet; on le détache, on le coupe par tranches, plus ou moins minces, en observant de faire autant de tranches qu'il y a de convives, et sur chaque assiette on met une cuillerée de jus. La culotte de veau se découpe aussi de la même façon, en observant toujours le fil de la viande, qui varie dans ce morceau. Le carré est taillé à travers des côtes ; chaque portion offerte doit être accompagnée de rognon et d'un peu de rissolé, le tout arrosé de jus. La rouelle veut aussi des tranches minces ; la meilleure chair est celle qui avoisine l'os, quelques personnes qui n'aiment pas le gras préfèrent la partie ronde et sèche qui se rencontre à quelque distance de l'os.

La tête de veau, qui est très-cuite, et qui doit être très-chaude, sous peine de ne rien valoir, se sert à la cuiller, après en avoir ouvert la peau du haut en bas d'un coup de couteau. Sur chaque assiette on a soin de mettre un peu de cervelle. Les parties recherchées de la tête de veau sont les tempes, la base de l'oreille, les bajoues, l'œil surtout, que pour mon compte je ne puis souffrir, par répugnance et non par jugement, car je n'en ai jamais mangé.

Le porc se découpe comme l'aloyau ; étant d'une chair très-lourde et toujours un peu ferme, il doit être taillé en tranches très-minces. Le gigot de mouton peut se découper de deux façons : en longueur ou en travers, c'est-à-dire perpendiculairement à l'os. Les tranches du milieu sont réputées les meilleures.

Du reste, le découpeur abat le nombre de morceaux qu'il juge nécessaires, les laisse dans leur jus et dans le plat, enlève ce qui n'est point coupé, et fait ainsi circuler. Il est une partie du gigot placée en haut, vers l'extrémité du manche, nommée *la souris*, qui ne doit être dans un dîner ni découpée ni offerte, à moins qu'un convive ne la demande.

Passons maintenant à un exercice moins facile.

Les poules, poulets, poulardes, chapons, servis entiers, au gros sel, à l'estragon, au blanc, à la broche, etc., se découpent de la même façon, on en détache les quatre membres en commençant par les cuisses ; le talent se montre dans la manière de trouver et d'attaquer les jointures du premier coup et sans emploi de force. Une fois ces jointures ouvertes, les ailes s'enlèvent doucement pour que les blancs ne s'en séparent pas et viennent entiers. Cela fait, on détache le cou, on retourne le corps de la bête ainsi mutilée, et, appuyant fortement sa fourchette, d'un coup sec et vif frappant la colonne vertébrale à l'endroit où les côtes finissent de s'y relier, on la sépare en deux. De l'intérieur on sort alors tout ce qu'il contient, on le pose près des membres détachés, et, plongeant la pointe de son couteau dans la carcasse, on la fend longitudinalement. Pour le haut de la bête, on enlève les deux os formant les crochets qui tiennent réunies la partie antérieure et la partie postérieure, et l'opération est terminée. Si la pièce est forte, on coupe en deux les cuisses, en deux ou trois les ailes, et l'on sert ou l'on fait passer. J'ai vu des habiles découper la volaille en la tenant en l'air sur leur fourchette. C'est un vrai tour de force très-amusant.

Dinde et dindonneau se tranchent de la même façon ; s'ils sont farcis, remplis de truffes, quand les cuisses sont détachées, volaille et dindon se vident à la cuiller. Les blancs sont réputés les morceaux délicats. Avis aux convives : en face des bonnes choses qu'on leur offre, il leur est permis, très-permis, de se montrer gourmets, mais avides outre mesure est de fort mauvaise compagnie.

L'oie et le canard se découpent comme la volaille, seulement on commence à tailler sur leur poitrine de haut en bas ce qu'on appelle des *aiguillettes* ; c'est un talent que d'en tirer le plus grand nombre possible. Le pigeon se coupe en deux dans le sens de sa longueur ; chacun de ces morceaux peut être partagé.

Un râble de lièvre est très-facile à découper. Le couteau suit d'abord des deux côtés l'épine dorsale, et en détache nettement la chair, que l'on enlève et que l'on coupe en travers en tronçons assez épais. Sous le râble ainsi taillé se trouvent les filets, que l'on tire l'un et l'autre d'un seul morceau. Ce sont les parties les plus délicates de cet animal. Ensuite on enlève en tranches minces la chair des cuisses. Le lapin se traite de la même façon.

Le faisan, la perdrix se servent comme la volaille, la bécasse aussi, tandis que l'on offre coupés en deux, comme le pigeon, ou entiers, le merle, la bécassine, la caille, la grive, etc., avec une partie de la rôtie sur laquelle on les a couchés.

Il faut que je note ici un usage qui a trait au faisan, ce roi de notre gibier à plume. Si je l'oubliais, je mériterais le dédain, sinon le mépris de toute la gent des chefs de cuisine, des cordons bleus et des officiers de l'office et, ce qui serait plus grave, une petite gronderie des maîtresses de maison habituées à recevoir. Il est bien entendu que dans les lignes suivantes il n'est question que du faisan-coq et non poule, quoique parfois, je vous le dis tout bas, on pare quelquefois cette dernière de la dépouille de son orgueilleux époux.

Venons au fait. Le faisan, un des plus beaux oiseaux de la création, un des gibiers les plus chers aux gastronomes, jouit de l'insigne faveur d'obtenir, après sa mort, des honneurs particuliers ; sortant de la broche, il ne paraît jamais que paré sur la table. Cette parure après décès, c'est lui, hélas ! qui en fait tous les frais. Lorsque le cuisinier le plume, il a grand soin de respecter le plumage de la tête, du cou, des ailes et les belles plumes de la queue, qu'il détache avec attention, abattant le cou et les ailes et enlevant la queue. Voilà bien des répétitions de mots, mais je tiens plus ici à la clarté qu'au style, qui sera si vous voulez du style de cuisine. Quand la pièce est rôtie à point, elle a souvent les honneurs des truffes, le cuisinier disparaît ; s'il a le sentiment de l'art il va maintenant le prouver et prendre rang parmi les artistes décorateurs. Il couche le faisan sur un plat long, avec des étèles de bois soigneusement cachées, il rend à l'oiseau ses ailes, sa queue, replace la tête qui doit s'élever fièrement sur son beau cou. S'il a réussi, il est assuré que tous les convives salueront son œuvre d'exclamations admiratives ; suprême hommage rendu à son talent et à la beauté du faisan.

Maintenant aux poissons. Pour bien servir un turbot, il faut avoir une truelle ; car il ne doit pas être touché par le couteau ; faute de truelle, on prend une cuiller. Le turbot placé sur le ventre et fendu en suivant sa grosse arête, puis de droite et de gauche par bandes perpendiculaires à l'incision première, la chair est enlevée ; l'arête étant alors découverte, on la met de côté, et le dessous est traité comme l'a été le dos ; il est moins délicat.

La barbue, la sole, le reste des poissons plats, se servent d'une autre manière. Avec le couteau on les fend de la tête à la queue, on écarte doucement les chairs qui recouvrent l'arête, on l'enlève : elle se détache facilement ; si le poisson est frais, on rabat les deux parties soulevées et on se sert de la cuiller pour trancher la bête par le travers.

La carpe s'éventre, sa section le long de l'arête se fait, et les morceaux se tranchent du dos au ventre ; ce service se fait à l'aide de la truelle ou de la cuiller. Quand la chair est détachée d'un côté, on retourne la pièce, et l'on recommence. La laite et les œufs de carpe sont estimés. On n'offre pas les œufs du brochet, qui, ainsi que ceux de la truite sont indigestes ; et les autres poissons d'eau douce se découpent comme la carpe. L'anguille se sert par tronçons. Les soles et poissons frits se servent sur des serviettes, les goujons exceptés.

Le homard doit être posé sur la table fendu dans toute sa longueur, ensuite le domestique l'enlève et en rapporte la chair coupée en tranches ; sur une seconde assiette, qu'il présente après aux convives, sont les œufs et l'intérieur de l'animal.

C'est, je le répète, un véritable talent que de savoir bien servir ; tous les vrais gourmets, lorsqu'ils ne sont point trop égoïstes, le possèdent ; et, si son mari ou elle-même n'a point cette dextérité, je conseillerai toujours à une maîtresse de maison donnant un dîner fin, d'y appeler un adroit découpeur, qui aura le triple mérite de faire trouver les mets meilleurs,

de ne pas lancer de jus sur les robes des dames et
de ne point tacher le beau linge de la table.

Un mot encore en terminant. On trouvera peut-
être que je me suis trop longuement étendue sur tout
ce qui touche à la table. J'ai négligé cependant de
toucher une partie de ce sujet qui mérite une
attention spéciale. Les grands dîners, ceux même
d'un moindre apparat, sont, en réalité, d'un intérêt
accidentel et secondaire comparés à ceux que la
maîtresse de maison doit quotidiennement ordon-
ner. Les premiers n'intéressent que son amour-
propre, les autres touchent à la santé, à l'agrément
de tous les siens. Dans la limite que lui impose sa
fortune, elle doit à son mari qui travaille, à ses enfants qui grandissent, sur une table proprement
dressée, une nourriture saine, abondante, variée
et servie avec cette certaine recherche qui la rend
plus appétissante. C'est là, sans contredit, une de
ses fonctions les plus importantes et des moins faciles
à remplir. Elle sollicite tous ses soins, toute son
imagination, elle n'est même point, quelquefois,
indifférente à la paix du ménage.

Aimable et souriante dans les réunions mondaines, il faut que la mère de famille le soit plus
encore, si c'est possible, dans les repas quotidiens de
sa maison. L'heure qu'on leur consacre est une
heure de repos ; qu'elle en écarte donc, autant qu'il

dépendra d'elle, ce qui peut en altérer la quiétude et l'enjouement. Peut-être triste elle-même au fond de son cœur, que son regard et sa parole ravivent toutes les forces et relèvent les courages. Je la supplie surtout de s'abstenir de véhémentes récriminations contre ses fournisseurs et ses domestiques ; rien n'est plus insupportable à nos seigneurs et maîtres.

Je m'arrête ; j'en ai assez dit pour être comprise de mes aimables et bienveillantes lectrices.

DES SOIRÉES, DES BALS ET CONCERTS

Après les dîners il est tout naturel que viennent les soirées et les bals, quoique, en général, à moins qu'elles ne soient logées grandement et qu'elles ne disposent d'un très-nombreux domestique, les maîtresses de maison donnent rarement un grand bal après un dîner ; une soirée sera déjà une fatigue assez lourde.

Comme les invitations à dîner, les invitations pour soirée sont envoyées huit jours d'avance. Si des artistes ou des amateurs doivent se faire entendre, au bas de la lettre on ajoute ces mots en manière de post-scriptum : *On fera de la musique ;* si l'on doit danser, les invitations porteront : ON DANSERA. Dans le cas d'un grand bal l'invitation sera rédigée d'une manière différente ; le libellé, avec quelques variantes, est : *Monsieur et Madame X... ont l'honneur de vous inviter au bal qu'ils donneront le...*

Pour un bal travesti, les invitations s'expédieront quinze jours d'avance.

Il est des personnes qui ont une soirée une fois par semaine. Pour ne pas multiplier les invitations, elles envoient au commencement de la saison, aux personnes qu'elles désirent recevoir, une carte de grandeur moyenne sur laquelle est imprimé : *Monsieur et Madame X... recevront tous les mardis soir ; ils espèrent que vous voudrez bien agréer leur invitation.* Au bas, et écrit à la main, le nom de la personne à qui elle est adressée. Les maisons qui ouvrent ainsi leurs salons pour un nombre indéterminé de soirées ont bien soin d'annoncer à leurs invités le jour où ils les ferment, soit pour cause imprévue de maladie ou de deuil, soit parce que la saison est terminée. Ces avis doivent être donnés par lettre. Les ministres, les hauts fonctionnaires s'en dispensent; ils emploient la voie des journaux.

Toute invitation permanente ou passagère exige, en réponse : avant, une carte; après, une visite.

Il ne faut pas se présenter de trop bonne heure; à Paris, la soirée ne commence pas avant neuf heures ; les bals, avant dix. L'heure des concerts est souvent indiquée sur les lettres. Dans ces fêtes, si vous arrivez trop tard, et qu'un morceau de musique ou de chant soit commencé, vous ne devez pas entrer avant qu'il soit terminé. Vous attendrez dans une pièce latérale : la raison de cette conduite n'a pas besoin d'être expliquée. Si, par votre talent d'amateur, vous êtes appelé à figurer dans le concert, le maître ou la maîtresse devront vous faire une visite; et, si vous acceptez, vous conviendrez avec eux des morceaux que vous avez l'intention d'exécuter. Si c'est une femme qui est ainsi priée, ils lui enverront, le jour où elle doit se faire entendre, un bouquet qu'elle portera au concert; le lendemain ou le surlendemain au plus tard, ils feront une visite de remercîment, un petit cadeau d'aimable souvenir à tous les artistes non payés. Ici se présente une question assez délicate. Quelle situation doit être faite aux artistes *payés* dans la fête où ils sont conviés? A mon avis, s'ils jouissent d'une bonne réputation, si, par leur genre de vie, ils ne se sont pas mis en dehors de la société, il faut les traiter et les considérer absolument comme les autres invités. Dans les cas en question, la maîtresse de maison doit montrer beaucoup de tact, de mesure et bien connaître l'esprit et le degré de susceptibilité de son salon.

Un amateur qui a refusé de chanter ou de jouer ne se présentera pas au concert.

Pendant qu'un artiste est au piano, vous ne devez pas, à moins que d'en être prié, vous mettre à côté de lui pour tourner les pages de son album. Le silence le plus absolu est de rigueur; on ne parle ni ne gesticule, on ne bat pas la mesure ni on ne fredonne : c'est du plus mauvais goût. Le morceau achevé, ne vous gênez point pour applaudir, alors même que vous devriez y mettre un peu de complaisance ; l'artiste et la maîtresse de maison vous en sauront également bon gré.

Tout artiste qui s'est engagé ne se fera point attendre : ce serait de sa part une impolitesse grave, ou une marque de prétention. Les invités, et surtout les invitées, n'arriveront pas trop tard, afin d'éviter d'être accusés de chercher à faire sensation.

Dans les soirées où on ne chante ni ne danse, et même, malheureusement, presque toujours dans les bals, il y a un salon de jeu. La maîtresse de maison doit veiller à ce que les tables soient commodément disposées. Dans les petites soirées, on joue au salon même où l'on reçoit. Les maisons qui se respectent interdisent complétement certains jeux ; cette interdiction doit être rigoureusement observée. On ne prendra part à une partie que sur l'invitation du maître ou de la maîtresse de maison ; ils indiquent les partenaires des dames, et ceux-ci les conduisent aux tables ; les dames choisissent leurs places dans les jeux où le sort n'est pas chargé de les désigner. Ce sont elles qui fixent les enjeux. On ne discute jamais un coup, surtout contre une femme. Dans les parties où jouent les hommes seuls, c'est au maître de maison que le soin de régler les enjeux appartient, et il est de mauvais ton de dépasser les limites qu'il a fixées. Il a le droit et le devoir de s'y opposer, s'il ne veut pas avoir la responsabilité, du moins morale, des pertes qui peuvent se faire. Il ne souffrira jamais que l'on joue sur parole et avec des *fétiches.*

Les personnes composant la galerie ne causeront pas avec les joueurs; pendant le coup, elles éviteront toute manifestation qui puisse indiquer le jeu qu'elles regardent. Ces prescriptions sont de toute rigueur, elles touchent à la probité; si on les viole, on s'expose à des reproches et à des scènes qui peuvent dégénérer en scandale. Si vous n'avez pas la force de faire bon visage à la mauvaise fortune et de savoir vous arrêter, ne jouez pas, car vous seriez, je vous en préviens, ou fort ridicule ou fort ennuyeux, deux défauts qui se tiennent souvent.

Il est strictement permis de rebattre les cartes déjà battues par un autre joueur; mais, si on peut le faire dans un cercle, dans un salon cela ne se doit pas. La méfiance n'y est pas admise, et cependant... Règle générale, il ne faut point aller dans un certain monde; mais, si on a le malheur de s'y laisser entraîner, il ne faut jamais y jouer.

Les dettes de jeu se payent dans les vingt-quatre heures, intégralement, sans remise ni délai. L'illustre Fox, à un créancier qui, son billet à la main, lui réclamait son dû, expliquait que les dettes dites *d'honneur* devaient être payées les premières. « Et pourquoi, Votre Seigneurie? — Parce que celui à qui je dois n'a pas de titre. — En ce cas, répondit le créancier en déchirant son billet, ma dette aussi est une dette d'honneur, et par son ancienneté elle prime l'autre. »

Fox avait le cœur trop noble pour n'être pas touché par de telles paroles et par un semblable procédé ; il paya.

Un joueur qui gagne est tenu de donner une revanche à celui qui perd, mais il ne l'est nullement à doubler l'enjeu.

Les jeunes femmes et les jeunes filles ne doivent point entrer dans la salle de jeu ; cependant, en certains cas, lorsque le bruit des pertes que fait son mari arrivera jusqu'à une jeune femme, elle pourra, invoquant un prétexte, y pénétrer pour le prier de vouloir bien la reconduire. Rien de plus digne et de plus touchant qu'une pareille conduite. Il y a des maisons où l'on organise des parties pour les jeunes filles ; je ne le saurais approuver : les émotions du jeu sont malsaines et corruptrices, il ne faut jamais les faire naître dans le cœur des jeunes filles. Le jeu désola la cour de Louis XIV et celle de Marie-Antoinette ; c'est encore une lèpre de notre temps : ne l'inoculons pas à la jeunesse.

Venons maintenant aux bals. Nous avons dit que l'on ne doit s'y présenter ni trop tôt ni trop tard ; une jeune femme ne s'y rendra pas seule, elle se joindra à une de ses amies plus heureuse et prendra son mari pour cavalier ; ou bien, afin de tourner la difficulté, elle arrivera de bonne heure dans la maison où elle est intime, s'associant, pour ainsi parler, à la famille. Une jeune femme seule ne se fera jamais reconduire que par des femmes avec leurs maris. Il n'y a pas pour elles d'exception à cette règle.

Avant de quitter votre cabinet, examinez bien votre toilette ; assurez-vous que toutes vos garnitures et rubans sont bien attachés, votre coiffure, vos fleurs, solidement fixées, et, à tout hasard, munissez-vous de quelques épingles en ayant soin de les dissimuler de telle sorte qu'elles ne puissent point piquer vos danseurs. A vos pieds vous aurez de doubles chaussures, autant pour éviter de prendre froid que de souiller celles avec lesquelles vous ferez votre entrée. Cette précaution peut être inutile si vous avez une voiture à vous chauffée par des boules d'eau et bien propre. Si vous êtes suivie par un valet de pied, il montera avec vous ; vous lui remettrez les vêtements dont vous vous débarrassez, il les gardera en vous attendant ou les déposera au vestiaire.

Autrefois les femmes portaient au bal toute sorte

de choses : petites tablettes, flacon, mouchoir tenu d'une manière que l'on trouverait ridicule maintenant, bouquet, éventail ; aujourd'hui, de tout cela ne sont restés que le bouquet, l'éventail, le mouchoir presque caché dans la main. Ordinairement, sur le seuil de la porte du salon, la brillante invitée est reçue par le maître de la maison qui la conduit à sa femme. Après la présentation, il la mène à sa place. On n'entre dans un bal qu'après les dernières mesures du quadrille et de la valse. Dans ce moment tous les regards sont tournés sur vous ; prenez garde de perdre votre aisance et votre naturel ; marchez légèrement, mais posément. Si vous avez une jeune fille qui vous accompagne, elle doit avoir de seize à dix-sept ans au moins — ne la conduisez pas au bal plus tôt, même dans son intérêt — elle vous suivra appuyée sur son père ou son frère ; comme vous, elle saluera la maîtresse de la maison, et s'assoira à vos côtés. J'aime peu voir les jeunes personnes voltiger de place en place, elles doivent rester près de leur mère. Une femme ne se lève pas pour recevoir les compliments qu'un cavalier lui adresse ; elle ne se dégante jamais, pas même pour prendre des rafraîchissements. Le service se faisant avec des verres à anses aux deux tiers pleins seulement, elle saura, avec un peu d'adresse, se servir de son mouchoir, mais discrètement, pour éviter de salir ses gants.

Une femme ne danse et ne laisse danser sa fille qu'avec les cavaliers qu'elle connaît ou qui lui ont été présentés : autrefois on était moins rigide, mais je trouve cette importation anglaise très-sage et très-digne.

Un cavalier a invité une dame; si à la fin des ritournelles de la contredanse et après les premières mesures de la valse il ne se présente pas pour prendre la main de sa danseuse, il commet une impolitesse grave, et elle est libre d'accepter un autre danseur; cependant je ne l'engagerai point à le faire, car cette impolitesse dont elle a à se plaindre n'est, après tout, qu'un oubli, et si elle agréait un autre cavalier, il pourrait s'élever un conflit, toujours désagréable et quelquefois menaçant. La punition qu'elle pourra infliger à l'oublieux est de refuser de danser avec lui pendant toute la soirée; mais le mieux encore est de pardonner.

Il y a une manière de danser qui est certainement parfaitement décente, et une autre qui ne l'est point, et des deux ce n'est pas la première qui est la moins gracieuse. Ne souffrez pas un instant que votre danseur s'en écarte; un mot de surprise, un regard d'étonnement suffiront pour le retenir; s'il ne comprenait pas, ou ne voulait pas comprendre, priez-le poliment, sous le premier prétexte venu, de vous reconduire à votre place. Un homme ne doit

jamais inviter une dame s'il ne sait pas la conduire ;
il fera attention aux figures pour ne pas les embrouiller ou les laisser embrouiller par sa danseuse ;
s'il n'agissait pas ainsi, le moins qui pourrait lui
arriver serait de passer pour ne pas savoir les usages
de la bonne compagnie, ce qui est un renom fâcheux.

Les conversations entre danseurs et danseuses
qui se connaissent à peine, et souvent de nom seulement, ont servi de thème à d'interminables moqueries ;
j'avoue qu'il est difficile de s'en tirer avec honneur.
Eh bien, pourtant, j'ai vu des couples y réussir, mais
il faut beaucoup de tact. Hommes et femmes, et
les jeunes filles avec leur esprit toujours en éveil,
savent bien vite à qui ils ont affaire et mènent la
causerie en conséquence. J'ai, dans ma jeunesse,
contracté de bonnes et solides amitiés commencées
dans une contredanse. Mais point de railleries sur
les personnes qui sont sous vos yeux ; outre que ces
plaisanteries sont de mauvais goût et toujours fort
déplacées, elles peuvent être de la plus insigne maladresse. Savez-vous si ceux que vous essayez de
tourner en ridicule ne sont pas parents ou amis de
la femme ou de la jeune personne à qui vous vous
adressez et dont vous voulez faire une complice ? Si
vous n'avez pas un tour d'esprit ingénieux, restez
dans les formules banales, parlez des fleurs, de la

beauté de la fête, de la fraîcheur des toilettes ; ce ne sera pas bien brillant, mais ce sera sûr.

En donnant la main à votre danseur pour aller figurer à une contredanse, vous laisserez votre bouquet à votre place ou le confierez à une amie qui ne danse pas ; mais vous pourrez garder votre éventail. A propos de bouquet, souvenez-vous que si en rentrant vous le rapportez fané, il ne faut pas, du moins, qu'il y manque une seule fleur.

Souvent, dans les bals-confusion d'aujourd'hui, avec les immenses jupes à la mode, qui d'ailleurs ont grand air, de fréquents accidents ne sauraient manquer d'arriver aux toilettes ; la femme à qui advient une pareille mésaventure, lui eût-on déchiré les plus précieuses dentelles, doit faire contre mauvaise fortune bon cœur, comme je l'ai dit au chapitre des dîners. Les femmes vraiment distinguées portent leurs plus splendides parures avec soin sans doute, mais aussi avec une manière de noble insouciance. Le mal fait, à quoi d'ailleurs servirait la plainte ? Les maîtresses de maison prévoyantes ont disposé une pièce où leurs invitées trouveront sous la main ce qui est nécessaire pour réparer le plus gros de ces désordres, aussi bien que les chevelures qui se défont et les fleurs qui menacent de tomber.

A l'époque où j'entrai dans le monde — ce souvenir me fait sourire lorsque je me regarde dans la glace

— les jeunes filles ne valsaient point; c'était bien, je crois; mais cette barrière a été abattue, et après la valse sont venues polka, mazurka, etc., puis pour couronnement le cotillon. Je n'ai rien à dire, et point envie de prêcher dans le désert; mais je ne saurais trop recommander aux jeunes filles de ne se livrer à ces danses qu'avec la plus chaste décence, d'y apporter toute la retenue modeste qui convient à leur attitude, et ne point se pencher sur l'épaule de leur danseur avec un abandon inconvenant. Je prie même les femmes mariées de prendre leur part de mes conseils, comme j'invite les valseurs à en tenir note en conduisant leurs valseuses. Nulle part un jeune homme bien élevé et de bonnes mœurs ne se fait mieux valoir. Il n'entraînera point follement sa danseuse, il ne l'arrêtera pas par une brusque saccade, il ne lui parlera que dans les temps de repos; et, en tourbillonnant, il n'affectera point un air vainqueur que les gens mal élevés se donnent quelquefois. Ce serait la plus grossière inconvenance que de danser avec les mains non gantées.

Si un buffet est servi, les jeunes femmes, et à plus forte raison les jeunes filles, n'y viendront qu'accompagnées par leurs mères, leurs pères, leurs frères, ou de cavaliers qu'elles connaissent intimement; le plus souvent, le maître de maison leur en fera les honneurs; je les engage fortement à n'y pas rendre plus d'une visite. Au buffet, elles peuvent se déganter, mais elles doivent rentrer gantées au salon.

Dans les bals de l'hiver passé se sont montrés quelques habits rouges. Ce vêtement a le grand tort de rappeler le costume des veneurs. Je doute, comme je l'ai dit, que cette mode ait longue vie.

Je m'aperçois que je n'ai pas encore parlé de la maîtresse de la maison; je ne veux point paraître pourtant manquer de savoir-vivre, de reconnaissance, et de... pitié. C'est une besogne d'organiser un bal et d'y présider, croyez-moi; je m'en souviens.

Nous savons comment se font les invitations. Comme on a besoin de danseurs, et que la jeunesse, par ce temps de banque qui court, affecte de n'être plus jeune ou perdue dans les nuages d'une mélancolique tristesse, quelques maîtresses permettent à des invités d'amener certains de leurs camarades, qu'ils annoncent fous de la danse. Je n'approuve pas cette autorisation, qui ne tend à rien moins qu'à changer ou à altérer le caractère de votre réunion, et je ne trouve rien de plus niais qu'un maître de maison à qui l'on demande : «Comment se nomme ce monsieur ? » et qui est forcé de vous répondre : « Je ne le connais pas. » Imaginez cet inconnu s'asseyant à une table de jeu, et voyez ce qu'il peut advenir. Si cependant vous autorisez un habitué à amener un de ses camarades, imposez-lui l'obligation absolue de vous le présenter, et, dans cette visite, le jugez-vous de mauvaise compagnie, refusez-le impitoyablement et prévenez son présentateur que son protégé ne sera point reçu.

Mais je vous suppose sûre de votre personnel dansant — et qui peut en être sûre? — il faut sans tarder vous occuper de vos musiciens, que vous vouliez avoir un orchestre ou simplement faire tenir le piano. C'est très important : Adressez-vous à votre marchand de musique, il vous fera trouver ce que vous désirez, il vous débarrassera de la corvée de débattre les prix ; mais, hélas ! et ceci est triste, quelques-uns des intermédiaires que vous emploierez ainsi retiendront une partie de la rémunération par vous acceptée, que vous auriez été heureuse de voir revenir entière aux mains de vos musiciens. Mais, si vous êtes satisfaite, vous saurez vous montrer généreuse. Vous vous arrangerez pour que ces ménétriers de votre plaisir, en un moment de repos, trouvent un souper préparé — à l'office, jamais ! — car vous ne pouvez pas oublier que leur fatigue est extrême. Si vous donnez un souper, ils souperont à part en même temps que vos invités, et vous veillerez à ce qu'ils soient bien servis.

Dans toutes vos relations, dans tous les commandements que vous aurez à leur donner, n'oubliez pas que plus d'un homme de génie a joué dans les bals publics où le peuple s'amuse.

Voilà votre orchestre, c'est bien : viennent le vestiaire, le glacier, le buffet, le souper, la disposition des meubles, le chauffage, l'éclairage, les fleurs, le personnel servant, que sais-je encore? Passons rapidement en revue tous ces divers points.

Destinée au vestiaire, la pièce adjacente à l'antichambre sera remplie de larges tables, et, s'il se peut, garnie de planches et de rayons. Placez-y une ou deux personnes dont vous soyez parfaitement sûre comme probité et esprit d'ordre. Elles se tiennent derrière une table qui barre l'entrée du vestiaire, reçoivent les effets déposés, qu'elles lient, en formant un paquet pour chaque déposant, avec une ficelle portant un numéro inscrit sur un morceau de carton, et un carton plus petit, mais ayant le même numéro, est remis par elles à la personne qui leur a confié ses vêtements. Ce paquetage et ce service doivent être faits rapidement et avec soin. A sa sortie du bal, l'invité ou l'invitée recevra ses pardessus en échange du numéro qui lui a été donné. Il est d'usage de rémunérer ce service par quelques pièces de menue monnaie; ne pas le faire est mal. Mais encore une fois je dirai : choisissez bien vos gardes de vestiaire, car dans un bal, resté d'ailleurs célèbre à cette cause, j'ai vu disparaître pour plus de vingt mille francs de cachemires et de fourrures, somme que la délicate honnêteté du maître de la maison se fit un devoir de rembourser.

Venons au glacier; retenez bien cet axiome : « Quand il n'y a pas trop de rafraîchissements, il n'y en a pas assez. » Choisissez-les suivant votre fortune. Si vous n'avez ni buffet ni souper, faites circuler du bouillon froid, des sandwiches, du chocolat, du vin de Bordeaux une ou deux fois, et toujours des sirops, des glaces, quoique les danseuses doivent s'en méfier, ainsi que du vin chaud. Ces rafraîchissements sont présentés par des domestiques gantés qui marchent lentement et prudemment; les suivant, à certaine distance, d'autres domestiques qui enlèvent les tasses, les coquilles à glace, les petites cuillers et les verres vides. Rien ne dénote une plus mauvaise éducation de la part d'un homme que de se jeter sur un plateau; c'est répugnant au suprême degré, et malheureusement cela arrive souvent : l'animal reparaît sous l'être civilisé seulement en apparence. Si une femme est embarrassée de son verre vide, le premier cavalier qui s'en aperçoit doit lui venir en aide, et se tenir pour honoré de lui avoir rendu ce léger service. L'entrée et la sortie des plateaux de rafraîchissements, dans le salon des joueurs surtout, qui est quelquefois négligé, regardent particulièrement le maître de la maison. Si j'avais un conseil à lui donner ; bien bas, bien bas, je lui dirais : « Là, ne faites pas circuler trop de punch, trop de vin chaud fortement relevé, les joueurs ne doivent pas être surexcités, il faut qu'ils gardent la tête froide. »

Au buffet, on doit manger debout, et n'y faire que de courtes et rares visites, malgré les plus pressantes sollicitations de ceux qui reçoivent. Ce n'est point la maxime de tout le monde : j'ai connu un docteur, affolé de gourmandise, qui non-seulement ne quittait point les buffets de Louis-Philippe, mais qui encore glissait dans les larges poches de son habit de velours de magnifiques écrevisses de la Meuse : « Sa femme, dit-il, les aimait tant ! » et il adorait sa femme ! Amour conjugal, que tu es respectable !...

J'ai parlé du dérangement des meubles ; je me suis en effet imaginé, quoique n'ayant jamais vu la fameuse manœuvre navale, qu'une maison, dans la matinée qui précède un bal, ressemble singulièrement à un navire où l'on a donné le signal du branlebas général. A moins que d'avoir d'immenses salons, des galeries uniquement réservées aux fêtes, un bal exige un grand dérangement parmi les meubles encombrants : tête-à-tête, causeuses, lourds fauteuils, tables de laque, guéridons, dormeuses, etc., disparaîtront pour faire place à de vulgaires ban-

quettes aussi convenablement recouvertes que le
tapissier peut en fournir. J'ai vu quelquefois remplacer les banquettes par des chaises, je ne crois pas
cet usage bon ; on déplace sans y penser ces siéges, ils
empiètent sur le parquet, dont le tapis a été enlevé,
cela va sans dire, et gênent les danseurs. Je conseille,
en fait de parquet, de ne point trop le frotter, si l'on
veut éviter les accidents toujours ridicules et souvent
dangereux. Qu'il n'y ait pas non plus trop de cire,
sous l'action de la chaleur elle se fond, et il arrive
un moment où il est impossible de valser. Le tapissier est de plus chargé de dresser le buffet, de préparer l'immense table, s'il y a un souper, où doivent
s'asseoir les nombreux convives.

Puis viennent les lampistes, qui fixent des bras à
la muraille, posent des lampes partout, depuis l'antichambre jusqu'au cabinet où les danseuses trouveront tout ce qui leur est utile pour réparer leur
toilette. Il faut beaucoup de lumières dans un bal,
savoir les disposer habilement, prudemment, et prier
Dieu que la chaleur ne fasse pas pleurer les bougies,
dont les larmes sont si détestées des danseurs et des
danseuses. Afin d'éviter, autant que faire se peut, cet
ennui, pendant la journée on poussera le feu, qu'on
laissera tomber ensuite de manière à ce que le soir
les cheminées soient presque éteintes. Puisque je
parle de cheminées, je dirai qu'il est d'un usage

général d'arrêter toutes les pendules. On est au bal pour oublier les heures et non pour les compter.

Vient le tour de la fleuriste. Il faut absolument des fleurs dans les fêtes, il en faut dans le salon, dans la salle à manger, dans l'antichambre, même dans les escaliers, si l'on veut se donner ce luxe; il n'y a que la salle où l'on joue qui ne reçoit pas cette fraîche et fragile parure. Nulle part vous ne laisserez mettre des fleurs à forte odeur; il y va de la santé des personnes que vous recevez. Si un invité ou une invitée surtout se sent incommodée, elle se retirera sans bruit. Rien de plus ennuyeux dans les fêtes que ces femmes à perpétuelles pamoisons dont il faut que tout le monde s'occupe, ce sont de vrais trouble-plaisirs. Si votre santé ne vous permet pas de supporter certaine fatigue, restez au coin de votre feu.

A tous ces arrangements si multiples et si importants, sans parler de l'office, la maîtresse de maison préside sans oublier sa propre toilette. Habillée de bonne heure, elle fait une dernière tournée d'inspection et donne ses derniers ordres. Elle est ordinairement morte de fatigue quand arrivent ses hôtes qu'elle est condamnée à recevoir debout, trouvant pour tous et pour toutes une parole de bienvenue. Comme la politesse veut que les danseurs l'invitent, elle est accablée de sollicitations qu'elle n'accepte que très-partiellement; car elle est là non pour danser, mais pour faire danser. Cependant elle ouvrira le bal ayant en face d'elle son mari. Sa principale occupation sera de stimuler le zèle des jeunes gens, de discrètement leur indiquer les danseuses auxquelles elle désire qu'ils s'adressent; un refus de leur part serait un manque de déférence et de convenance. Elle fera en sorte que pas une ne reste sur les banquettes, elle causera avec les bonnes mamans qui font tapisserie, retiendra les couples qui veulent se retirer trop tôt : elle sera en un mot l'âme du bal. Comment résistera-t-elle à une pareille fatigue?... il est des grâces d'état.

Vient maintenant le souper; ou tout le monde y est tacitement invité, ou il y a seulement un certain nombre de privilégiés. Les exclus ne peuvent nullement être blessés, il tient moins de monde dans une salle à manger que dans les salons. Si pendant la soirée on ne vous a pas prié de rester, vous devez vous retirer dès que vous sentez que l'on va passer à table. Le cotillon généralement l'indique.

Quand il n'y a plus que les convives, le maître de la maison donne le bras à une dame et sa femme offre le sien à un cavalier. Ils s'assoient à table l'un en face de l'autre, s'il n'y a qu'une table; s'il y en a deux, le maître de la maison préside l'une, la maîtresse, l'autre. Quelquefois les dames seules sont assises, les hommes mangent debout derrière elles, et les servent. Le maître de la maison prend toujours place à côté d'elles. Dans l'un ou l'autre cas, que les femmes seules soupent assises, ou que les cavaliers soient assis près d'elles, toute étiquette est bannie, on choisit ses voisins et ses voisines : c'est même ce qui rend, en partie, ces repas si gais. Cependant, disons-le bien vite, une jeune personne restera, sinon à côté, du moins près de sa mère et toujours à la même table qu'elle. Je n'entrerai point dans le détail du menu, il varie à l'infini ; mais il est composé, en général, de pièces froides de choix et solides, de vins généreux, qui rendent au corps les forces épuisées, de fruits qui rafraîchissent, et de boissons glacées, excellentes, mais dont il est prudent de ne point abuser.

Plein d'entrain, avec une légère pointe de folie décente, un souper de bal est le bouquet d'un feu d'artifice, et, comme après le bouquet qui illumine des fêtes populaires, le souper terminé, il ne reste plus qu'à se retirer.

On essaye bien parfois de renouer les danses, mais c'est, en général, un effort impuissant; les derniers serrements de mains s'échangent; les lampes s'éteignent, le jour filtre à travers les tentures; tout est fini.

Les invités auront trouvé des voitures à la porte;

cette commodité est facile à avoir à Paris : le maître de la maison, pour procurer cet utile agrément, n'aura besoin que de prévenir la Compagnie des voitures de place qu'il donne un bal où *tant* de personnes sont priées.

Toute personne qui a assisté à un bal doit une visite; tout invité, une carte.

FÊTES, ANNIVERSAIRES, CADEAUX

« — Mondor aime à donner, comme Turcaret, il ne le fait point par vanité fastueuse, il a naturellement bon cœur, malheureusement son esprit manque de délicatesse; sa main, généreusement libérale, est lourde, maladroite, il ne sait tenir compte ni de l'âge, ni de la condition, ni du degré d'éducation de ceux à qui ses cadeaux s'adressent. Il les froisse presque toujours, souvent il les blesse. »

Ainsi me parlait une amie, et elle ajoutait de sa plus douce voix : « Vous devriez, à votre livre, ajouter un chapitre que vous intituleriez : *L'Art de donner.*

« — Mais, chère amie, lui répondis-je, vous le savez mieux que moi, l'art de donner, *pour me servir de votre expression,* ne s'enseigne ni ne s'apprend; c'est un don de nature que l'éducation peut perfectionner, rendre plus aimable, mais qu'elle ne donne pas. Cet art-là, j'ai vu des plus humbles le posséder dans toute sa grâce et des hauts personnages en être absolument dépourvus. »

Nous discutâmes longtemps la question et je l'avais complètement oubliée, lorsque l'éditeur du *Monde et ses usages* vint me demander d'y penser sérieusement, et, tout bien examiné, j'ai cru pouvoir donner quelques sages conseils et indiquer les époques particulières que l'usage a marquées pour répandre autour de soi des témoignages d'amitié, de reconnaissance ou de respect. Le sujet, ainsi compris et limité, entre bien dans le cadre du livre. Je chercherai aussi à donner, autant qu'il dépendra de moi, des notions générales sur la nature de ces cadeaux et sur la manière dont ils doivent être présentés pour avoir tout leur prix et tout leur mérite, en tenant compte des conditions d'âge, de sexe et de rang des personnes à qui ils sont offerts.

Pour ce petit voyage dans le pays des bonnes fées, nous suivrons, si vous le voulez, l'ordre du calendrier, et on me pardonnera d'entrer dans des explications qui pourront paraître minutieuses, mais que ma vieille expérience juge utiles.

Le Jour de l'An. Quelle que soit votre fortune, dans vos comptes budgétaires, marquez d'une croix le mois de janvier, c'est un cap toujours difficile à franchir ; mois noir pour les personnes qui n'ont pas eu soin de faire de prudentes réserves d'argent destinées aux dépenses qu'il exige et aux cadeaux qu'il impose. Ayez donc soin, avant l'heure venue, d'en dresser une liste exacte en ayant soin de mettre en regard de chaque article la somme que vous entendez approximativement lui consacrer. Suivez ce conseil, il vous empêchera d'éprouver, au dernier moment, des déceptions ou de vous heurter contre des impossibilités financières tout à fait en dehors des ressources de votre fortune. Ceci posé, «je commence», comme disent les photographes qui prennent votre image.

Plaçons, d'abord, les cadeaux auxquels les serviteurs de la maison s'attendent suivant l'usage le plus général de Paris :

Les employés ou employées reçoivent un mois de leurs appointements;

Les domestiques, la moitié d'un mois de leurs gages — souvent plus;

La nourrice, un mois.

Le concierge, en proportion de la valeur locative de l'appartement. Pour un appartement de 1 000 francs par an, j'ai vu adopter le chiffre de 20 francs, mais alors il faut que votre service n'exige de ce redoutable serviteur aucun soin particulier.

Le facteur de la poste vous apportera, avant le jour de l'an, des calendriers; il jouit de ce monopole, qui ne sert qu'à vous faire connaître ses espérances. Le cadeau que vous lui accorderez dépend de votre correspondance, il va depuis 2 francs jusqu'à un chiffre bien plus élevé, 20 francs suffisent pour une maison qui reçoit beaucoup de lettres et de journaux. Les grands établissements d'industrie, de commerce et de banque donnent plus. Vous en comprenez la raison; ils font de même pour le concierge.

Les personnes qui fréquentent les cafés remettent en général 5 francs aux garçons de café. Si un jeune homme dîne souvent dans une maison, il doit quelque chose au domestique qui lui ouvre la porte. Cet usage n'étant point d'obligation absolue, il faut qu'il fasse bien les choses ou qu'il ne laisse rien à l'antichambre.

Je n'ai garde, dans la catégorie dont je viens de faire l'énumération, de placer les instituteurs, les institutrices, les maîtres d'agrément, nous en parlerons à part.

Tous les cadeaux que nous venons d'énumérer sont faits par la maîtresse de maison, il n'y a d'exception que pour le valet de chambre de monsieur, qui reçoit directement de son maître.

Tout cela, comme on le voit, est simple et facile. Si vous vivez en province, suivez les usages établis et ne vous inquiétez pas de nos coutumes parisiennes, qui vous sembleraient onéreuses. Hélas ! elles le sont aussi pour nous, et ce qu'elles ont souvent de cruel, c'est qu'elles nous privent des moyens

de donner aussi libéralement que nous le voudrions
à des êtres mieux aimés.

Venons maintenant à la famille et commençons
par nos chers petits tyrans qui, depuis huit jours,
les yeux émerillonnés par l'espérance, attendent poupées, polichinelles, bonbons et le reste. Si j'ai un
conseil à vous offrir, c'est de ne point leur donner
des joujoux trop luxueux. Un jour, j'entendais un
petit bonhomme qui, l'année précédente, avait reçu
de sa grand'mère un chasseur tyrolien, véritable
œuvre artistique, lui dire : « Mère, au nouveau jour
de l'an ne me donne pas un chasseur. — Et pourquoi? — Parce que l'on ne voulait pas me laisser
jouer avec lui de peur que je le « casse ». Il avait
raison le petit Paul. Donnez aux petits garçons des
joujoux qu'ils puissent manier, tarabuster à leur
aise; mais, au nom de leurs familles, ni tambour,
ni trompette, ni accordéon. Les petites gamines sont,
en général, plus soigneuses, mais ne vous y fiez pas
trop. Si la poupée dont vous lui avez fait don, remue
la tête ou les yeux, je crains bien qu'elle n'hésite
pas à la dépecer bien gentiment, bien doucement,
pour savoir ce qu'il y a dedans. Les enfants sont-ils
plus grands, avec des bonbons, cela va sans dire,
offrez-leur des albums de caricatures, des livres illustrés appropriés à leur âge; plus grands encore,
commencez leur petite bibliothèque classique, pré-

sentez-leur les œuvres de nos grands poètes, de nos auteurs révérés, de beaux atlas, de beaux albums de dessins ou d'autres destinés à renfermer des photographies. Pour les fillettes, n'oubliez pas que le démon de la coquetterie est entré de bonne heure dans leurs jolies petites têtes et tablez là-dessus. Cependant, je dois vous avertir que des objets pouvant servir à la toilette d'une jeune personne ne sont permis qu'aux parents ou amies vivant dans la maison dans une entière intimité. La prescription ne s'étend point jusqu'à l'éventail. Vous pourrez choisir en livres, en boîtes d'aquarellistes, en belles partitions de musique, en boîtes de bonbons, tout ce que vous voudrez. Maintenant reste le plus difficile, ce que vous devez à la maîtresse de maison qui vous a admis à ses soirées et à sa table. Ici il faudra mettre en œuvre toute l'ingéniosité que vous pouvez avoir dans l'esprit, surtout si la personne à qui vous avez à faire votre cadeau est une femme à la mode. Autrefois, c'est-à-dire il y a une cinquantaine d'années, on se tirait d'affaire à assez bon marché : un beau cornet de bonbons, une grande boîte de fruits confits, un bouquet de belles fleurs suffisaient. Aujourd'hui fleurs et bonbons seront encore fort gracieusement acceptés, mais ils ne viendront pas seuls. Le luxe a gâté le jour de l'an, et, en ma qualité de vieille femme, j'ai entendu souvent des personnes de modeste fortune me confier la peine qu'elles éprouvaient à faire face aux exigences de ce jour qu'elles étaient loin de bénir. A l'heure présente, en effet, marqueteries les plus délicates, coffrets ciselés, potiches de la Chine, jades, laques du Japon, bronzes, vieilles porcelaines de Sèvres, tapis d'Orient, bijoux, les boîtes même de nos confiseurs, décorées de fleurs artificielles, de peintures qui atteignent des prix extravagants, sont reçus par une maîtresse de maison un peu « lancée », comme l'on dit dans un beau langage que je ne veux pas comprendre. Aussi connais-je un jeune homme qui, chaque année, part régulièrement de Paris le 15 décembre pour revenir le 15 janvier, ayant promis solennellement, disait-il, à un ami d'enfance de commencer avec lui toutes les années qu'il passera sur cette terre. Pendant les mois qui suivent son retour, il fait naître et saisit les occasions d'offrir les dons que sa fortune lui permet et que lui dicte son cœur.

Je ne dois pas oublier de dire que, si vous avez un cadeau volumineux ou un peu lourd à faire dans une maison, vous l'enverrez la veille avec votre carte ; le lendemain, votre visite.

Maintenant, venons aux instituteurs et aux institutrices, que j'ai tenu à honneur de mettre à part, parce que j'ai pour eux une considération toute particulière, et que je sais ce que leur condition a de respectable. L'usage du jour de l'an veut que la famille où ils sont entrés leur fasse ce jour-là un cadeau... Ce sera ou l'objet que l'on saura — avec un peu de bonté ingénieuse, rien ne sera plus facile — leur être utile, agréable, ou de l'argent soigneusement placé dans une jolie bourse, dans un petit porte-cartes. Quelques personnes répugnent par délicatesse à ce cadeau en argent, je le comprends, mais ne partage ni n'approuve ce scrupule. C'est presque toujours par manque de fortune qu'une institutrice ou un instituteur se voient forcés d'accepter ces difficiles et pénibles fonctions, souvent même ils le font pour venir en aide à leurs parents infirmes et malheureux, donc rien de blessant à se montrer sensibles à leurs besoins ou touchés de leur dévouement, à leur offrir le moyen d'y faire face. Pour ne point froisser leur susceptibilité, qui a le droit d'être ombrageuse, le cadeau que vous leur destinez ne sera point remis par vous-mêmes, mais par leurs élèves. Vous prendrez donc vos enfants par la main. Vous les conduirez auprès d'eux, et, leur offrande faite, vous exprimerez chaleureusement la reconnaissance dont vous êtes pénétré pour les soins inappréciables qu'ils prodiguent à votre jeune famille.

Dans beaucoup de pensionnats, il est d'usage d'offrir un cadeau au maître ou à la maîtresse de ces établissements. A cet effet, les élèves, guidés ordinairement par un sous-maître ou une sous-maîtresse, s'entendent, forment une petite bourse, afin de pouvoir acheter un objet que l'on pense pouvoir plaire ; mettez vos enfants à même de satisfaire à cette légère contribution.

Je crois, sauf erreur ou omission, comme l'on dit dans le quartier du commerce ou de la banque, en avoir fini avec le jour de l'an ; maintenant, en suivant l'ordre du calendrier, nous arrivons jusqu'à Pâques. Je trouve que nos belles Parisiennes et les nobles châtelaines abusent peut-être un peu de ces coutumes de la vieille France catholique et de ceux de l'Eglise grecque pour rapprocher les époques où, sans être de rigueur, les cadeaux sont autorisés. Je veux parler de Pâques, qui, si on laisse aller les choses, a la prétention de faire concurrence au jour de l'an. Nos industriels, sans oublier nos confiseurs, y poussent du mieux qu'ils peuvent. En tout cas, jusqu'à cette heure, vous pouvez, sans malséance, ignorer l'existence des œufs de Pâques ; il n'en serait pas de même si vous habitiez la Russie, où Pâques, fête nationale, est célébré jusque dans le dernier des hameaux, jusque dans les plus humbles familles, par des réjouissances accompagnées et suivies de cadeaux, c'est, m'a-t-on dit et ai-je lu, le jour de l'an russe.

Les œufs de Pâques, chez nous, remontent à une assez haute antiquité. Quand les règles de l'abstinence ordonnée par l'Eglise étaient suivies dans toute leur rigueur, on ne consommait point d'œufs pendant le Carême. Dans les maisons où il existait un poulailler, ils s'accumulaient donc, et à Pâques on se faisait un plaisir d'en offrir ; ils étaient colorés en plusieurs teintes, mais particulièrement en rouge ; les plus galants portaient des devises, des emblèmes tracés en enlevant la couleur. Ils pénétrèrent même à la cour. Sous Louis XIV, sous Louis XV, après la grand'messe de Pâques, on portait dans le cabinet du roi des corbeilles remplies d'œufs dorés, que les royales mains distribuaient aux courtisans. Aujourd'hui, il n'est plus question d'œufs de poule, ceux que fabriquent les confiseurs sont gigantesques et contiennent : joujoux, bonbons, bijoux de toute espèce et de toute sorte. Je vous engage, tant que votre position vous le permettra, de résister à cet onéreux usage.

Mais il est une jolie et charitable coutume des campagnes à laquelle je vous prie de rester fidèles.

Après les vêpres de Pâques ou les jours qui suivent cette grande fête religieuse, vous verrez entrer dans votre cour un groupe de petits pastours et petites bergères, pauvres déshérités du village ; ils se mettront en ligne et entonneront quelques complaintes rustiques, quelques vieux noëls. Ces enfants viennent vous demander leurs œufs de Pâques. D'une main libérale, remplissez, remplissez leurs sacoches, leurs paniers, de menues friandises, donnez un jour de liesse à ces petits malheureux.

Permettez-moi de vous conter une histoire qui vous ira au cœur, comme elle est allée au mien. Mon mari avait pris, pour travailler dans le parc, un jeune garçon de seize à dix-sept ans, orphelin depuis ses plus jeunes ans. Cet ouvrier, outre son modique salaire, recevait chaque jour deux livres de pain blanc. Un soir, en me promenant, je l'aperçus causant avec une fillette haute comme mon ombrelle sortir de sa poche un gros morceau de pain qu'il lui donna. Je fis semblant de ne rien voir. Assez intriguée, je ne sais pourquoi, à la même heure que la veille, je revins au même endroit ; la même scène se renouvela. « Joseph, dis-je, vous connaissez donc cette petite fille ? — Non, madame, pas autrement, mais c'est une orpheline comme moi, et je me souviens que jusqu'à douze ans je n'ai jamais mangé à ma faim. » A ces mots dits simplement, humblement, je sentis mon visage pâlir. Je fis ce que chacune de mes lectrices ferait : la petite fille entra à la ferme, Joseph fut attaché à la maison, et, jusqu'à son mariage, il compta parmi nos meilleurs serviteurs. Ceci est tout bonnement pour vous rappeler les divines paroles du maître : *Laissez venir à moi les petits enfants*, et de vous prier de donner aux quêteurs de Pâques.

Il est encore une autre fête marquée par le calendrier où les dons tombent du ciel pour les enfants sages. Moquez-vous de moi si vous le voulez, Gabrielle, avec votre raison de dix printemps, mais, bambine, j'ai parfaitement cru au bonhomme Noël. Je me souviens même d'avoir soutenu à mon père l'avoir vu près de la bienheureuse cheminée. Sans doute, cette vision était un rêve de mon esprit surexcité par l'attente, car je n'étais point menteuse.

Papas, mamans, grand'mères, remplissez les souliers de vos petits et que vos baisers le matin éveillent sur leurs joues animées la joie qui les colore.

Depuis s'est introduite une autre manière de fêter Noël et de faire le bonheur du petit monde. Cet usage charmant, nous le devons à notre Alsace, éternellement chère et plus aimée que jamais.

Si vous voulez bien faire les choses, voici comment vous procéderez : huit jours avant la fête, vous adresserez à M. Paul, à Mlle Éva, à toute la bambinerie que vous voudrez avoir, une lettre imprimée portant sa suscription sur sa belle enveloppe. Elle sera à peu près ainsi conçue :

Monsieur ou mademoiselle,

Voulez-vous me faire le plaisir d'assister à une petite soirée que je donne, le **25** décembre, en honneur de la fête de Noël.

Je serais reconnaissant ou reconnaissante si votre famille voulait bien **vous accompagner**. On se réunira à huit heures. On dansera.

Signé : Lucien ou Nicole W....

Nicole ou Lucien sont, comme vous le comprenez, les enfants de la maison qui invite.

Soyez tranquilles, vos petits amis seront exacts et ils n'auront pas la joie discrète lorsqu'ils contemple-ront, dressé au milieu du salon, un bel arbre vert tout chargé de bougies roses, de belles poupées, de pantins, de polichinelles, de jolis livres, de sacs de bonbons, d'œufs dont la coquille enrubannée est pleine de mystère. Mais bientôt vous les verrez presque tous imposant silence aux plus jeunes, à « la petite graine », comme ils disent, prendre au sérieux leur rôle de nobles invités. Ils sont char-mants à observer, jouant ainsi la comédie du monde ; cependant, peu à peu, la musique, les rondes, les contredanses, la polka, les valses charmantes font fondre leur gravité d'emprunt et quand arrive l'heure où le sort dépouille l'arbre de Noël, ce sont des rires, des battements de mains à ne plus s'entendre. Les bougies s'éteignent, le bonhomme au sablier passe en versant le sommeil sur leurs beaux yeux ; ils s'en vont serrant entre leurs bras les cadeaux reçus et

murmurent d'une voix endormie : « A l'année pro-
chaine, cher Noël! bonsoir! »

La patriotique colonie alsacienne qui a opté pour
la nationalité française, n'a pas voulu le laisser se
perdre chez les jeunes enfants qui ont suivi le sort
de leurs parents et qu'elle aide, entretient et élève, le
souvenir de la fête bien-aimée de la patrie. Chaque
année, elle se fait envoyer un grand sapin enlevé de
la terre opprimée par la force et elle le dresse dans
un grand théâtre, invitant tous ses compatriotes,
tout Paris à assister à cette assemblée, véritable fête
de patriotique bienfaisance. Depuis qu'elle est fon-
dée, je n'ai jamais cessé d'y assister et d'y porter
mon humble offrande. J'y ai entendu de généreuses,
de fortifiantes paroles; devant moi ont passé des
milliers de vêtements donnés aux enfants pauvres;
des récompenses accordées à ceux d'entre eux qui
se conduisent bien, qui travaillent avec succès et
courage, et j'ai été chaudement émue en voyant avec
quelle ardeur ils reçoivent une branche de l'arbre
qui a poussé dans le sol où repose la dépouille mortelle de leurs pères. La France peut être glorieuse et
fière d'inspirer et d'avoir mérité un si fidèle attachement. Que nos sœurs d'Alsace sachent bien que
leurs douleurs sont nos douleurs et qu'il n'est pas
une de nous qui ne lui tende la main; nos fils pour
elles feront plus.

Il est encore d'autres jours où les cadeaux sont en usage. Dans quelques-uns, ce sont les enfants qui font des cadeaux à leurs parents : le jour de la fête de leur père, de leur mère, grand'mère, grand-père, oncle, tante, parrain, marraine ; ils doivent au moins un bouquet auquel ils joindront une preuve des progrès qu'ils font dans leurs études. Ce sera, suivant l'âge, une page d'écriture, un dessin, une aquarelle, un travail à l'aiguille mystérieusement exécuté de manière à causer une surprise. Si c'est la fête de la mère de famille, le papa se mettra à la tête de ses enfants et fera, lui aussi, son cadeau ; il les conduit aussi, avec sa femme, chez les grands parents. Ordinairement, ce jour-là, tous les membres de la famille sont retenus à dîner par la personne que l'on fête. Instituteur et institutrice ne seront pas oubliés. Dans certaines maisons, c'est le jour de la naissance que l'on célèbre de la même façon que nous venons d'indiquer. Dans les pensionnats, la maîtresse reçoit aussi un cadeau le jour de sa fête patronymique. Les choses se passent en cette circonstance comme au jour de l'an ; c'est un don collectif accompagné d'un compliment fait et prononcé par celle de leurs camarades que les élèves croient la plus capable de remplir cette tâche oratoire. Une petite partie à la campagne, un petit régal de friandises est d'ordinaire la preuve de gratitude que maître ou maîtresse de pension accorde aux donateurs ou aux donatrices. La levée des punitions est presque obligatoire.

L'enfant admis à la cène chrétienne reçoit des principaux membres de sa famille, de son parrain ou de sa marraine, un cadeau approprié à la circonstance, un livre, un objet de toilette. Les amies donnent à leur compagne un souvenir, toujours précieusement conservé ou envoient simplement un bouquet de fleurs blanches. Enfants, faites-vous des amitiés, ce sont les plus durables et les plus désintéressées que vous formerez jamais. Les familles s'empresseront, après la cérémonie, d'apporter un léger don à la cure pour remercier le prêtre ou le pasteur du soin qu'il a porté à l'éducation religieuse du jeune garçon ou de la jeune fille dont ils ont eu la direction. Je crois l'avoir déjà dit, mais on me pardonnera de le répéter ici.

Les mariages sont aussi une occasion de cadeaux. Généralement la mariée en reçoit de tous les membres de sa famille, ses amies et amis ont suivi cet exemple. Les dons varient suivant l'état des fortunes, et la veille du mariage ils sont « tous », entendez-le bien, étalés dans le salon avec la même pensée de reconnaissance, si modestes qu'ils soient ! Il est inutile, je pense, de dire que quelques-uns par leur nature ne peuvent pas figurer dans cette exhibition. Si un riche propriétaire a offert, par exemple, une pièce de ses grands crus, elle n'aura pas place sur votre parquet. Je cite cet exemple pour dire que, dans cette circonstance, tous les dons sont admis : bijoux, vaisselles plates, porcelaines, cristaux, dentelles, riches étoffes, bronzes, petits meubles, peintures, éventails, etc., etc. On les envoie à la future avec une lettre amicale, aussi bien tournée qu'on le pourra, ou on les apporte soi-même. Pour tous ces dons elle doit une carte avec un mot de remercîments, mais un petit billet est plus convenable et me semble obligé. Elle ne fait des cadeaux à personne, cependant il y a deux exceptions. Assez ordinairement elle distribue à ses meilleures amies ses modestes bijoux de jeune fille, comme elle leur donnera, en souriant, quelques fleurs du bouquet nuptial qu'elle a porté. L'autre exception, en faveur de son institutrice, a un tout autre caractère. Son élève s'entendra avec sa famille, elle consultera son futur, afin que celle qui lui a consacré tant d'années et tant de soins, soit persuadée et ne puisse jamais douter qu'elle a formé une âme reconnaissante et qui sait, à cette heure plus que jamais, ce qu'elle lui doit d'affection et de gratitude.

Je crois avoir terminé la tâche qui m'était demandée, j'ai fait connaître les époques où se font les cadeaux et quelle doit être leur nature, comment l'âge et la condition des personnes les modifient, les usages enfin du monde en de telles circonstances, le tout d'une manière générale. S'il m'avait fallu entrer dans tous les détails, ce chapitre aurait été sans fin. J'en ai assez dit, j'espère, pour que toute personne bien élevée puisse dans tous les cas se conduire avec politesse et convenance; un succès plus grand dépendra de son tact et de son esprit d'observation. Souvenez-vous bien qu'avec la même somme d'argent, vous pouvez faire un cadeau qui charmera ou passera inaperçu. Vous connaissez la personne à qui vous avez à adresser votre offrande, ses goûts, ses habitudes, sa société, en voilà plus qu'il n'en faut pour savoir ce qui peut lui plaire, si vous vous donnez la peine de réfléchir un peu et de visiter les magasins. Que votre don prouve que vous avez voulu, que vous avez cherché à être agréable, qu'il porte enfin la marque de votre esprit, de votre respect, ou de votre affection. Votre choix ainsi fait, fût-il le plus beau et le plus riche du monde, offrez-le avec simplicité et vous aurez rempli tous les devoirs que l'on peut attendre d'un homme délicat ou d'une femme d'un esprit distingué.

A LA CAMPAGNE

On comprend qu'après une longue série de bals, Parisiens et Parisiennes aient soif de la campagne. C'est d'ailleurs devenu une mode. Dans l'été, *le tout Paris*, c'est-à-dire tous ceux qui ont de la fortune ou qui veulent paraître en avoir, vont aux champs et aux bains de mer. La vie dans ces lieux a des usages que je dois faire connaître.

Propriétaire ou locataire d'un château, d'un petit cottage, à votre arrivée, vous faites des visites à vos voisins, tant anciens que nouveaux, avec lesquels vous voulez continuer ou établir des relations. Ces visites vous seront rendues, ou vous recevrez simplement des cartes ; dans le premier cas, les liaisons persistent ou se nouent ; dans le second, vous êtes averti que l'on désire rester avec vous sur le pied d'un bienséant voisinage, et ne pas franchir le mur mitoyen. A la campagne, comme les distances à parcourir sont longues, il est d'usage de présenter aux visiteurs un plateau chargé de boissons, d'eau bien fraîche, de gâteaux secs et de fruits. Il faut aussi, autant que possible, s'astreindre à prendre l'heure habituelle des repas du pays, et surtout à ne point dîner trop tard, car cela gênerait les convives que vous inviteriez, forcés qu'ils sont de parcourir un long chemin pour rentrer chez eux.

Les personnes qui vont à la campagne sont de deux natures bien différentes : les unes y vont pour y jouir du repos ; les autres, pour y continuer la vie mondaine. Qu'elles appartiennent à la première ou à la seconde des catégories, si vous invitez des amis à venir jouir pendant un temps de votre hospitalité, souvenez-vous bien que le premier agrément qu'ils vous demanderont sera la liberté. Laissez-la-leur entière. Maîtres dans la chambre bien propre que vous leur avez donnée, qu'ils le soient aussi de choisir leur distraction et leurs plaisirs. Dès leur arrivée, mettez-les parfaitement à leur aise, et au courant des habitudes de la maison, des heures des repas, et, dès qu'ils seront débarqués, ne les entraînez pas pour leur faire admirer les dépendances de votre propriété. S'ils sont artistes, amis de la promenade, indiquez-leur les sites les plus renommés du voisinage ; préfèrent-ils la pêche, désignez-leur les endroits les plus chers aux pêcheurs ; en un mot, servez-les à leur goût et non au vôtre. Ce sera à eux de ne point abuser de votre complaisant accueil, de ne point accaparer le service des gens, de ne pas troubler la maison et de ne pas abuser de vos voitures et de vos chevaux, si vos hôtes en possèdent. Je les engage très-sérieusement, à moins d'y être très-formellement autorisés, à ne point cueillir à droite et à gauche les fleurs qui peuvent leur plaire dans les jardins, à plus forte raison dans les serres, dont ils doivent absolument respecter les plantes. Là, il est même très-inconvenant de solliciter le moindre don fleuri. Vous pourriez, sans le savoir, demander une fleur rarissime que l'on garde précieusement comme échantillon ou dont on désire obtenir la graine.

Dans mes premières années, à la Grave, château appartenant au duc D..., nous étions un tourbillon de jeunes filles; l'aimable châtelaine nous avait donné le soin de garnir de fleurs les vases et les jardinières; chaque matin, rieuses et folles, nous allions à la moisson, et il y avait entre nous émulation pour disposer de la façon la plus élégante la récolte embaumée. Le duc jugeait, et celle de nous qui avait le mieux réussi obtenait pour récompense, au déjeuner, l'honneur et le plaisir de s'asseoir à sa droite. O le bon temps et l'aimable vieillard ! Je vois que je m'extasie souvent sur le passé; pourquoi me revient-il si doux ? tout le secret de son charme est dans les souvenirs de ma jeunesse envolée.

Si vous désirez avoir pour hôte telle ou telle personne, point d'invitations banales ; assignez-lui un temps où sa venue vous sera agréable ; n'imitez pas une famille que je connais qui invite « aux fraises » ; lorsqu'elles ont rougi, elle renvoie « aux prunes » ; des prunes « aux raisins » ; elle pousserait jusqu'aux premières neiges, si elle l'osait. Il ne faut point se laisser prendre à ces fausses politesses, vous ne devez aller à la campagne que si vous êtes sûr de faire plaisir en y allant. Si vous habitez la ville et que vous vouliez aller passer douze heures chez un ami, et à plus forte raison vingt-quatre, ne tombez pas chez lui comme un obus prussien, prévenez-le et ayez soin de ne point arriver avec une famille trop nombreuse. Je connais par expérience l'ennui de ces débarquements imprévus. Il n'est pas toujours commode à la campagne de se fournir du nécessaire pour satisfaire tant de bouches inattendues.

N'exigez pas pour la table les délicatesses de Paris, tout ce que vous doit votre hôtesse champêtre, ce sont des vins francs, une nourriture saine, forte et abondante. Arrivés et bien reçus, ne vous plaignez pas des inconvénients de la campagne, subissez-les en jouissant des plaisirs qu'elle donne. N'allez pas critiquer le logis, le jardin et les ombrages, en disant : « Il faudrait ceci, il faudrait cela ; vous n'avez pas de serres ; votre basse-cour est mal placée » ;

rien de plus crispant et de plus maussade. Les femmes, toujours dolentes, qui vont sans cesse se plaignant du vent, de la poussière, du soleil, de la solitude et du silence même des champs, qui ne se prêtent que de mauvaise grâce aux parties et aux distractions qu'on leur offre, en crainte perpétuelle de hâler leur teint ou de chiffonner leurs robes, sont tout à la fois mal élevées et insupportables ; ce qui est trop d'une bonne moitié.

Installés à la campagne pour quelques jours dans une maison dont vous connaissez ou devez connaître les habitudes, opposez-vous à ce qu'on les modifie pour vous ; acceptez-les, ou, en riant, accusez-vous d'être un vrai sauvage, et demandez qu'on vous laisse avec vos travers d'indépendance.

Il est des châteaux et cottages où la vie est encore plus agitée que la vie parisienne : ce ne sont que courses à cheval et en voiture, grands dîners, jeux, charades et même petites pièces de théâtre ; comme dans la grande ville, luxe de toilettes. Cette existence dissipée ne vous convient-elle pas, ne venez point dans ces résidences, surtout si vous êtes femme ; on ne passe la sauvagerie qu'aux hommes. Au contraire, ce tourbillon vous plaît-il, et le cherchez-vous ? amenez avec vous votre femme de chambre et apportez vos plus fraîches toilettes ; car, ici encore, vous vous habillerez plusieurs fois par jour. Vous pourrez, il est vrai, ne pas assister au déjeuner et vous faire servir dans votre chambre, mais, pendant le reste de la journée, vous appartiendrez au monde. Les hommes sont dispensés du frac et de la cravate blanche à dîner. Soyez exact ou exacte à l'appel de la cloche, à l'heure prise, et, qu'il s'agisse d'une promenade ou d'un repas, ne vous faites jamais attendre.

Quoiqu'on se lie très-vite à la campagne, et précisément à cause de cette facilité même, j'engage les jeunes femmes à veiller attentivement sur leur moindre démarche, et à ne se donner que de prudentes libertés. A la campagne, ainsi qu'à la ville, une jeune fille n'est bien qu'à côté de sa mère, elle restera toujours devant elle, à portée de sa voix, sous son regard, elle n'adoptera point un cavalier. Si elle couche seule dans une chambre qu'elle tiendra très en ordre, elle ne recevra que des amies, jamais un homme n'y entrera, cette chambre sera sacrée comme celle qu'elle occupe sous le toit paternel. Elle ne mettra point en continuelle contribution la complaisance des hommes, évitera la charmille solitaire et tout ce qui pourrait prêter à de malignes interprétations. Elle ne montera point en voiture avec un homme seul, sa place est dans celle de sa mère, sur la banquette du devant; le fond étant réservé aux femmes mariées et aux gens âgés, ceux-ci pres-

que toujours refuseront pour elle de jouir de ce droit.
Les propriétaires d'un équipage cèdent la place
d'honneur; dans une voiture, elle est au fond à
droite.

Mais le temps que vous pouvez donner à vos
amis est passé, l'heure du départ a sonné ; ayez la
main large pour les gens de service, depuis la cuisine
jusqu'à l'écurie, et particulièrement pour ceux qui
ont eu soin de votre linge et qui ont été spécialement attachés à votre personne. Je crois que ce qu'il
y a de mieux est de laisser en partant votre gratification sur la cheminée de votre chambre, les domestiques se la partageront selon la convention qui
existe entre eux ; mais vous ne serez point dispensé
de donner, en plus, quelque chose aux serviteurs qui
portent vos malles à la gare ou au cocher qui vous
reconduit.

Dès votre rentrée chez vous, s'il se peut, le jour
même, vous adresserez à vos hôtes de chaleureux remercîments, et vous êtes assurément de trop bonne
compagnie pour médire de l'hospitalité reçue et di-
vulguer les petits secrets, les défauts, que la confiance accordée, que la vie intime, vous auront permis de surprendre. Ce que je dis ici pour les invités
doit être entendu aussi par les maîtres de maisons.

Un mot et je termine.

Une de vos invitées vous prévient-elle de son arrivée? Si elle vient seule, vous devez toujours l'envoyer chercher par une voiture, par un domestique, suivant la distance qui vous sépare de la gare, ou y aller vous-même, si vous le pouvez. Si c'est toute une famille qui arrive, l'obligation est moins stricte; mais cherchez pourtant à la remplir. Dans le cas où vous attendriez un supérieur, soyez en personne à la descente de voiture; c'est voulu.

Ce qui rend l'exécution de ce cérémonial assez délicat, on va le comprendre. J'allais autrefois à la campagne dans un château où, chaque jour, arrivait une ou deux personnes. Cette noble demeure était située à une lieue et demie des voies ferrées; donc si le châtelain avait été à la rencontre des nouveaux hôtes, il eût passé sa journée sur la route, abandonné les anciens, et commis presque une impolitesse. Vous voyez donc la difficulté; elle est la même pour le départ, c'est au tact à se tirer d'affaire.

Je ne dois pas oublier que votre jardinier, à toute invitée partant, doit offrir un bouquet.

EN VOYAGE

Que l'on me permette de transcrire ici une lettre qu'il y a quelque temps j'écrivais à une jeune personne ; elle entre parfaitement dans le cadre que je veux et dois remplir. La voici :

« Vous allez voyager, ma chère Marie, et, avant de partir, vous voulez bien me demander quelques conseils ; je vous en remercie. Pour contenter vos désirs si gracieusement exprimés, sortant de mes préoccupations casanières, il faut que je retourne à de doux, mais lointains souvenirs. Les voyages d'aujourd'hui, pour la locomotion du moins, ressemblent bien peu à ceux d'autrefois, et je suis certaine que je vous ferais rire de bon cœur si je vous parlais des coches et des diligences du temps passé. Et encore dans ma jeunesse parlait-on des messageries nouvelles comme d'un immense progrès social. Nous restions deux jours et deux nuits pour venir de Paris à Lyon, et on nous disait que nous brûlions le pavé. Nos pères et mères, pour de tels voyages, faisaient leur testament; c'est à la lettre. Souvenez-vous, d'ailleurs, des doléances et des longs préparatifs de M⁽ᵐᵉ⁾ de Sévigné pour aller dans ses terres de Bretagne. Des boîtes cahotantes où nous étions empilées les pieds dans de la vieille paille, nous sortions moulues, frippées à faire peur, et l'on célébrait le confort de notre voiture. Et les dîners d'auberge !... Enfin, bénissons Watt et Stéphenson, qui, avec la vapeur et les voies ferrées, ont rendu les voyages si rapides et si faciles. Temps merveilleux où en quatre-vingt-dix jours on peut faire le tour du monde.

Montaigne croyait que le *voyager*, pour me servir d'une de ses expressions, était bon à tout âge. «Les lois platoniques, écrit-il, interdisent de pérégriner après les soixante.— Mais en tel âge vous ne «reviendrez pas du chemin !— Qu'importe ! Je ne «l'entreprendrai ni pour en revenir, ni pour le terminer : j'entreprends seulement de me mouvoir «pendant que le mouvement me plaît, et je me promène pour me promener. »

Ce sont là peut-être des paroles d'une haute philosophie, mais je ne partage en aucune façon l'opinion de Montaigne, j'avoue que voyager sans but, uniquement pour se mouvoir, n'a jamais été de mon goût ; le mouvement, pour le mouvement même et seul, ne m'a jamais séduit et, avec Platon, je pense que lorsque le fardeau des ans pèse sur les épaules il y a sagesse et bon sens à demeurer chez soi. N'allez pas croire cependant que je n'adore que le dieu Terme et mes deux petits chenets. Le *voyager* me plaît, mais il faut avoir force et santé ; et je veux que, s'il y a fatigue, il y ait aussi profit : profit intellectuel et moral, cela va sans dire. Vous, Marie, vous êtes jeune, allez, levez le voile ; les voyages, il y a long-temps qu'on l'a compris, achèvent et complètent admirablement l'éducation. Le grand chancelier Oxenstiern disait à son fils, avec une pensée dédaigneuse et amère : « Allez et voyez par quels hommes le Monde est conduit. » L'élégant Chesterfield envoyait le sien sur le Continent pour prendre, en France, des leçons de belles manières ; hélas ! il ne fut jamais qu'un lourdaud. Mais laissons là ces souvenirs.

D'abord, chère enfant, connaissez-vous la langue du pays que vous allez visiter ? — Vous la connaissez, tant mieux ; vous sentirez le prix de l'instruction qui vous a été donnée et des efforts que vous avez faits pour en tirer bon profit.

Alors même que vous ne parleriez que très-incorrectement la langue des peuples dont vous voulez faire connaissance, osez vous en servir, c'est l'unique et meilleur moyen de vous perfectionner, d'acquérir les tours, les locutions et la prononciation de cet idiome. Pas de fausse honte, je vous prie. En cherchant à vous deviner, d'abord on sourira peut-être, mais soyez sûre que les indigènes vous sauront gré de votre bonne volonté ; ils seront secrètement flattés de voir qu'à leur langue vous avez consacré vos veilles. En tous cas, vous passerez à leurs yeux pour une jeune personne qui a reçu une bonne éducation. Si vos auditeurs rient de vos bévues de linguistique, riez plus haut qu'eux, acceptez et sollicitez une leçon que l'on ne refuse jamais à une jeune fille aussi discrète et aussi avenante que vous. Dès qu'ils savent deux mots de français, les Anglais se lancent, et ne tardent point à être compris tant bien que mal. Les Américains font de même et s'en trouvent très-bien. J'ai vu des Anglais, malgré l'orgueil de rang, de fortune, de caste, se placer à côté du cocher conduisant leur voiture de louage et prendre, en le questionnant, une très-utile leçon de français.

Il m'est arrivé souvent de causer avec des étrangers qui s'exprimaient difficilement en notre langue ; eh bien ! maintes fois je me suis surprise à les écouter avec un très-vif intérêt. Leur tour de phrases, leurs inversions quelquefois très-heureuses, leur accent même, avaient une étrangeté qui n'était point sans saveur.

Il est, du reste, des étrangers qui parlent merveilleusement le français ; les Polonais, les Russes, y

excellent, et j'ai entendu lord Palmerston avec une
véritable admiration, il possédait notre dictionnaire
d'une manière étonnante. Quelque idiome que vous
balbutiez, vous ne seriez pas, vous, Marie, si vous ne
mettiez, même dans les incorrections de votre parler,
ce je ne sais quoi de gracieux et d'ingénieux qui est
une des qualités de votre esprit et de votre caractère.
Que ce que je vous dis là n'aille pas vous faire tomber dans le péché d'orgueil privé ou national. Vous
êtes déjà trop instruite pour vous laisser aller à ce
ridicule travers.

Partout, Marie, nous rencontrons des rivaux,
quelquefois des maîtres, et chaque nation a des
richesses intellectuelles et physiques qui lui sont
propres. Ne croyez donc point à la supériorité absolue
et exclusive de la France, saluons toutes les gloires,
d'où qu'elles viennent; ne blessez jamais l'amour-propre national de ceux avec qui vous vous entretien-
drez, mais si l'on attaque notre cher pays, défendez-le
hardiment, courageusement. Malgré tous ses mal-
heurs, il le mérite. Plus vous vous sentez riche par
le génie de nos pères, plus vous devez être modeste,
et si l'on parle littérature, songez que de longues
études, l'usage constant de votre langue, ont pu
seuls vous révéler le mérite de nos grands écrivains;
les personnes nées au-delà de nos frontières n'ont
point eu cet immense avantage. Il faut être de

France pour apprécier complétement nos poëtes ; il faut que, dès l'enfance, l'oreille se soit formée aux nombres harmonieux de nos maîtres à la lyre d'or. Si cela est vrai, Marie, pourquoi vous refuseriez-vous à reconnaître que les autres langues ont aussi des harmonies secrètes que votre oreille ne sentira jamais complétement, et possèdent des finesses perdues pour votre esprit, quelque ouvert et agile qu'il puisse être ?

D'ailleurs, c'est pour apprendre que vous voyagez : questionnez donc beaucoup, ne vous lassez pas de questionner. On avait surnommé Voltaire enfant *Monsieur Pourquoi...* C'est si commode d'interroger et si amusant aussi ! Je ne pense point que vous preniez jamais le ton dogmatique et tranchant, mais, en tous cas, méfiez-vous des inconnus devant lesquels votre innocente vanité serait tentée de se donner carrière, les savants ont souvent la mine et la mise trompeuses. Rossini racontait avec une verve tout italienne qu'une fois, en voyage, un pianiste allemand l'avait pris pour un marchand de figues et de raisins secs. L'erreur dura toute une journée et vous pouvez vous imaginer quelle fut, le soir, la confusion du croque-notes bavarois qui se déplaçait précisément pour voir le maître conduisant l'orchestre d'un de ses opéras. Un évêque, que j'ai connu, avouait en riant qu'il avait pris pour un écolier achevant sa rhétorique un publiciste de grand renom. J'ai connu à Paris, Meyerbeer, à Naples, Mercadante, et, certainement, ni dans leur conversation ni sur leurs figures, ils ne portaient la marque de leur génie. Soyez donc, en voyageant, retenue autant par la prudence que par votre bonne éducation ; mais questionnez, questionnez ; et en vous y prenant bien, votre curiosité ne semblera jamais importune, on ne verra en vous qu'une brave jeune fille avide d'instruction.

Dans les villes où vous séjournerez, avez-vous quelques emplettes à faire ? ne confiez pas ce soin aux personnes qui vous servent. Sous sage escorte, ne craignez pas de vous mettre en campagne ; ce ne sera point temps perdu, je puis vous l'assurer. Vous recueillerez ainsi une foule de détails, de petites notions très-caractéristiques, qui vous révéleront les mœurs et les habitudes du pays. Les ouvrières, les paysannes, les marchandes, quand on sait les interroger ou les laisser parler, sont très-curieuses à entendre ; par elles vous pénétrez dans les recoins les plus cachés des usages nationaux. La haute société est, à peu près, partout la même, elle possède la même instruction, elle pratique le même cérémonial et porte, avec plus ou moins de goût, des habits coupés sur le même patron ; c'est donc au-dessous de cette classe qu'il faut regarder, si l'on veut entrer au vrai foyer d'un peuple. Un banquier de Rennes, un grand industriel des Vosges, sont des Parisiens établis à quelques lieues de Paris ; mais un laboureur ou un marin des côtes bretonnes, mais un bûcheron du Jura, ne ressemblent guère à un fils de la chaussée d'Antin ou de la rue de l'Université.

Je l'ai souvent remarqué, sans pouvoir m'en expliquer la cause, les hommes d'une éducation au-dessus de la moyenne aiment peu, en général, à causer de la contrée où ils sont nés, à vous révéler les vieux usages qui y persistent encore, ils semblent n'y voir que des vestiges d'ignorance et de superstition. Je trouve qu'ils ont tort, et qu'ils méconnaissent une des sources les plus fécondes de la poésie. Pour moi, vous le savez, Marie, quand on veut me conter une histoire qui commence par ces mots magiques: « Il y avait autrefois..., » je deviens tout oreille et je sens renaître en mon cœur la curiosité et la crédulité des enfants. Je ne saurais donc trop vous le répéter : étudiez, questionnez, interrogez, en voyage ; alors, à chaque pas que vous ferez, votre mémoire se meublera, la comparaison fécondera votre esprit, et vous verrez s'élever votre horizon intellectuel.

Ce résultat sera d'autant plus certain que vous vous serez mieux préparée à votre voyage, c'est-à-dire que vous aurez plus soigneusement lu l'histoire de la contrée vers laquelle vous entendez tourner vos pas; car je ne vous fais pas l'injure de supposer que vous vouliez vous abandonner à l'érudition de mauvais aloi des valets conducteurs que tout hôtel se croit en droit de vous imposer. J'ai contre eux une haine féroce, et vous allez voir que j'ai raison. J'ai entendu, de mes oreilles entendu, un de ces malheureux conduisant une famille américaine au musée du Louvre lui présenter un portrait du peintre Chardin, avec un abat-jour sur les yeux et un bonnet de coton sur la tête, comme le portrait de Louis XI, « le plus méchant de nos rois »; une Mme de Pompadour pour « Catherine de Médicis, la femme d'Henri IV »... Et les pauvres Bostoniens prenaient gravement des notes !...

Profitez donc, mon amie, des derniers jours qui vous restent avant votre départ pour bien savoir ce que les pays que vous allez visiter renferment de célèbre et de curieux, et ne vous fiez pas uniquement à votre mémoire. Dressez d'avance un petit livre de notes et de dates avec force pages blanches que chaque soir, en route, vous remplirez, après avoir vu le monument, le tableau, le paysage, que vous saviez devoir rencontrer. Je vous recommande d'être très-sincère avec vous-même, point d'enthousiasme factice; n'imitez point ces touristes qui admirent une chose parce que d'autres l'ont admirée avant eux. Ne faites pas comme Alexandre Dumas qui s'extasiait à Bâle devant les débris d'une *Danse des morts* attribuée par l'ignorance au pinceau d'Holbein. Dans cette peinture très-curieuse, mais médiocre, il célébrait le génie du grand artiste ; or jamais cet ouvrage n'a été touché par Holbein. Ayez un jugement à vous, exprimez-le modestement, vos erreurs seront redressées ou se redresseront d'elles-mêmes, mais au moins vous ne serez pas rangée parmi la gent moutonnière. J'ai connu de vrais artistes qui, à première vue, sont restés froids devant les tableaux de Raphaël ; ils l'avouaient et ne les ont appréciés que plus tard. Ce petit carnet de voyage que je vous engage à ouvrir, je vous en voudrais beaucoup si, chaque soir, avant de vous coucher, vous ne le mettiez pas à jour, et je vous préviens que, plus tard, vous en auriez un grand regret ; car je connais peu de passe-temps plus doux que de retrouver les jugements et les traces des impressions de sa jeunesse.

Tous ces points bien entendus, je vous suppose hors déjà de votre chambre si fraîche et si blanche ; n'ayez point la prétention de trouver dans les hôtels le confortable de votre maison ; et n'allez pas vous plaignant sans cesse du coucher, de la nourriture, du service des domestiques, des voitures aux secousses un peu rudes, car, alors, vous seriez insupportable à vous-même et aux autres. A la guerre comme à la guerre ! Riez des mésaventures, il y a philosophie, bonne grâce et bel esprit à se placer au-dessus des petits accidents. Qu'est-ce qu'un mauvais dîner et une couchette un peu dure, lorsqu'on a l'appétit et le bon sommeil des jeunes années?

Ne traînez pas après vous, je vous en supplie, un monde de caisses, de coffres et de paquets. Ne prenez que le strict nécessaire ; vous éviterez par là des préoccupations incessantes et des soucis qui suffiraient à empoisonner tout votre plaisir. Vous ne voyagez point, je pense, pour vous faire regarder, et pour que l'on admire vos toilettes. Que des femmes, cette spéculation en tête, aillent aux stations d'eaux ou des bains de mer, c'est leur métier ; mais il suffit qu'elles agissent ainsi pour que vous teniez une conduite toute contraire. Que votre mise soit propre, très-propre, mais simple. Je connais une jeune femme qui, chaque année, pendant deux mois, parcourt, au bras de son mari, la Suisse et la Savoie : si vous voyiez avec quel léger bagage elle se met en route! Songez par exemple, à vos chaussures, et n'oubliez point que vous ne marcherez pas toujours sur l'asphalte ; en conséquence, munissez-vous de bottines très-solides et à semelles très-épaisses. D'abord, elles vous paraîtront un peu lourdes, mais vous les bénirez bientôt, car elles protégeront vos pieds contre la dureté de la roche, et les pointes des cailloux dont certaines villes sont pavées. Disposez votre

chevelure de manière à ce qu'elle exige de vous le
moins de soin possible; il n'y a pas en voyage de
petite économie de temps; que l'heure assignée pour
le départ vous trouve joyeuse, gantée, et l'ombrelle
à la main. Ayez la discipline et l'exactitude d'un
vieux soldat; à cet égard les Anglaises sont des modèles, imitez-les. Mais ne prenez point d'elles, sauf
le cas de force majeure, l'habitude, par trop virile,
d'escalader les diligences, de prendre sans droit les
meilleures places, et ne remplissez jamais les salles
des hôtels ou des gares du bruit de votre conversation. Soyez partout et toujours femme, et femme de
bonne compagnie. Je vous engage donc, à ce titre
et par un motif de convenance autant que de santé,
à ne porter sur vous aucune odeur. Il y a tel ou tel
parfum qui pourrait incommoder vos compagnons de
route; contentez-vous de vous munir d'un flacon de
sel anglais pour cas de nécessité majeure.

A propos de parfum, dans vos excursions, vous
cueillerez sans doute de gros bouquets de fleurs et de
feuillages, le soir, en vous couchant, ne les laissez
pas dans votre chambre; le moins qui puisse vous
arriver, si vous n'aviez pas cette précaution, ce serait
de vous réveiller avec un affreux mal de tête.

Voilà bien des recommandations, chère Marie,
n'en négligez aucune; profitez de mon expérience.
J'ai parcouru l'Europe de Naples à Copenhague.

Voyagez, Marie, allez admirer les magnificences de la nature et les travaux des hommes, et si vous tenez à ma vieille amitié, laissez tomber sur votre route l'obole aux mains du pauvre : ce sont surtout les cœurs heureux qui doivent être ouverts à la pitié.

Bon voyage, ma chère enfant ! »

PARIS ET LA PROVINCE

Il ne faut plus dire : une provinciale, une Parisienne, en se basant sur les contrastes qui existent entre une personne née en province ou une jeune femme qui a vu le jour à Paris. Grâce à la propagation des lumières et à la facilité des communications, notre unité est faite. Il n'existe plus que deux classes, l'une où se pressent les gens bien élevés, l'autre où végètent, rustiques encore, les familles qui n'ont point voulu ou n'ont pu jouir des bienfaits de l'éducation. Leur nombre décroît tous les jours, mais au point de vue qui nous occupe, à quelques exceptions près, on peut dire que l'unité française est accomplie.

Les grandes cités, les villes de second et de troisième ordre, ont toute la politesse de Paris ; ce qui se pratique chez nous se pratique aussi chez elles. Mêmes usages, même langage, mêmes costumes. Je puis dire que j'ai vu cette révolution s'accomplir ; elle a singulièrement contribué à la sociabilité générale. Cependant je ne veux point prétendre que nous ne distinguions pas les provinciales fraîchement débarquées sur nos promenades. Sur quels indices? demanderez-vous. Mon Dieu, à mille petits riens ; par exemple elles regardent beaucoup, elles ont bien raison, tandis que rien ne surprend nos regards ; elles ne savent pas, comme nous, se tirer de l'embarras de nos rues ; nous les reconnaissons même à leur costume. En général, elles veulent être trop Parisiennes, et leurs vêtements tout semblables aux nôtres et fraîchement faits, elles ne les portent pas absolument comme nous. Mais la nuance, puisque nuance il y a, n'a rien de ridicule, elle échappe même complétement à des yeux moins exercés que les nôtres. Quant aux usages, elles les connaissent aussi bien que nous ; elles seraient même portées à en exagérer la rigide importance. Le mal, comme on le voit, n'est pas grand, je le leur signale cependant. Elles ressemblent à ces étrangers qui ont appris notre idiome dans leur pays, avec des maîtres excellents qui ne leur ont mis sous les yeux que les grands modèles de notre littérature : dès lors ils n'emploient que des tours et des termes parfaits ; mais il faut qu'ils se fassent à notre conversation rapide et courante. Ils parlent notre langue écrite et non notre langue parlée. Il en est ainsi quelquefois de la politesse des provinciales, elle n'a pas d'abandon, elle manque de laisser-aller et partant de charmes. Mais en quelques jours cet excès d'une qualité disparaît ; elles sont nos sœurs par leurs manières comme elles le sont par l'esprit.

J'en suis fâchée pour l'honneur du sexe-roi, mais chez les hommes de province, on ne trouve pas toujours cette élégante souplesse ; ils ont la fibre plus dure, et sont souvent plus lents à prendre notre pli, surtout s'ils n'ont pas reçu, dès leurs jeunes années, cette éducation première dont j'ai tant parlé au commencement de ce volume. Si, lorsqu'ils viennent se fixer à Paris, ils ne veulent pas absolument se soumettre aux petites servitudes que la société impose, c'est un malheur réel pour leur famille et pour eux ; ils vont vivre dans les clubs ou dans les cafés, lieux commodes, amusants, je le crois, mais où ils auront, il me semble, plus à perdre qu'à gagner, en fait de distinction et d'élégance, sans parler des autres pertes qui les y attendent.

Mais, renversons les rôles, allons en province. Dès notre arrivée, pour peu que nous ayons un peu de tact, combien nous serons frappées par l'importance beaucoup plus grande de la femme de province et combien nous serons touchées de la voir élégante, de si bon ton, au milieu des soins de toute sorte et des responsabilités de toutes espèces qui passent sur sa tête. J'ai connu de jeunes femmes appelées tout à coup à conduire de grands établissements industriels ou agricoles, vrais modèles de bonnes manières qui trouvaient le temps de satisfaire à leurs devoirs si multiples et si nombreux et de se tenir à la disposition de leurs hôtes dont elles organisaient les plaisirs.

Ce que nous reprochons à la province (elle a bien d'autres reproches à nous adresser), c'est la multiplicité, l'interminable abondance, de ses repas et l'insistance amicale, mais souvent inopportune, avec laquelle elle veut vous faire goûter aux produits de ses basses-cours, de ses vergers et de ses vignobles. — Que diriez-vous si vous alliez dans les comtés anglais et en Allemagne ! — Mais, que voulez-vous? pour vous faire honneur, et sachant parfaitement qu'elle vous offre souvent ce qui vous manque à vous autres habitants de la grande cité, elle vous présente ce qu'elle a de plus rare et de meilleur. Son hospitalité est large, elle vous prodigue toutes ses ressources de la cave au grenier, ses fruits que l'Europe entière nous envie, ses vins incomparables, richesse et orgueil de la France. Elle vous presse de les goûter, elle ne les a gardés que pour des occasions semblables. En faisant plier la table sous leur poids, c'est un honneur qu'elle vous rend, une galanterie qu'elle vous adresse.

Notons que la conversation des dîners n'est plus ce qu'elle était autrefois ; l'instruction a fait son chemin, et il faudrait qu'une Parisienne fût tombée dans un pays complétement sauvage, pour ne pas trouver à qui parler. Seulement, si elle veut se montrer femme vraiment bien élevée, elle doit mettre la conversation dans le courant des choses qui peuvent intéresser ses voisins. Elle laisse donc de côté le livre nouveau, la pièce à succès, qui défrayaient la causerie de son salon de Paris, elle parlera à ses nouvelles connaissances des objets qui, de près ou de loin, se rattachent à leurs préoccupations et à leurs travaux. Moyen facile de se faire bien venir! Qu'elle ne se pose point en belle parleuse; elle évitera un ridicule; et qu'elle n'aille pas se figurer que sous l'enveloppe peut-être un peu simple de ces hommes, de ces femmes vivant au grand air des champs, il n'y ait pas des esprits éveillés et, souvent, qu'elle y prenne garde, des intelligences très-fines et très-railleuses. Rabelais n'avait pas la tournure d'un Valois, et je connais tel notaire, tel médecin de campagne qui ont de l'esprit à revendre.

Je dirai, d'un autre côté, à la maîtresse de la maison : Diminuez, je vous en supplie, la longueur et l'opulence des repas. Le temps de Gargantua est passé ainsi que celui de « la dive bouteille »; surtout quand je refuse, n'insistez pas trop longuement, ce serait de votre part un manque de tact et de mesure; je viens chez vous pour jouir de votre hospitalité et non pour en être accablée. Montrez-moi vos jardins, vos terres, vos bœufs aux grands yeux ; n'ayez pas peur, pour visiter vos étables, je mettrai des sabots,

s'il le faut. Les Parisiennes ne sont point aussi miè-
vres que des sots veulent bien le dire en croyant faire
leur éloge. Vous me parlez de ma réputation d'élégance et de ma délicatesse, chère amie campagnarde,
aurai-je perdu quelques mérites à vos yeux, lorsque
j'aurai vécu quelques jours de votre vie en apprenant
beaucoup de choses pour moi jusqu'alors inconnues,
en vous suivant dans vos occupations? Enfin, n'être
pour vous et votre mari ni un embarras ni une gêne,
n'est-ce pas le meilleur moyen de vous prouver que
je suis une créature bien élevée?

Allons à votre colombier!

LES BAINS DE MER

La mode des bains de mer, ou plutôt la mode de déserter Paris durant les chaleurs, est presque devenue une tyrannie. Je n'ai ni à la louer ni à la blâmer, mais je puis affirmer que c'est un dur impôt sur les revenus de certaines familles, et dire que, comme le font certaines jeunes femmes, jamais dans ma jeunesse je n'aurais consenti à me séparer de mon mari pendant deux mois ou à lui imposer des voyages aussi fatigants que dispendieux. Si je l'osais, j'insisterais sur ce sujet..... Je passe outre et reste dans mon domaine.

Certains bains de mer célèbres sont des lieux où la société est fort mêlée ; raison de plus, hommes et femmes, pour s'y montrer sévères sur les lois de l'étiquette, elle est une des marques auxquelles les gens de bonne compagnie se reconnaissent ; en même temps qu'une sauvegarde. C'est aux bains de mer surtout que l'on comprend l'utilité du rigorisme de la civilité anglaise, pointilleuse à l'excès, je le concède, mais éminemment protectrice. Il est d'autres plages moins courues qui ne sont fréquentées que par des familles honnêtes ; pour elle-même et pour ses filles, je crois que c'est à celles-ci qu'une mère prudente et économe donnera la préférence. Elle n'y rencontrera point et n'y mettra point sous les yeux de ses enfants un spectacle qu'il est toujours sage d'éviter.

Les inconvénients des bains de mer seront notablement amoindris si la fortune vous permet de louer pour la saison une maison entière, mais le plus grand nombre des baigneuses est réduit à se nicher dans les ruches des appartements garnis, ou à loger à l'hôtel, c'est-à-dire en la pire condition, surtout si leur mari ou quelque homme de leur famille ne les accompagne pas.

Réduite à descendre à l'hôtel, en y entrant, ayez soin de débattre soigneusement vos prix ; faites-vous montrer les appartements offerts ; sans ces précautions préalables, quoique je ne prétende en rien au rôle de prophétesse, je vous préviens que vous serez exposée à de vives contrariétés. Si vous veniez à apprendre que l'hôtel où vous êtes descendue est mal famé, ou si vous reconnaissez qu'il est mal habité, quittez-le immédiatement. En tous cas, chaque fois que vous sortirez, si vous n'avez pas amené avec vous votre femme de chambre, je vous recommande de fermer exactement votre porte et d'en remettre la clef à la bonne chargée du service.

Trois lieux, aux bains de mer, se partagent à peu près les heures de la journée : ces lieux sont la plage, la table d'hôte et le Casino. Je veux bien que pour la plage vous ayez apporté deux ou trois fraîches toilettes, mais évitez la folie de certaines femmes qui y viennent faire assaut de luxe sans regarder contre qui elles luttent, et sans comprendre à quel degré cette lutte même les fait descendre. Quand la duchesse de M... allait à Trouville, elle était accompagnée de *soixante* immenses caisses. Aussi son mari est mort insolvable. Sur la plage, il est rare que vous ne rencontriez pas quelque personne de votre connaissance ; dans ce cas, vous voilà une société toute faite ; si, par malheur, vous n'aviez pas cette fortune, votre tact ne manquera pas de reconnaître les personnes de votre condition avec lesquelles vous pourrez établir des relations élégantes et sûres. Ne fréquentez qu'à très-bon escient les femmes seules, et tenez fermement à distance tout ce qui ne vous paraîtra pas parfaitement, absolument correct, et encore veillez. En fait d'hommes, vous n'admettrez à l'honneur de causer avec vous ou de vous offrir le bras que ceux dont la position officielle est connue ou qui vous auront été bien et dûment présentés. Sur la plage, on porte deux toilettes :

celle du matin et celle de l'après-midi, ou plutôt celle d'avant et celle d'après la marée. La toilette du matin, que l'on prend en attendant que la mer soit pleine, est simple ; quelques femmes se plaisent à la rendre excentrique, mais je doute qu'une femme distinguée consente à devenir ainsi le point de mire de tous les regards. Ces costumes, inventions théâtrales et pas toujours très-décentes de nos célèbres couturières, ont d'abord un grave inconvénient, ils exigent d'être souvent renouvelés, car on ne peut pas porter toute la saison un vêtement dont on a tant parlé à son apparition ; on ne manquerait pas de le trouver fané et peut-être ridicule. C'est ce qui explique les soixante caisses de Mme la duchesse.

Pour la toilette d'après la marée, elle sera celle que vous porteriez si vous aviez à faire une promenade aux Tuileries ou aux Champs-Élysées ; et, ici comme là, votre distinction sera dans votre attitude et dans la correcte élégance de votre maintien. Ayez soin, je vous prie, de ne point traîner après vous un cortége de cavaliers : c'est une clientèle qui ne convient ni à une jeune femme ni à une jeune fille.

Dans la société que vous fréquentez, fait-on quelques excursions aux environs, prenez-y part, si cela vous convient ; mais jamais si, en l'absence de votre père ou de votre mari, vous deviez être seule de femme, et, à plus forte raison, quand il s'agit de découcher. Pensez-vous, en partant de Paris, avoir l'occasion de monter à cheval ? emportez votre amazone, ou du moins sa longue jupe. Tous les expédients que l'on vous suggérerait pour y suppléer peuvent être ridicules et, en cas d'accidents, fort dangereux. En fait de danger, puisque j'y suis, permettez-moi d'appeler votre attention sur messieurs les ânes : avec leur air bon-enfant, ce sont souvent de très-méchantes montures. Il n'y a qu'en Egypte, au Caire surtout, que j'ai trouvé des ânes charmants et aimables en tout point, très-bien harnachés et trottant, trottant...

A table d'hôte, vous tâcherez de vous placer à côté des personnes qui vous sembleront respectables et mangeant proprement, ce qui ne se trouve pas toujours et n'est point aussi commun que l'on pense dans ces milieux assez troublés. Si, dans la conversation générale, on tient des propos un peu légers, feignez de ne pas les entendre, ne vous mêlez jamais à ces médisances qui finissent quelquefois par de vilaines affaires, où il serait déplorable de se voir compromise. Les aventures légères sont fréquentes aux bains de mer; si, à table, on veut en faire le récit et que vous soyez avec une jeune fille, au premier mot témoignez votre étonnement et du regard montrez votre réprobation pour de tels sujets de conversation; il n'est pas d'être tellement grossier qui ne

vous compronne, et s'il voulait continuer il so trouverait certainement un galant homme pour lui imposer silence. No s'en rencontre-t-il pas, levez-vous,
sortez, et dites à l'hôtelier de préparer votre note ;
mais n'écrivez pas cette mésaventure à votre mari,
il pourrait en résulter des complications graves. En
toutes circonstances, il ne faut avoir recours à son
intervention qu'à la dernière extrémité.

A table, recevez les soins de votre voisin, acceptez-les avec une gracieuse politesse, il serait mal de
les repousser. La toilette sera simple pour le
déjeuner, jamais de robe de chambre ou de peignoir ; pour le dîner, élégante et soignée, avec
quelques fleurs naturelles dans les cheveux, si
vous voulez. Les Anglaises descendent au dîner en
robe décolletée et les bras nus : c'est l'usage de leur
pays ; il est fort à leur avantage.

A propos d'un Anglais, permettez-moi de raconter
une petite histoire arrivée à une de mes jeunes amies,
qui, quoique très-bonne, a le don dangereux et charmant des mordantes réparties. Cette historiette porte
avec elle sa moralité :

Mme de V... est très-jolie, elle a surtout des dents
qui sont de véritables merveilles ; elle dînait à table
d'hôte, à Trouville, avec son mari, et ils avaient en
face d'eux un couple anglais. La femme était sur ce
qu'on appelle le *retour* et ce que je nomme à plus

juste titre le *départ*. Au milieu du dîner, sans en perdre une bouchée toutefois, assez haut pour être parfaitement entendu, le Londonnien, désignant Mᵐᵉ de V... à sa compagne, s'écria en anglais :

— Oh ! les belles dents !

— Sont-elles bien à elle? répondit la Londonnienne.

S'attaquer aux dents de sa femme et devant lui encore ! M. de V... ne put pas le supporter. Un instant après, comme elle lui disait, en lui désignant du regard la dame insulaire, et dans l'anglais le plus pur :

— Oh! le beau nez !

— Est-il bien à elle? répondit dans la même langue M. de V....

Le couple britannique resta bouche béante, devint coquelicot, et pendant tout le reste du repas n'échangea plus une seule parole.

Ce qui était arrivé là à une Anglaise, très-respectable d'ailleurs, aurait aussi bien pu advenir à une Allemande ou à une Italienne. Il ne faut donc pas oublier que les tables d'hôte, des bains de mer surtout, sont polyglottes. Assis à cette table banale, souvenez-vous que vous êtes en public et ne faites rien que vous ne feriez pas dans la salle à manger la plus aristocratique de Paris.

Après cela, si, en entrant ou en sortant, quelques

femmes mal élevées, quelques beaux fils mal appris, ou un enrichi peu digne de l'être, commettent vis-à-vis de vous une inconvenance, tournez le dos et n'y pensez plus.

Au casino, vous aurez une conduite plus réservée encore. Je vous ai engagée à vous tenir à une table d'hôte comme si vous vous trouviez assise dans une salle à manger de l'aristocratie ; je vous dirai : au casino, considérez-vous comme dans un salon très-formaliste. Cherchez-y les femmes qui vous semblent les plus distinguées, et passez les heures avec elles, soit en travaillant, soit en lisant. S'il y a un piano, et qu'on vous prie de le faire, touchez-en ; mais évitez que ce soit devant une trop nombreuse assemblée, afin de ne vous point donner en spectacle. Trop d'éclat et de bruit ne conviennent pas à notre sexe ; gardez vos talents pour vos amis. Si le casino donne des bals, même conduite qu'à Paris ; seulement, ne dansez jamais qu'avec les personnes qui vous auront été présentées, n'adoptez pas un seul cavalier, et n'oubliez pas que vous pouvez, sans impolitesse aucune, comme vous le feriez dans un bal public à Paris, refuser les invitations des personnes que vous ne connaissez pas.

Plus mesurée encore doit être, aux bains de mer, la conduite d'une jeune fille ; on y passe de longues heures dans le désœuvrement, et le désœuvrement a la langue mauvaise. Qu'elle y songe bien, et, si un seul instant elle pouvait l'oublier, que sa mère y songe pour elle.

Une recommandation encore, mais celle-ci d'une autre nature : lorsqu'on visite les montagnes, il est de règle stricte d'obéir aux guides, à la mer il faut agir de même. Si bonne nageuse que vous soyez, ne vous montrez pas imprudente, et, parce que de la plage on vous regarde, ne faites pas de vaines bravades : les vagues sont lourdes et profondes. En canot, ne bougez pas de la place que les matelots vous ont indiquée, et s'ils vous disent que la mer est grosse, que le temps menace, ne vous embarquez pas. Les jeunes gens, en agissant ainsi, craignent parfois de donner une mauvaise idée de leur courage, c'est une ridicule inquiétude : reculer en ce cas est montre de raison et de bon sens, voilà tout. Une bravoure téméraire n'est belle que lorsqu'elle s'appelle dévouement ou devoir.

En parlant de devoir, j'allais en oublier un. Vous avez de la plage admiré la sublime horreur de l'Océan en courroux. Pour vous, c'est un spectacle d'une grandeur sans égale. Mais détournez vos yeux et portez-les sur ces pauvres femmes qui, les mains croisées et le visage bouleversé, regardent ces vagues terribles et interrogent l'horizon chargé de tempête. Ce sont les femmes des pêcheurs, et la barque qu'elles « espèrent », pour me servir d'une locution à elles familière et remplaçant le verbe «attendre», porte leur mari, leur père, leurs enfants... Reviendront-ils ces bien-aimés? Et s'ils ne reviennent pas, comment vivront-elles? En cas de malheur, soyez généreuse, venez en aide à ces pauvres familles si courageuses et si simples, laissez sur cette côte où vous aurez passé quelques jours, le souvenir de votre bonté, et recueillez cette bénédiction du pauvre qui est pour les cœurs élevés la plus noble des jouissances.

Je connais une jeune femme, j'ai fort envie de la dénoncer, qui, depuis plusieurs années, va chaque été aux bains de mer sur la même plage. Dès qu'elle arrive, il y a émeute dans le village. Il faut que sa voiture aille au pas, de crainte d'écraser les enfants qui se hissent sur les marchepieds, se disputent le plaisir de lui offrir des fagots de fleurs; les marins se découvrent, les Bretonnes sur les portes lui envoient des salutations de bienvenue. Vous êtes jeune encore, chère Blanche, à toutes ces bénédictions joignez, ma fille, celle de votre vieille mère.

EN WAGON [1]

J'ai parlé des voyages, de la campagne, des tables
d'hôte ; les chemins de fer jouent un rôle assez
actif dans la société pour que je m'occupe d'eux
quand ce ne serait qu'afin de leur rendre hommage,
mais une autre raison m'y détermine : le wagon a
aussi ses usages. Comparé à nos vieilles diligences,
il est presque un salon ; il impose donc au voyageur
une mise particulière qui soit à la fois commode et
décente. Les vieux habits, les robes fripées, les
vieux gants, ne sont plus de mise pour voyager : il
y a des costumes de voyage pour les hommes ainsi
que pour les femmes, et comme, à l'exception de
la poussière dont ils seront couverts, on sait qu'ils
n'auront pas de souillures, on les choisit d'une élégance qui ne nuit pas à la solidité.

Pour les femmes qui voyagent seules, il existe des
wagons spéciaux ; j'ai vu cependant des dames dans

(1) Prononcez *vagon* (LITTRÉ).

cette condition ne pas y monter, ils ont des inconvénients assez nombreux. Mme C..., qui avait fait ainsi le voyage de Paris à Bordeaux, m'affirmait qu'on ne l'y prendrait plus. Elle s'était trouvée avec des dames sans gêne, qui, la nuit venue, avaient fait leur toilette absolument comme si elles allaient passer dans leur chambre à coucher, le compartiment s'était rempli de l'odeur des parfums. Le matin, seconde toilette, les peignes d'aller pendant tout le parcours; de plus ces dames transformèrent le wagon en une véritable salle à manger, où se confondait l'odeur des viandes avec celle des oranges. Bref, Mme C... sortit de cette épreuve de douze heures, malade et révoltée. Je pense que les choses ne se passent point toujours ainsi; je n'en sais rien toutefois, n'ayant jamais, en voyage, même lorsque j'étais seule, usé du wagon des dames.

Je n'ai point eu à me plaindre de mes compagnons de route, ils ont toujours été pour moi convenables, serviables; je m'imagine qu'ils seront toujours ainsi, si, de prime abord, vous ne montrez pas des exigences auxquelles, en résumé, ils ne sont point forcés de se soumettre. Sans doute un homme poli vous tendra la main, vous aidera à hisser votre coffret, à placer dans le filet vos paniers, votre paquet de couvertures ou de fourrures, et vos ombrelles et vos parapluies liés par une courroie; s'il n'est ni vieillard ni souffrant, sans doute il vous offrira même le coin qu'il occupe ; mais enfin, rien ne l'y force. Cependant soyez presque sûre qu'il cherchera à vous être agréable et que ses complaisances seront précisément en raison inverse des prétentions que vous voudrez imposer de haute lutte. Vous serez traitée selon la manière dont vous vous présenterez. Jeune femme, à moins que d'être visiblement souffrante, si vous voyagez avec une femme de chambre ; jeune homme, si vous avez un domestique, vous ne leur donnerez pas place dans votre wagon : ce serait une impolitesse dont pourraient être blessées les personnes qui s'y trouvent avec vous. Pour une jeune fille, le cas est tout différent ; une femme voyageant avec ses enfants gardera aussi sa bonne auprès d'elle, et, maintes fois, ses compagnons de route auront l'occasion de se féliciter de sa présence. Il n'est point convenable qu'un voyageur prenne ses repas dans le wagon, à moins qu'il ne profite du temps d'arrêt qui appelle au buffet toutes les personnes qui sont dans le compartiment, et il aura soin de faire disparaître soigneusement tous les reliefs de son déjeuner ou de son dîner.

Reste une grosse question, celle du cigare ; le débat n'est point encore vidé, mais, comme plus nous allons, plus on fume, l'arrêt de l'avenir n'est point douteux. Certainement vous avez le droit absolu de vous opposer à cette liberté, si la fumée vous incommode. En ce cas opposez de bonne grâce votre veto, priez que l'on attende jusqu'à la première station, et annoncez que là vous quitterez le wagon. Je serais fort surprise si, à ces paroles, tous les porte-cigares ne disparaissaient pas. L'odeur du tabac ne vous rend-elle point malade, accordez une autorisation, qu'en tout état de cause on doit vous demander.

Il n'est pas malséant de causer en voyage ; prenez garde toutefois à vos paroles : vous ne connaissez point vos interlocuteurs ; parmi eux il s'en trouve peut-être qui savent qui vous êtes. Il est de jeunes voyageurs qui visent à la pose ; à les entendre, ils ont tous les secrets de l'Etat, ils vivent en relations familières avec tout ce qu'il y a de grand et de célèbre. Souriez de leur vanité, qu'ils sentent que vous n'êtes point leur dupe ; mais, je vous prie, point d'exécution capitale : vous n'avez pas charge de leur éducation.

Il y a des femmes à qui il arrive en voyage, disent-elles, toutes sortes d'aventures ; je n'ai pas eu ces accidents, et, cependant, j'ai visité bien des contrées. J'ai rencontré beaucoup de gens manquant d'usage : des parleurs, des complimenteurs fatigants ; mais, au fond, j'ai trouvé partout le respect dû à une honnête femme. Il en est des wagons comme des rues de Paris : avec une certaine tenue, il est rare que l'on y fasse de fâcheuses rencontres.

DES DOMESTIQUES

Ce serait une grave erreur que de croire n'être tenu à la politesse qu'entre égaux et vis-à-vis de ses supérieurs. Il faut en montrer avec ses inférieurs, ils y ont droit ; et il y a des usages qui règlent la conduite qu'une personne bien élevée et chrétienne doit tenir à l'égard de ses domestiques.

Il est un reproche que je me crois le droit d'adresser aux écrivains de la vieille comédie française : ce blâme porte sur le rôle et le caractère qu'ils ont prêtés à leurs soubrettes et à leurs valets.

Les servantes de Marivaux, de Regnard, de Molière — de Molière, qui cependant avait pour le servir la bonne Laforet — ne sauraient donner une idée vraie des rapports existant jadis entre celui qui commandait et ceux qui obéissaient. Je ne croirai jamais que les valets du temps de Louis XIV et de Louis XV fussent des misérables vivant de rapines, vendant l'honneur de la maison, et n'échappant que par l'imbécillité ou la complicité des maîtres à la justice et à la honte des galères. Mon bon sens ne saurait admettre ces soubrettes au langage effronté, prêtant la main à tous les désordres, donnant à leurs maîtresses les conseils les plus abominables, et semant impunément autour d'elles le mensonge et la corruption.

D'ailleurs, comment concilier le caractère prêté aux domestiques par le génie comique avec la tradition si vivante encore de ces vieux et fidèles serviteurs qui faisaient partie du foyer de nos pères ? Beaucoup d'entre eux n'ont-ils pas été sublimes en face de la Terreur ? Je mets donc à part les Crispins, les Dorines, comme des personnages de fantaisie, dont il pouvait bien exister quelques échantillons, mais qui ne sauraient servir à juger le peuple de l'antichambre obéissant à nos arrière-grand'mères. Quoique la livrée des grands seigneurs m'inspire une très-médiocre estime, je suis assurée que les valets de M. de Montausier, que les femmes de chambre de Mme de Sévigné ne ressemblaient en rien à Crispin ou à Jodelet, à Marton ou à Marinette.

Les tableaux auxquels je fais allusion ne sont ni moraux ni vrais ; ils ont le grand tort de donner aux personnes qui ne réfléchissent pas une idée erronée des rapports subsistants autrefois entre maîtres et valets. Aujourd'hui, MM. Legouvé, Dumas, Sardou, n'oseraient pas mentir si ouvertement à la vérité des mœurs; le public ne le souffrirait pas.

Je n'ai besoin de rappeler à personne que les domestiques, devant la loi religieuse et civile, sont nos égaux, et que si l'éducation, le hasard, la fortune, ont mis une distance entre eux et nous, il est de notre devoir de ne point aggraver ce que cette condition a de pénible. Évitez donc de réprimander un domestique devant des étrangers; pour mon compte, j'éprouve toujours un véritable sentiment de gêne morale et de malaise physique lorsque j'assiste à des scènes de cette nature, elles m'attristent, et je crains toujours que le serviteur, poussé à bout par une gronderie, pas toujours proportionnée à la faute, ne vienne à laisser échapper quelques paroles malsonnantes, souvent suivies d'un fâcheux éclat.

Ajournez votre blâme, il n'en sera que mieux écouté; votre domestique, plus de sang-froid, vous prêtera une oreille plus attentive, et il vous saura gré d'avoir ménagé son amour-propre. Si vous n'en usez pas ainsi, en abaissant, en dégradant le moral de ceux qui vous entourent, vous perdriez tout moyen d'action sur eux et vos reproches ne produiraient aucun effet.

N'oubliez point que s'ils ont besoin de vous, vous avez bien plus besoin d'eux encore, que vous devez conquérir leur estime; car leur estime, quoi que vous en puissiez croire, est d'un poids beaucoup plus considérable que vous ne l'imaginez. Admis à vous voir à toute heure, vous étudiant par calcul et nécessité, leur témoignage a une gravité tout à fait exceptionnelle, et est-il une position plus pénible pour une femme ou pour une jeune fille que d'avoir à rougir devant sa femme de chambre ? Notre dignité, le soin de notre réputation, exigent donc que nous soyons honorées et respectées par ceux qui vivent sous nos ordres.

Ce serait, je vous en préviens, une erreur que de croire arriver à ce but par une indulgence exagérée. Ce n'est point là ce que vos domestiques attendent de vous, et ce serait méconnaître votre devoir, compromettre, avec l'autorité dont vous devez être revêtue, l'ordre et l'économie de la maison. Je vous engage, au contraire, à ne parler à vos gens que pour le service ; en agissant autrement vous tomberiez dans une familiarité dangereuse. Mais que votre retenue ne laisse percer ni puérile vanité ni morgue outrageante.

Donnez vos ordres en peu de mots, clairs et précis, sans élever la voix ; assurez-vous qu'ils sont bien compris, et ensuite, tenez la main à ce qu'ils soient ponctuellement exécutés. Ne souffrez ni résistance ni mensonge. Si vos gens ont ces défauts, reprenez-les d'abord avec douceur ; s'ils continuent, prévenez-les que vous ne pourrez les garder ; enfin, s'ils sont incorrigibles, donnez-leur congé. Vous devez les payer très-exactement ; à Paris, cela se fait tous les mois ; ailleurs existent d'autres usages. Leur compte sera donc bientôt terminé, et que tout se passe sans emportement, sans bruit.

Lorsqu'on signifie son renvoi à un domestique, on lui donne huit jours pour chercher une place ; pendant ce délai, on lui laisse, durant la journée, une heure ou deux, afin qu'il puisse trouver une condition ; mais son service ne doit pas en souffrir. On est toujours maître de ne pas accorder ces huit jours ; dans ce cas, il faut payer les gages de ces huit jours ; si on le peut, c'est-à-dire si on s'est précautionné d'un nouveau serviteur, c'est, je crois, le système qu'il faut préférer.

Sur le certificat qui pourrait vous être demandé, vous ne devez insérer aucun renseignement défavorable, mais constater simplement l'entrée et la sortie de votre maison (1).

A Paris, on se pourvoit en général de domestiques, ou de connaissances à connaissances, ou par l'intervention souvent intéressée des fournisseurs, ou dans des bureaux de placement spéciaux, véritables bureaux de loterie où il y a plus de mauvais billets que de

(1) Voir à cet égard, *Nos Petits Procès*, par M. A. Carré, juge de paix du 1er arrondissement de Paris (p. 87 et suivantes). Un volume in-18 publié par A. Hennuyer, éditeur.

bons. Ne vous fiez pas aux certificats, allez aux renseignements, la chose en vaut réellement la peine.

Soyez faciles pour les menus détails du service, ne troublez pas sans cesse les échos de la cave au grenier : c'est une habitude insupportable. Ne grondez pas outre mesure pour quelques gaucheries, pour un verre cassé, mais exigez fermement que l'on vous fasse connaître tout ce que la maladresse détériore ou brise. Lorsqu'un domestique entre chez vous, montrez-lui en détail les objets confiés à sa garde ou à son usage, placés particulièrement sous sa responsabilité, et, de temps à autre, passez une revue générale. Tenez vos meubles fermés, et si une clé restait à une serrure par hasard, habituez vos gens à vous la rapporter dès qu'ils l'aperçoivent.

Je vous recommande de ne laisser traîner sur les marbres de la cheminée et des tables ni votre argent, ni vos bijoux; car si une pièce venait à tomber, une bague à s'égarer, vous seriez forcée à des recherches qui ont toujours, dans ces circonstances, quelque chose de désagréable. Il y a d'ailleurs sagesse à ne point exposer la faible humanité à de pareilles tentations. Une jeune femme doit veiller avec une grande attention sur le choix de sa femme de chambre; jamais elle ne saurait être trop assurée de sa moralité. Une fois admise, témoignez-lui de la confiance, mais rien de plus. N'exigez d'elle aucun service répugnant ; en dehors des choses de la toilette, ne lui demandez pas de conseils ; si elle se permet de vous en donner, que votre silence l'avertisse qu'elle doit renoncer à ses tentatives et rompre avec une habitude qu'ailleurs on lui a laissé prendre. Si elle essaye quelque délation sur ses camarades, ne l'encouragez point dans cette voie. Ne souffrez jamais qu'elle se permette la moindre raillerie sur les personnes qui fréquentent votre maison, pas plus sur leur toilette que sur leurs manières. Ayez soin qu'elle se tienne proprement, comme il convient à sa condition et à votre fortune ; si elle voulait aller plus loin, arrêtez-la ; son intérêt même exige que vous agissiez ainsi. Ne souffrez point qu'elle lise des romans que vous vous interdisez vous-même. Si elle aime la lecture, fournissez-lui des livres appropriés à son éducation et à son intelligence. Accordez-lui de rares sorties et sachez l'usage qu'elle en fait, les personnes qu'elle voit ; ne souffrez pas des liaisons qui seraient peu décentes. Du reste, si vous savez lui rendre son service agréable, elle sera peu tentée de chercher des distractions au dehors. Comme à toute votre maison, laissez-lui la liberté voulue pour remplir les devoirs de sa religion, alors même que sa croyance ne serait pas la vôtre.

Veillez à ce que dans certains jours la joie de la famille ne s'arrête point au salon. Une bouteille de vieux vin, un gâteau, un léger cadeau, doivent, de temps à autre, témoigner à vos gens que vous les associez aux réjouissances de la maison. J'ai connu une famille patriarcale où, le jour de la fête de son chef, tous les domestiques, admis debout autour de la table, y buvaient à la santé de leur vieux maître. Chaque année j'assistais à ce repas, et je trouvais cet usage très-noble et très-touchant. Quant à la nourrice du fils, homme fait, elle s'asseyait à table à côté de lui.

On m'a souvent parlé de la gourmandise des domestiques, j'ai eu fort rarement à m'en plaindre. Est-ce effet d'un heureux hasard ? ou cela tient-il à l'ordre de mon ménage ? Je ne me prononce point. Pour la nourriture des personnes qui me servent, je la leur donne aussi abondante que ma fortune me le permet ; à cet égard, j'aime mieux être au-dessus qu'au-dessous du possible. Elles le savent, car je n'ai pas la maladroite prétention de vouloir, à leurs yeux, passer pour plus riche que je ne le suis réellement. De temps à autre, je tiens à ce que l'office soit de moitié dans mes petites gourmandises. Quand un domestique est souffrant, je ne manque jamais de lui envoyer particulièrement et directement de ma table, fût-elle honorée de la présence de mes hôtes les plus distingués, le mets qui me paraît le plus convenable à son état de santé. Vous ne sauriez croire combien cette petite attention m'a été profitable, le bon effet qu'elle a produit ; c'est une recette que je conseille même à l'avarice en personne, elle s'en trouvera très-bien.

A moins d'une option particulière de la part de mes serviteurs, mon médecin est le leur ; j'ai, à cet égard, un arrangement auquel vous trouverez les vrais médecins toujours disposés à se prêter.

Il existe deux adages que je crois devoir examiner et contrôler : On répète : *Tel maître, tel valet ; Pas de grand homme pour son valet de chambre.*

Le premier de ces deux dictons me semble vrai, tandis que je considère le second comme absolument faux.

Oui, je suis involontairement portée à juger du maître par les gens qu'il garde à son service ; je crois à l'influence du mauvais exemple alors surtout qu'il vient d'en haut. C'était l'avis de Massillon, le plus éloquent des moralistes de la chaire chrétienne. Je me tiendrai toujours en garde contre une femme qui vit entourée de mauvaises gens, et je me demanderai, sans pouvoir m'en défendre, si elle n'a pas quelque intérêt à les garder, ou si elle n'est pas assez dépourvue de sens pour ne point sentir leur indignité. Deux suppositions également fâcheuses. Mais dire qu'il n'y a pas une maîtresse de maison honorée, respectée par ses serviteurs, c'est plus

qu'un paradoxe, c'est un mensonge. Je connais de
vieilles bonnes qui, pour leurs maîtres, ont une vénération très-voisine du fétichisme.

Soyez pour eux ce que vous devez être et vos domestiques, choisis avec discernement, vieillis dans
votre maison, seront de bons et loyaux serviteurs.
Respectés par vous, frappés, sans qu'ils s'en rendent compte, de votre distinction, ils vous respec-
teront ; vous les trouverez prêts à se mettre entre
vous et la calomnie. Si, au contraire, vous les trai-
tez avec mépris et dédain, les bons vous quitteront, vous changerez souvent ceux qui consentiront
à se mettre sous vos ordres, et, finalement, vous ne
serez jamais servie. A qui sera la faute? Je ne parle
pas des maîtres qui, par leur exemple et leur morale
trop facile, pervertissent leurs domestiques ; ce sont,
le ciel en soit loué, des gens avec qui je n'ai rien à
faire et qui n'ont rien à voir dans ce livre. Ils ressemblent à ce caissier qui, au su et au vu de ses
gens, volait son patron, et qui se plaignait du grap-
pillage de sa cuisinière. Qui l'avait corrompue ?

Un domestique qui veut abandonner son service,
en doit prévenir ses maîtres huit jours à l'avance.
Les jeunes domestiques, mineurs, ne peuvent ni
s'engager, ni rompre, ni toucher leurs gages sans
le consentement de leurs parents. On n'exige pas,
en général, cette formalité ; on a tort, souvent elle

leur serait utile. Ils ne doivent point, et c'est encore dans leur intérêt que je parle, quitter une maison sans avoir fait la remise de tous les objets confiés à leur garde.

Dans la coutume parisienne, tout domestique, au moment où il contracte son engagement, reçoit une prime appelée *denier à Dieu;* elle varie de cinq à vingt francs, suivant l'importance de ses gages. Si le nouveau serviteur demande son congé dans les vingt-quatre heures qui suivent son entrée, il rend la prime; il en est de même si, dans les mêmes circonstances, son maître le congédie.

La maîtresse de maison veillera à ce qu'une bonne harmonie règne toujours entre ses serviteurs, elle jugera leurs petits différends, apaisera leurs querelles en leur parlant avec une bienveillante raison. En sa présence, ils se lèveront toujours, même s'ils sont à table; dans ce cas, par un geste, elle les fera immédiatement rasseoir. Elle exigera qu'ils lui parlent à la troisième personne et que jamais ils n'élèvent la voix en lui répondant. Pour le service dont ils sont chargés, il est bon de les consulter, d'avoir l'air de se rendre à leur avis, c'est un moyen de stimuler leur zèle en flattant leur amour-propre.

Au jour de l'an, vous leur devez un cadeau; faites-le leur suivant leur goût et leur besoin ou, ce qui est plus simple, donnez-leur de l'argent. Ce soin appartient à la maîtresse de maison.

Voilà un bien long chapitre; mais les domestiques jouent un si grand rôle dans notre existence, que certainement je n'ai pas dit tout ce que j'avais à dire.

Permettez-moi, en finissant, de donner encore un conseil. Il est convenable, il est d'une jeune femme bien élevée, de surveiller et de contrôler scrupuleusement les dépenses de sa maison : elle doit le faire constamment, exactement, avec méthode ; c'est le moyen que cette surveillance et ce contrôle n'aient rien de blessant pour les personnes qui y sont soumises. Tous les domestiques, chargés de payer des dépenses ou des achats, recevront une petite quantité d'argent — il ne faut jamais leur laisser faire des avances — et en même temps vous leur donnerez un livret sur lequel ils devront exactement porter toutes les sommes, petites ou grandes, qu'ils auront déboursées pour vous. Quand ils n'auront plus d'argent, ils se présenteront avec leurs livrets, dont vous vérifierez soigneusement les divers articles et les additions. S'il y a des erreurs, laissez-les impitoyablement à leur compte ; quitte, si vous êtes bien sûre qu'elles ne sont pas le résultat ou d'une négligence ou d'un parti pris, à rendre plus tard au serviteur lésé la somme dont il n'a pu justifier l'emploi. Ne restez pas trop longtemps sans examiner ainsi vos dépenses; car en différant ce soin vous rendriez la vérification impossible. Habituez vos yeux à cette surveillance, prenez une heure pour cette petite besogne. Chez moi, il est d'usage que la cuisinière présente son livre tous les deux jours.

Vous trouverez peut-être que j'entre dans de bien minimes détails, mais souvenez-vous, quoique la réciproque ne soit pas toujours vraie, qu'une maison sans ordre n'est jamais une maison élégante.

LA CHASSE

Si, sur le terrain où je m'engage, je viens à prendre une mauvaise piste, je prie le grand saint Hubert, si souvent et si joyeusement fêté chez moi au temps jadis, de vouloir bien m'accorder un généreux pardon. Cependant j'espère ne point prendre le contre-pied, ayant eu pour Seigneur et maître un grand Nemrod à la face de Dieu. Que de contes j'ai entendu! Que de récits animés tandis que la douce Maid'son — une chienne anglaise incomparable — sommeillait à mes pieds, ou quand nous allions, jeunes femmes rieuses et cavaliers bruyant, donner à manger aux grands chiens du Poitou, ou aux *tou-tous* à jambes torses qui hurlaient de gourmandise à notre approche ! Heureuse époque !

Ce n'est pas que je n'eusse préféré garder mon mari près de moi, et que je ne le visse partir avec une secrète inquiétude pour la chasse à la grosse bête; mais, dans mes belles années, j'ai eu toujours présent à la pensée un certain dessin de Gavarni. Il représentait une jeune femme donnant des conseils à une mariée qui venait à peine de quitter son voile virginal : « Ma petite, lui disait-elle, il faudra laisser *piper* ton mari chez toi, parce que sans cela il irait *piper* dehors. » J'ai toujours suivi ce sage conseil d'un des moralistes les plus fins que notre pays ait eus et m'en suis toujours parfaitement trouvée.

Donc, on a beaucoup chassé sur les terres que possédait M. de Waddeville, et je dois m'empresser de reconnaître qu'il n'y a pas d'hôtes plus faciles à contenter que les vrais disciples de saint Hubert. Ils ne demandent que deux choses : des lits tels quels — la lassitude les leur fait trouver excellents — et des repas solides. A ces soins, peu difficiles, si vous joignez des ordres pour que leurs chiens et leurs chevaux soient bien traités, et si votre propriété abonde assez de gibier pour qu'ils puissent « faire parler la poudre », ils seront les plus heureux des hommes, et, en vous quittant, ils iront porter au loin le renom de votre hospitalité.

Il est une consigne que le maître de la maison doit exiger de tous et s'imposer à lui-même : les armes doivent être chargées hors de la maison, et nul fusil n'y rentrer avec une cartouche. Si les chasseurs sont dans l'intention de battre la plaine ou les bois, et de ne point revenir déjeuner au logis, avertie la veille au soir du lieu où ils comptent faire halte après une ou deux rondonnées, la maîtresse de la maison aura soin d'y faire porter, pour l'heure indiquée, de la charcuterie, des viandes froides, un pâté, du vin, du café, de l'eau-de-vie, tout le nécessaire d'un bon repas auquel certainement les gardes prendront une large part. Calculez là-dessus, et n'oubliez pas que vos chasseurs ne devront pas attendre. Il est entendu qu'avant de partir, vos chasseurs auront, comme on dit, « cassé une croûte ». Pour leur faire honneur, avez-vous été matinale et les accompagnez-vous pendant quelques pas ? au nom de tout ce qu'il y a de plus sacré sur la terre ! en les quittant ne leur souhaitez pas «bonne chasse» ; cela porte malheur, l'ombre de « la bredouille » se dresserait, comme celle de Banco, devant eux.

Un chasseur invité à une chasse à tir peut toujours amener son chien d'arrêt avec lui ; il est attendu, et sera le bienvenu ; mais s'il possède une meute, il ne l'enverra que dans le cas où l'on a réclamé sa présence. Quand le chien est sage et propre, le chasseur pourra demander qu'on veuille bien le laisser coucher au pied de son lit ; s'il n'en est pas sûr, il doit prier qu'on le mette au chenil ou à l'écurie. J'ai connu un chasseur qui possédait un chien émérite, une vraie perfection sur le terrain de la chasse ; malheureusement, à la maison, il avait la manie de dévaliser garde-manger, cuisine, office, et, pour surcroît de mérite, il cassait les reins de tous les chats qu'il rencontrait. J'ai eu le bonheur d'héberger cet aimable animal, et puis en parler en connaissance de cause. Je vous le conseille, si jamais vous êtes propriétaire d'une telle bête, défaites-vous-en et ne la conduisez pas surtout chez vos amis. Ce traître chien — je me souviens de son nom, il s'appelait Scapin — une heure après son arrivée, gardant toujours un air doux et modeste, avait trouvé moyen de voler un saucisson, un pâté, et d'étrangler un angora que j'aimais beaucoup. On criait à la cuisine, à l'office, et moi je ne riais point, et cependant il me fallut défendre encore le méchant drôle contre la colère fort légitime de son maître. C'était un chien bien intéressant !

A la chasse au chien d'arrêt, les chasseurs s'étendent en ligne, et généralement ils portent leur fusil couché sur l'avant-bras gauche, les doigts de la main droite à la gachette, et souvent dessus, pour être plus prêts à tirer.

Il faut, en marchant, avoir soin que le canon de l'arme ne soit jamais dans la direction de votre compagnon de gauche, si le pied venait à vous tourner, et que votre main droite, par un mouvement involontaire, vînt à presser la détente, vous pourriez être cause d'un malheur. L'usage vous défend de tirer à l'arrêt du chien de votre voisin : la pièce

partant, vous le laissez décharger ses deux coups ;
alors, si le gibier continue à fuir, vous pouvez faire
feu. Vient-il à tomber, et que le premier tireur vous
dise l'avoir touché, vous rappelez votre chien, laissant
au sien l'honneur de lui rapporter la victime, ou vous
la lui remettez. Il ne faut jamais discuter sur un coup,
c'est de mauvais ton et de mauvaise compagnie. En
déchargeant votre fusil, s'il se charge par la culasse,
ou autrement, tenez-le dirigé de telle sorte qu'en
cas où il viendrait à partir, il ne puisse blesser personne.

A la chasse *sous bois*, lorsqu'on furette le lapin,
chaque chasseur surveille une ou deux bouches du
terrier ; il ne tirera le lapin que s'il sort par là.

A la chasse *au bois*, le chasseur et le tireur sont
postés autour de l'enceinte où les chiens mènent ;
ce sont en général des gardes, connaissant bien les
passes, qui les ont placés ; ils ne quitteront point
leur poste avant d'être relevés, et ne tireront la
pièce que quand elle aura débûché ; sous bois,
rarement, qu'à parfait découvert, et encore ne
faut-il jamais le faire s'il y a des traqueurs et des
armes chargées à balles : elles portent la mort si
loin !

Le vêtement du chasseur en plaine doit être
léger, commode ; les meilleurs, après tout, sont en
toile ou en velours ; dessous on a soin de mettre un

gilet de flanelle. Cet habit se compose d'un large pantalon retenu par une ceinture, d'un gilet, d'une veste ni trop large ni trop juste, le tout muni de bonnes poches, d'une casquette à visière; aux pieds, de forts souliers à la semelle épaisse et large ; aux jambes, des guêtres hautes, résistant aux épines, et préservant de la rosée. J'ai surpris souvent sur les lèvres de mon mari un sourire quand il voyait des chasseurs d'une mise prétentieuse et presque théâtrale ; il ne comptait pas beaucoup sur leur adresse.

Pour la chasse à courre, c'est la botte à l'écuyère, la culotte de daim, le ceinturon soutenant le couteau, la veste et la casquette traditionnels, et, à la selle, un court fusil de bois, ou une carabine. Quelques chasseurs portent le cor en bandoulière. Il y a des jeunes gens qui sont très-vains de leur costume de chasse rouge, de leurs hautes bottes, de leur culotte collante, de leur casquette en melon galonnée d'or. Je les préviens que, sans être parfaitement ridicules, ils ne peuvent se montrer, ainsi accoutrés, dans les rues et sur les boulevards. Qu'ils montent en voiture pour gagner la gare où un train les conduira au rendez-vous de chasse. C'est très-beau le départ d'une chasse à courre ; aussi, malgré ma prudence, montant à cheval, j'ai suivi quelquefois mes hôtes pour entendre la musique des meutes roulant sous les grands chênes. Mais je n'ai jamais pu assister à la curée, et à ce dernier coup de couteau qui assassine un pauvre cerf; je n'ai jamais voulu recevoir le pied tout chaud de la pauvre bête, galanterie qui me touchait peu ; et les *sacres* décorant mon antichambre de campagne n'y venaient que longtemps après la mort des animaux dont ils avaient été la fière parure.

On m'a raconté que, sur les bords de la Loire, quelques belles châtelaines organisaient des bals, pour fêter le retour des chasseurs. Je doute qu'ils aient béni cette courtoisie ; les forces humaines ont des bornes. Je me contentais de leur donner un bon dîner, auquel ils prenaient part d'un furieux appétit, où l'on riait beaucoup ; et, après les cigares allumés ou éteints, je les envoyais se coucher, surtout si je savais que, le lendemain encore, ils chausseraient leurs guêtres. Les yeux mi-clos ils me remerciaient de la permission que je leur octroyais, et montaient dans leurs chambres, tandis que mon mari allait faire préparer les bourriches de gibier destinées à ceux qui partaient, et aux familles des fidèles qui voulaient bien ne pas nous quitter encore. Ces bourriches sont dans les règles absolues du savoir-vivre.

Dans les chasses louées par actions, entre plusieurs chasseurs, le gibier tué est disposé en tas à peu près égaux, et le sort décide.

Les invités à une chasse ne doivent jamais oublier,

lors du départ, de récompenser très-largement les gardes, les garçons de chenil, d'écurie, et les gens qui les ont servis dans l'intérieur de la maison ; y manquer, c'est commettre une très grave impolitesse.

Voilà tout ce que je sais sur ce sujet ; je laisse la plume à de plus savantes. Diane peut bien avoir des rites qui me sont inconnus ou que j'ai oubliés.

LES ENTERREMENTS ET LES DEUILS

J'aborde un triste sujet; nous entrons dans la sombre vallée des regrets et des larmes. Ici, la société encore a des usages qui s'imposent, et, comme la religion, son rituel funèbre.

Ce serait un travail curieux — il a déjà été fait à plusieurs reprises — que de retracer les coutumes des divers peuples dans les honneurs qu'ils ont rendus et qu'ils rendent aux morts; mais ce sujet, qui tient à l'histoire même de la civilisation, n'est point celui que je dois aborder; je ne parle que pour la France et les pays qui suivent nos coutumes.

Disons-le à l'honneur de notre patrie et de Paris surtout, il y a peu de contrées où l'on porte aussi loin le respect et le culte de la mort. Devant un corbillard l'homme des dernières classes se découvre, et toute femme fait le signe de la croix, si elle professe la religion chrétienne, et les enfants les imitent.

Dès qu'une personne a accompli son devoir dans la vie et rendu le dernier soupir, une main pieuse, avant que le corps ait pris la rigidité de la mort, abaissera ses paupières si elles sont restées levées, et placera les membres d'une façon convenable ; les jambes réunies et droites, les bras tombant ou re- ployés sur la poitrine. Les choses souillées disparaî- tront, on fera la toilette du mort. A la tête du lit mortuaire, on place une petite table recouverte d'un linge blanc, sur laquelle on dépose un crucifix, un bénitier avec un rameau, et deux cierges ; au pied, un prie-Dieu ou un fauteuil où vient s'agenouiller ou s'asseoir le prêtre, la religieuse, ou successivement les amis du défunt qui, tour à tour, doivent veiller sur ses restes ; car le corps, jusqu'à ce qu'il soit en- levé, ne doit pas un seul instant rester seul. On ne parle jamais dans la chambre des morts, et si on y pénètre, c'est pour y faire une courte prière ou laisser tomber quelques gouttes d'eau bénite sur le drap blanc qui recouvre la dépouille aimée.

Immédiatement après le décès, le premier soin est d'aller à la mairie pour l'annoncer ; si le plus proche parent présent ne va pas remplir lui-même ce devoir, il en chargera un ami.

A la suite de cette déclaration se présente à la maison mortuaire le médecin qui vient constater le décès. On répondra à toutes ses questions sur la ma-

ladie du défunt, sa durée, et on lui donnera le nom
du docteur qui l'a soigné. Le « médecin des morts »
laisse une pièce signée de lui avec laquelle deux
amis de la famille ou deux parents se rendent de
nouveau à la mairie. Ils sont munis, en outre, de
l'acte de naissance du défunt et de l'extrait de son
acte de mariage. Dans la déclaration qui sera faite,
il faudra, avec une exactitude absolue, donner les
nom et prénoms du décédé, sa profession, le jour et
l'heure de la mort, son dernier domicile, et, s'il est
possible, les prénoms de ses père et mère. Un acte
de décès irrégulier ou incomplet peut donner lieu
dans la famille à d'interminables procès.

Lorsque cet acte est dressé, l'officier de l'état civil,
se conformant autant qu'il le peut au désir des parents, fixe l'heure du convoi.

Cette heure convenue, il faut se rendre à l'établis-
sement, ou à une des succursales, des pompes funèbres; dans presque toutes les mairies, elles ont un
bureau spécial, et là on s'entendra sur la classe du
convoi que l'on veut.

Ensuite on ira à l'église pour régler la cérémonie
religieuse; il y a des classes à l'église comme aux
pompes funèbres, et généralement l'une entraîne
l'autre.

Les frais du culte se soldent d'avance, et il
est convenable de payer à forfait pour les chaises

en faisant connaître approximativement le nombre des invitations que l'on veut adresser.

Après ces soins, viennent la rédaction, l'impression et l'envoi des lettres d'invitation, et si l'on craint des oublis ou si le défunt par son talent, l'étendue de ses affaires, ses dignités et ses places était un homme public, à Paris et dans beaucoup de grandes villes, on fait insérer dans les journaux un avis contenant la désignation de la maison mortuaire et de l'heure du convoi.

Si le mort était membre de la Légion d'honneur, on préviendra l'autorité militaire, qui enverra un détachement pour accompagner le corps.

Les invitations sont faites au nom de tous les membres de la famille depuis le fils jusqu'aux cousins et cousines, leurs noms et leurs qualités seront exactement inscrits par rang de parenté. Celui qui ne se trouverait pas porté, fût-il absent ou demeurant au loin, aurait lieu d'être blessé, et droit de se plaindre d'un oubli qui aurait l'air de le retrancher et de l'exclure de la famille.

Aux obsèques d'une veuve ou d'un veuf qui ont contracté une seconde union, on n'est point tenu, s'il n'y a pas des enfants du premier lit, à inviter les parents du premier mari ou de la première femme. Cela dépend complétement des relations qui ont continué à subsister.

Dans les invitations, quand le convoi est indiqué pour *dix heures* par exemple, cela veut dire qu'il aura lieu à *onze ;* mais si l'on dit à dix heures *très-précises*, cela signifie que le corps quittera la maison mortuaire exactement à cette heure. Je préfère de beaucoup ce mode de désignation au premier.

Pour tout ce qui concerne le règlement de l'église, des pompes funèbres et des invitations, beaucoup de personnes emploient des mandataires que fournissent certaines administrations de Paris spécialement créées pour ce service. En général, ils entendent et remplissent leur devoir avec tact, convenance ; et de quels tristes soins ils débarrassent !

Dans les honneurs que l'on rend aux morts, il est deux écueils qu'il faut également éviter, une honteuse parcimonie et une ridicule ostentation. Mais, ce que l'on ne doit jamais oublier dans ces jours de douleurs, ce sont les pauvres. J'aime mieux moins de plumes au corbillard et une aumône plus large. Il est des personnes qui règlent elles-mêmes par avance leurs funérailles ; leurs volontés à cet égard doivent être, alors même qu'elles déplairaient, suivies scrupuleusement, religieusement remplies, à la lettre et sans rien y changer.

Les invités se rendront ou à la maison mortuaire ou à l'église ; autant que faire se pourra, femmes et hommes seront habillés en noir, ou du moins couverts de vêtements sombres. Ceux qui se rendront à la maison mortuaire, y inscriront leurs noms à la porte sur des listes préparées (les femmes ne s'inscrivent pas), ou monteront dans les appartements du défunt. A la porte du salon, ils trouveront la famille en grand deuil, ils la salueront, serreront leurs mains et passeront. Les dames se tiennent dans une pièce particulière, où elles sont reçues par les parentes du décédé. Dans cette triste réunion on n'échange que peu de paroles, des salutations amicales, à voix basse. Il serait de la dernière inconvenance de parler d'affaires ou de plaisirs.

Lorsque l'employé des pompes funèbres vient sur la porte du salon faire un salut, indiquant ainsi que l'heure est venue et que tout est prêt, le plus proche parent le suit, la famille vient après, ensuite les amis intimes et les simples invités. En franchissant le seuil de la maison, la famille salue les assistants restés dans la rue, et, tête nue, se place derrière le corbillard. D'abord marche l'officier des pompes, les domestiques mâles du défunt, l'un d'eux porte sur un coussin de velours les croix qui ont été les glorieuses récompenses de la vie de son maître, ses insignes sont déposés avec son uniforme sur la bière ; puis viennent la personne qui conduit le deuil, la famille et le reste des invités. Les femmes ferment le cortége avant les voitures de deuil, qui suivent la voiture du défunt fermée, vide et drapée. Les lanternes sont allumées et recouvertes d'un crêpe. Le cocher a quitté sa livrée pour des vêtements noirs.

Si le détachement de soldats assistant aux funérailles est conduit par un officier, il est d'usage de lui faire remettre une paire de gants de daim et un crêpe ; après la cérémonie, un des membres de la famille viendra le remercier.

Rien ne me révolte davantage et n'annonce une plus mauvaise éducation que de ne pas se tenir d'une manière respectueuse et grave, en suivant un convoi, soit à pied, soit en voiture ; c'est du même coup manquer de respect à la dépouille que l'on accompagne, à la douleur des amis et des proches, ainsi qu'à la majesté de la mort.

Quand le corbillard s'arrête devant l'église et dès que l'on descend le cercueil, tous les fronts se découvrent. A l'église, les hommes se placent à la droite du corps ; les femmes à gauche ; et, si l'assistance est très-nombreuse, elles s'agenouillent dans les bas côtés. En général, à moins qu'elles ne soient très-intimes de la famille, ou que, inférieures au décédé, elles aient été employées par lui, les femmes se rendent directement à l'église ; elles ne suivent pas le corps au cimetière.

Si le décédé est un industriel, un commerçant,

son magasin, son usine sont fermés, et l'usage veut qu'au jour de la paye, il soit donné aux ouvriers une gratification au moins égale au montant de leur journée. S'ils ont déposé des fleurs sur la bière, elle doit être encore plus forte.

Sur le cercueil d'une jeune fille ou d'un jeune garçon, on ne dépose que des fleurs blanches; et les couronnes de laurier ou de chêne ne conviennent qu'à ceux qui ont rendu de grands services aux arts et au pays. Aujourd'hui, les parents, les amis, chargent de fleurs le corbillard et quelquefois, il y a derrière des personnes qui portent celles qui n'ont pu trouver place sur le drap mortuaire. Les fleurs déposées sur le cercueil des jeunes filles, des religieuses, des ecclésiastiques doivent être blanches.

Si ce drap recouvre un grand personnage, les coins doivent être tenus par des personnes ayant un rang élevé dans le monde auquel appartenait le défunt. Ils ne quitteront pas le corps, et, à l'église, ils seront assis dans des fauteuils aux quatre coins du catafalque. Notons, en passant, que si le chef du gouvernement a envoyé quelqu'un pour le représenter, ce délégué marchera en tête du convoi.

Aux funérailles des enfants et des jeunes filles, on voit souvent des petits enfants et des petites demoiselles avec voiles et robes blanches, tenir les cordons du drap. Quoique très-touchant, cet usage me blesse, car il est capable de frapper d'une manière trop cruelle des imaginations que le train de la vie n'a point encore préparées à de si lugubres cérémonies.

. En général, ne vont au cimetière que les amis intimes et les parents ; si sur la tombe quelques paroles sont prononcées, elles ne peuvent l'être que sur l'invitation ou avec l'invitation formelle de la famille.

Les personnes qui ont accompli jusqu'au bout les devoirs funéraires seront reconduites chez elles par les chars de deuil. Ce serait, de la part de la personne ainsi ramenée, de la dernière inconvenance de se servir de la voiture prêtée pour se faire transporter où ses affaires l'appellent. Une de ces voitures, la première en rang, est réservée pour le clergé, qu'elle reconduit toujours.

Le sans-gêne de quelques hommes me force à dire que l'on ne doit jamais fumer en suivant un convoi.

Pour les enterrements protestants, les usages sont les mêmes que pour les enterrements catholiques ; seulement, les corps des réformés ne sont point portés au temple. Les rites religieux s'accomplissent dans la maison mortuaire, sur le cercueil entouré de lumières et de fleurs, et sur la fosse même, où le pasteur prononce les paroles de suprême adieu.

Les cérémonies funèbres des israélites diffèrent complétement des nôtres; mais, au point de vue du monde, ils ont adopté nos usages. Ainsi, par exemple, jadis, ils ne portaient que le deuil paternel et maternel; aujourd'hui, ils agissent généralement comme nous.

Toute personne invitée à un enterrement doit, dans la huitaine, l'envoi d'une carte cornée à l'envers; et, si elle est unie à la famille par des liens autres que ceux des affaires, une visite de condoléance après la fin de la quinzaine; car, auparavant, en cas de grand deuil, elle ne serait point reçue.

Le plus long deuil est celui d'une veuve; elle le prend alors même qu'elle serait judiciairement séparée de son mari; il dure deux ans : un an, grand deuil; six mois, deuil ordinaire, et autant de demi-deuil. Si elle se remarie à la fin de la première année, elle en a le droit légal, ainsi que je l'ai dit en parlant du mariage, la veuve quittera le deuil.

Si c'est un veuf qui se remarie, dans un cas semblable, il quittera le noir le jour où se célébrera sa nouvelle union.

Le grand deuil d'une veuve est en étoffes de laine d'un noir mat, le col et les manchettes en crêpe anglais; de son chapeau, qui est orné d'un nœud de forme particulière, ou de son bonnet, tombe un long voile très-ample, également en crêpe; ses cheveux seront disposés très-simplement ; son peigne sera noir, et, même chez elle, elle ne paraîtra jamais en cheveux. Elle ne portera aucun bijou ; ses mouchoirs seront entourés d'une large bande noire ; son porte-monnaie, son porte-cartes et le boîtier de sa montre, si la fortune le lui permet, auront la même couleur. Gants en laine, en filoselle, puis en soie noire.

Le demi-deuil vient après, et, petit à petit, la veuve se dégage des vêtements sombres dont elle s'était revêtue. Le jais, l'opale, les camées, montés en noir ou en argent bruni, l'améthyste, sont demi-deuil. Cependant je dois dire que je connais beaucoup de femmes distinguées, ayant un certain âge et de grands enfants, qui n'ont jamais voulu reporter des bijoux ou reprendre des étoffes claires et voyantes.

Le deuil de père et de mère : six mois, laine et crêpe ; trois mois, soie et dentelle noires ; trois mois, en gris, blanc, et violet.

Le deuil de grand-père et de grand'mère : trois mois de grand deuil, trois mois de demi-deuil.

Deuil de frère et sœur : quatre mois -- c'est bien peu ! -- deux en grand deuil.

Pour oncle et tante, trois mois ; pour cousins et cousines, six semaines ; mais ces deuils sont très-peu exigeants, on peut les porter avec de la soie. Quand on hérite d'une personne étrangère, on prend le deuil d'oncle ou de tante.

Les ascendants ne portent jamais le deuil des descendants ; à ce compte, un père et une mère ne se couvriraient pas de noir lors de la mort de leurs enfants. Ah! chers êtres aimés et pleurés, de qui donc portera-t-on le deuil, si l'on ne porte pas le vôtre? Laissez, laissez dire, l'usage! prenez des vêtements funèbres, témoignage de votre douleur, et rendez aux enfants perdus un culte visible aussi long, aussi complet, que celui que vous avez rendu à vos pères et mères.

Les enfants, dès qu'ils ont fait leur première communion, portent de rigueur le deuil de leur père et mère, de leurs grands parents, de leurs tuteurs et de leurs parrains ; tuteurs et marraines sont assimilés aux oncles et aux tantes.

Le grand deuil pour les hommes est le vêtement complet en noir, sans aucun bijou ou chaîne d'or, et la cravate blanche ou noire, un large crêpe au chapeau en feutre et non en soie. Le demi-deuil comporte, pour le pantalon, le gris et toutes ses nuances, le gilet noir ou blanc, l'habit noir, les gants de la couleur du pantalon, et au chapeau un crêpe d'une hauteur moindre. Un vêtement tout gris ne serait point de deuil.

Les Parisiennes sont en général fort surprises lorsqu'on leur parle des repas de funérailles, elles ne les acceptent que chez les Écossais dans les romans de

Walter Scott; cependant c'est un usage imposé en province par le lieu même des obsèques. Une fermière, une châtelaine, meurent au château ou à la ferme loin de toute autre habitation ; cependant, pour témoigner leurs regrets, les fermiers, les propriétaires, les habitants de la ville voisine, ont fait deux ou trois lieues afin d'assister au convoi, il est tout simple, il est obligatoire que la famille dispose, pour les recevoir, un repas, et, en hiver, un appartement bien chauffé. L'écurie sera toujours préparée aussi et des domestiques prêts à dételer. En hiver surtout, si l'enterrement a lieu le matin, il faut avoir soin de tenir chauds du café au lait, du bouillon ; pour le reste des mets, ils sont en général servis froids. Ces repas, où l'on s'assoit au fur et à mesure que l'on arrive, sont silencieux, et l'on n'y prend exactement que la nourriture absolument nécessaire. Les plus proches parents, les plus proches parentes surtout, n'y assistent pas, ils sont servis à part, ainsi que le clergé. Je n'ai pas besoin, je pense, d'insister sur la tenue que l'on doit garder en cette occasion : elle est dictée par la douleur que l'on éprouve et par le respect que l'on porte au deuil de la famille.

Dans ces tristes repas on oublie tout rang social ; les plus riches, les plus titrés, prennent place à côté des plus humbles. Si les pauvres du canton font au défunt le grand honneur d'assister à son convoi, on s'arrangera toujours de manière à ce qu'ils ne s'éloignent pas les mains vides, et quand ils viennent de loin, ils auront tour à tour une place, un coin au feu et à la table de la cuisine.

Au jour anniversaire de la mort, beaucoup de personnes font célébrer un service que l'on appelle « bout de l'an » ; y seront invitées par lettres toutes les personnes qui auront assisté au convoi. Les cartes, dont se servira la famille pendant toute la durée du deuil, sont entourées d'une bande noire plus large pendant la première période que durant la dernière. Le papier à lettres aura la même disposition ainsi que les enveloppes, et l'on n'usera que de pains à cacheter et de cire noirs. Cependant, je dois dire que pour les enveloppes à cadre noir beaucoup de personnes ne s'en servent que dans les premiers mois, étant gênantes pour les adresses.

J'ai lu dans les *Lettres de Pline* : « Quoique je fusse dans lo dernier accablement par la perte que j'avais faite de ma femme depuis quelques jours, j'envoyai chez Anteia, veuve d'Helvidius, et la suppliai de vouloir bien me venir voir, parce que mon deuil tout récent ne me permettait pas de sortir »... Cet usage romain s'est perpétué jusqu'à nous. Si l'on exerce un emploi qui ne permette point cette retraite, on ira directement à ses affaires, sans entrer jamais dans un lieu public. On profitera de cette solitude pour envoyer des cartes collectives à toutes les personnes qui, s'unissant à votre douleur, auront accompagné le convoi ou assisté au bout de l'an ; c'est de rigueur. Je l'ai déjà dit.

Donc, durant les premières semaines du grand deuil, autant que les devoirs que l'on a à remplir le permettent, on évite de paraître en public et tant que l'on n'a pas pris le demi-deuil on n'assiste à aucune réunion, on ne va ni au spectacle ni en soirée, on ne s'assoit à aucun repas prié, on ne suit aucun enterrement. Si l'on a un jour de réception, il cesse de plein droit, et l'on ferme son salon. Quelques personnes dérogent à cette règle, en allant à des concerts ; c'est toléré, mais alors seulement que l'on y exécute de la musique sacrée.

Les serviteurs d'une maison qui pleure un père, une mère, un enfant, un mari ou une femme, sont mis en noir. L'usage et la raison veulent qu'on leur fournisse deux vêtements complets : l'un pour le travail, l'autre pour la représentation. Dans le très-grand deuil, les domestiques mâles portent l'habit sans boutons et toujours la cravate blanche. Ces vêtements, en qualité convenable, sont donnés par la famille ; mais si, dans les premiers jours où il les a reçus, un domestique venait à être congédié, il doit les rendre comme sa livrée. Dans le cas où il les aurait portés quelques mois, il est convenable de les lui laisser.

Autrefois, pendant les premières semaines du grand deuil on drapait les voitures; cet usage ne s'est pas maintenu, mais les gens riches ne sortent qu'avec des équipages dont la caisse et l'intérieur sont à fond, sinon noir, du moins très-sombre.

Une femme travaille à la layette de son enfant, une jeune fille à son trousseau ; ni l'une, ni l'autre, si leur condition le leur permet, ne travailleront à leurs vêtements de deuil.

Enfin, quand on habite un pays qui a des usages particuliers, s'ils ne blessent pas votre délicatesse ou vos principes religieux, il est sage de les accepter et de s'y soumettre.

Il est un point délicat que je voudrais toucher, quoiqu'il ne tienne pas aux usages: je veux parler des tombes et des inscriptions que la douleur y grave. Les inscriptions doivent être simples, sans recherche; souvent le nom seul du défunt ou de la défunte suffit. N'imitez pas ces veuves « inconsolables » qui au bout d'une année convolent à d'autres noces, ou ces fils « dont la douleur sera éternelle » et qui quelques mois après laissent dégrader ou souiller la pierre funéraire qui recouvre leur père... Moins de phrases et des regrets plus vrais et plus durables. Point d'engagements éternels, l'éternité n'est pas de ce monde. Mais je vous en supplie, ne laissez point dans un coupable abandon la tombe de ceux que vous avez aimés et perdus. Quand je vois une pierre en cet état, cette vue m'attriste plus que la mort même; ce sont, croyez-moi, de bien tristes caractères que ceux qui ont de tels oublis ou une telle ingratitude.

La civilisation des peuples et des races, je dirai plus, leur moralité, peuvent se juger au respect qu'ils portent au culte des morts et aux honneurs dont ils entourent les funérailles de ceux qu'ils ont aimés ou respectés.

Je sens ma dignité se relever lorsque je vois la dépouille mortelle d'un grand citoyen couverte de couronnes civiques ; ma tristesse s'incline devant les fleurs dont, maintenant, on charge le cercueil des jeunes filles et des jeunes femmes. La vue de ces bouquets éphémères, dans ma pensée, se relie à la fragilité de l'existence ravie avant l'heure. Je trouve donc profondément humain et digne d'être suivi cet usage, quoiqu'il soit emprunté au paganisme.

Mais il est d'autres nouveautés que je ne saurais admettre. Sur les lettres d'invitation au convoi, autrefois les noms des membres de toute la famille figuraient ; aujourd'hui quelques-unes de ces lettres qui convoquent à la triste cérémonie ne portent que les noms des plus proches parents, et les hommes seuls sont nommés. On semble vouloir que seuls les descendants directs, les parents immédiats du mort vous convient aux suprêmes honneurs qui vont lui être rendus. J'avoue ne pas comprendre cette formule. S'il est un acte qui doit réunir une famille, c'est la mort ; autour de la tombe ouverte tous les membres qui la composent doivent se trouver réunis, le deuil retrempant, pour ainsi dire, leur parenté. Gardez donc, je vous en prie, l'ancienne coutume. Voulez-vous que par une raison humaine je prouve qu'elle est bonne ? Supposez que l'un des cousins du défunt, un parent à un degré éloigné, soit ministre, ambassadeur, prélat, qu'il ait un nom dont l'honneur rejaillit sur toute la famille : l'exclurez-vous? — Non certainement. — Eh bien alors?

Avec le système que je critique, dans les quinze jours qui suivent l'enterrement la famille adresse à toutes les personnes qui y ont assisté une carte ; elle doit être fort grande, à très-larges bords.

Huit jours après l'envoi de cette carte, on adresse aux personnes avec lesquelles on est en relation une lettre de faire part au nom de tous les membres de la famille, hommes, femmes, enfants.

Mais que pensez-vous de ce système de *primata*, de *duplicata* des papiers funèbres? On se croirait dans le bureau du ministère des affaires étrangères, ou dans le cabinet d'un banquier envoyant des traites en Amérique. Hélas ! nos deuils ne tiennent pas une si grande place, même chez nos meilleurs amis, pour que nous en sèmions tant et de si vaines traces. « Les morts vont vite, » a dit la ballade. Aussi, pour garder à ce petit livre le caractère que j'ai essayé de lui donner, j'ajouterai que, tout en faisant connaître le nouvel usage, je suis loin de l'approuver et de croire qu'il s'établisse.

Toute personne ayant reçu invitation ou faire part, qu'elle ait assisté ou non à l'enterrement, est tenue d'envoyer sa carte aux membres de la famille qu'elle connaît.

LE MONDE

Jusqu'à présent je n'ai parlé que des usages du monde et point du monde lui-même, de ce tourbillon, si varié, si ondoyant, si bouffon et si sombre, de ce mélange où tant de contraires se heurtent et s'harmonisent, de ce milieu enfin si important à connaître, dans lequel notre vie entière s'accomplit et se passe. Pour y agir, pour s'y mouvoir, j'ai fait connaître les formes et les formules qu'il impose, mais il est indispensable d'en posséder une juste idée. Le peindre n'est pas facile, je ne l'essayerai point, ce serait un livre à écrire dans un livre ; cependant, comme je n'ai aucune prétention au bel esprit, qu'être utile est ma seule préoccupation, et que la vieillesse m'a laissé ses longs enseignements, je ne crains pas d'aborder ce sujet délicat et de toucher à ce que tant d'autres ont touché avant moi, et ce que tant d'autres traiteront encore lorsque je ne serai plus. Le monde est le fond inépuisable livré à nos éternelles controverses.

La raison en est simple; chaque jour la société se modifie et se transforme, chaque époque a des habitudes particulières, des passions dominantes, et forme un tableau qui sans cesse change et varie ; de là, tant de jugements contraires, tant d'appréciations diverses sur des faits qui de loin nous paraissent faussement identiques. Sans doute, le fond humain reste à peu près le même ; cependant il subit une constante transformation, bien lente, il est vrai, mais réelle et profonde. Ouvrez le premier livre d'histoire venu, et à chaque page vous en trouverez la démonstration et la preuve. Quel changement dans les mœurs générales a apporté le siècle dernier, à n'étudier que celui-là ! Ces modifications successives, nous ne les distinguons pas nettement, précisément parce que nous y sommes mêlés, et plus acteurs que spectateurs encore ; comme nous ne sentons pas la rotation de la terre qui nous emporte.

Ce mouvement des sociétés humaines aussi perpétuel que celui des astres qui les éclaire, suivant le point de vue où ils se sont placés et leur propre condition, les écrivains moralistes l'ont analysé et ont porté sur lui des jugements contradictoires. On peut les diviser, ces auteurs, en deux classes ayant elles-mêmes de nombreuses subdivisions; les uns ne voient la perfection que dans le passé, les autres, que dans l'avenir. Les premiers ne reconnaissant que perversité et malice dans la société humaine, la signalent comme pleine de périls et de sentiments mauvais; ils se sont complu à en dévoiler les méchants instincts et les conditions déplorables. Ce sont de vrais Jérémies. A les croire, aucune vertu n'y fleurit, la douceur ne serait que calcul; la politesse, hypocrisie; au fond, partout se rencontreraient les brutalités et les convoitises de l'égoïsme. Le meilleur et le moins personnel des hommes, Helvétius, n'en a-t-il pas fait la base d'un livre qui a eu son heure de célébrité? Dans les dévouements les plus sublimes ils parviennent à découvrir les calculs des plus sordides intérêts. Ainsi, sans y penser, sans le vouloir, ils détruisent tout, même la famille; car, enfin, elle repose sur les sentiments les plus nobles et les plus tendres.

Ces livres, je le dis hardiment, ne sont pas vrais, et ils ont sur les mœurs et sur l'éducation une action funeste. En effet, à mon sens, il est mauvais de donner à de jeunes esprits de telles méfiances, de les élever dans des craintes propres à glacer leurs plus nobles instincts, à les dépouiller de tout enthousiasme, de toute sincérité, de toute croyance au bien, au beau, et de toute généreuse espérance. Que pensez-vous, par exemple, de ce moraliste qui dit: « Vivez avec votre ami comme s'il devait devenir votre ennemi »; de cet autre qui écrit :

« Mes amis, il n'y a pas d'amis » ? En vérité, de telles doctrines ne sont bonnes qu'à nous faire reprendre les costumes de peaux dont se couvraient nos ancêtres et leur vie cachée dans l'épaisseur des forêts. Quel ressort, quel élan à donner à de jeunes esprits avec de telles maximes ? Par la peur, vous en ferez inévitablement des natures soupçonneuses, étroites, égoïstes, et, sans avantage pour elles, vous découronnerez leur jeunesse. A quoi voulez-vous qu'elles se rattachent, et comment leur ferez-vous prendre place dans une société dont vous leur avez montré tous les membres infectés des plus odieuses passions ? Prenez-y garde, vos arguments se retournent contre vous-même et, suivant la doctrine chrétienne, vous serez jugé comme vous aurez jugé les autres.

Les optimistes ne me semblent pas plus dans la réalité ; la société n'a rien de commun avec ces temps fabuleux — auxquels je ne crois guère — que les poëtes ont appelés l'âge d'or. C'est un mélange de bien et de mal, de ténèbres et de lumières, de jours heureux et de jours sombres, de science et d'erreur, de bonheur et de misère ; les bons et les méchants, les fripons et les dupes, y vivent côte à côte : c'est une arène où les générations passent avec toutes leurs passions, sages ou coupables, mais où, au demeurant, la science règne, l'intelligence domine et l'hon-

nêteté préside plus et mieux que l'on ne consent
à l'avouer.

Il faut donc, en entrant dans la société, la regarder de sang-froid, la prendre telle qu'elle est, sans
parti préconçu, avec ses qualités et ses vices, ses
mensonges et ses aspirations plus élevées. Il faut ne
pas se figurer que la force prime le droit; l'astuce, la
probité. Non, mille fois non, la société n'est pas cela.
Mais il ne faut pas non plus y porter une crédulité
par trop naïve, et une confiance enfantine. Prenez
dans votre famille, dans l'enseignement d'une bonne
éducation, l'habitude d'examiner les hommes et les
choses, de les pénétrer; formez-vous un jugement
sain, et après cela marchez droit, tête haute, sans
folle crainte.

Aux jeunes gens, aux jeunes filles, on répète : les
temps présents sont plus amers que ceux d'autrefois ; on les épouvante, à mon avis, d'une manière
déplorable. Je ne pense pas qu'aujourd'hui soit plus
difficile que ne l'était hier ; dites-moi quelle époque
fut meilleure que la nôtre et dans la forme et dans
le fond? Précisez, je vous demande une date et non
de vaines déclamations. Il est impossible de nier que
l'intelligence générale ne se soit accrue, que les
mœurs ne se soient adoucies. Le nombre des parvenus, honnêtement arrivés, entourés de l'estime publique, est tellement considérable, que l'on ne compte

plus les hommes et les femmes sortis d'humble lieu, jouissant, à cette heure, d'une considération méritée. Il faut plus de savoir, il est vrai ; mais le savoir n'est-il pas plus facile ? Les méthodes ont gagné en clarté, et les écoles ne s'ouvrent-elles pas de toutes parts à ceux qui veulent apprendre ? Feuilletez la première biographie venue, et vous verrez à travers quelle misère les savants d'autrefois, que nous devons bénir, les artistes, honneur du genre humain, sont parvenus à l'immortelle célébrité dont ils jouissent. Certes, maintenant, pour ceux qui marchent sur leurs traces la montée est dure, mais moins longue et moins rude.

Au sein de la société nouvelle comme au sein de la société ancienne, rien ne s'est acquis ou ne s'acquiert sans volonté et efforts, c'est une loi de nature ; toutefois, la volonté bien tendue, l'effort fait, je ne vois pas que les personnes studieuses et réglées sortent moins couronnées de succès maintenant qu'elles ne l'étaient jadis.

Mais pour parvenir et vivre en paix avec sa conscience il est un mot, un mot d'un sens profond, dont il faut se pénétrer de telle sorte qu'il devienne la règle de tous les actes, ce mot est celui de *devoir*. Ecoutez comment, dans une lettre à un de ses fils, en parlait un illustre Américain (1) :

(1) Le général Lee.

« Efforcez-vous d'être franc avec tous ; la franchise est la fille du courage et de l'honnêteté. Dites exactement en toute occasion ce que vous avez l'intention de faire sans laisser douter de la sincérité de vos intentions. Un ami réclame-t-il de vous un service, rendez-le-lui, s'il est raisonnable de le faire ; dans le cas contraire, dites-lui franchement pourquoi vous ne le pouvez pas. Tout subterfuge serait indigne de l'un et de l'autre. Ne faites jamais le mal pour acquérir ou garder un ami, celui qui se donne à ce prix ne vaudra jamais le sacrifice que vous lui feriez...

« *Quant à ce qui est du devoir*, je vais en terminant vous faire part de ce qui se passa, il y a près de cent ans, un jour d'éclipse, connu sous le nom de « jour noir », où la lumière du soleil parut quelque temps complétement éteinte. L'assemblée législative du Connecticut était en séance. A la manifestation du phénomène, les membres partagèrent la terreur générale. Beaucoup d'entre eux disaient que c'était le jour du jugement dernier. Quelqu'un proposa l'ajournement. A ce moment un vieux puritain, Davenport de Stamford, se leva et dit que, si c'était le jour fatal, il voulait, quant à lui, qu'on le trouvât à son poste, faisant son devoir, et, en conséquence, il proposa que l'on apportât des lumières afin que la séance continuât. Il y avait chez cet homme le calme d'un esprit se reposant sur la Sagesse divine, et pénétré de la volonté inflexible de remplir sa tâche. Le mot de *devoir* est le plus sublime de notre langue. Faites-le en toutes choses comme le vieux puritain. Vous ne pourrez guère faire plus, mais vous ne voudriez pas vouloir faire moins.

« Que jamais par votre faute il ne vienne un cheveu blanc à votre mère ou à moi. »

Eh bien, dans la société que je vois, que je fréquente, je connais, grâce au ciel, beaucoup d'hommes, beaucoup de femmes qui comprennent le devoir comme Davenport de Stamford. Il en est d'autres, assurément, qui ne tiennent pas une semblable conduite, mais ils savent qu'ils font mal, et je ne vois pas que leur position sociale soit plus heureuse, plus honorée, et que le monde se montre très-indulgent pour eux. Si vous vous tournez vers les futilités, les salons, que vous amuserez par vos paradoxes et vos paroles légères, souriront peut-être; mais regardez bien, sous ce sourire vous découvrirez une teinte de commisération et peut-être plus, le mépris. Spectacle assez triste, mais si commun, qu'on n'a qu'à promener ses yeux autour de soi pour le rencontrer.

C'est donc tromper la jeunesse, ou l'élever mal, que de ne pas lui dire que la société vit sur un fond très-solide de moralité et que, contre ceux qui en manquent, tôt ou tard elle exerce de justes sévérités.

Elle peut recevoir la coupable et le flétri, couverts par leur fortune ou leur rang ; je ne voudrais pas que cela fût, mais ils sentent bien, quoi qu'ils osent, la position inférieure dans laquelle la considération publique les classe et les relègue.

Ayez donc, en entrant dans le monde, la conviction que vous pénétrez dans un milieu honnête dont les actes ne sont pas toujours d'accord avec les maximes, mais qui, après tout, sachant que le mal est mal, respecte, honore et soutient les caractères loyaux. Il pardonnera beaucoup à votre jeunesse, sans doute ; cependant je vous conseille de ne pas trop vous fier à cette indulgence, de ne pas en abuser, car il ne tardera point à dresser le compte de vos actes, et eussiez-vous tous les raffinements d'élégance et de bon ton que je vous souhaite, vous n'échapperez ni à ses légitimes méfiances, ni à ses justes arrêts.

J'ai dit que le monde était un milieu honnête ; n'exagérez point ma pensée, tout n'y est pas honnête ; il y a un choix à faire, des liaisons à former, d'autres qu'il faut fuir avec une prudence extrême ; en général le partage des bons et des méchants est assez facile à faire, le vice se décèle vite et la louangeuse obséquiosité de certaine politesse sonne creux et faux. Ne souffrez jamais que devant vous l'on attaque ou que l'on tourne en ridicule certaines vérités qui sont les bases de la société et de la morale ; homme, imposez énergiquement silence à la corruption, de quelque esprit qu'elle se voile ; jeune femme, éloignez-vous, et du regard condamnez ce que vous venez d'entendre.

A présent devons-nous entrer dans quelques détails ?

Malgré l'égalité édictée par nos lois et imposée par nos mœurs, dans toutes les classes sociales ne se trouvent pas les mêmes habitudes, les mêmes formes de langage, et je crois bien que se passera beau temps avant cette égalité parfaite rêvée par l'utopie. Or, les choses étant ainsi, chaque homme, et, à plus forte raison, chaque femme, ne fait sa société habituelle que des personnes avec lesquelles ils se trouvent en rapport par le partage des mêmes conditions sociales. C'est là qu'il faut se tenir, je le conseille, tout en cherchant à s'élever dans des régions plus et mieux élevées. Descendre dans ses relations quotidiennes serait se déclasser. C'est donc dans ce cercle où vous êtes né, où votre éducation vous a placé, et avec ces aspirations plus hautes, dont j'ai parlé, qu'il faut vivre. Là seulement vous vous trouverez véritablement à l'aise, et à même de faire valoir toutes les qualités que la nature et le travail vous ont données. Ailleurs, vous seriez bien, sans doute, mais vous vous sentiriez un peu embarrassées, je

parle pour les femmes, et comme un peu étrangères, car vous n'y rencontreriez pas les formes
de politesse et de langage auxquelles vous êtes ac-
coutumées.

Par mille accidents vous pourrez vous trouver
dans ce monde ; n'y portez, je vous prie, ni roideur
ni suffisance ; ne blessez pas par le rigorisme prétentieux de vos façons de braves gens qui n'auront
qu'une pensée, celle de vous plaire. N'ayez pas l'air
de « les honorer de votre présence », ce serait parfaitement ridicule ; et, s'ils venaient à trop s'aperce-
voir de votre sotte gloriole, ils pourraient être tentés
de la rabattre ; je ne les blâmerais pas de le faire.
Montrez-vous digne, mais bienveillante et aimable,
chacun se contiendra dans de justes bornes et s'em-
pressera pour vous plaire. En nulle occasion, mieux
que dans celle-là, vous ne serez à même de faire
sentir à quelle souplesse gracieuse peut se prêter
une bonne éducation.

Si, au contraire, vous entrez dans des salons plus
élevés que ceux que vous avez fréquentés jusqu'alors,
tâchez de vous défaire d'abord de la crainte qu'ils
peuvent vous inspirer, afin de garder la mesure et de
valoir tout ce que vous valez. Ne soyez affectée en
rien, et songez que de vos débuts dépend la place
que vous occuperez. Elle sera, j'en suis sûre, charmante, si vous voulez bien rester vous-même et vous

souvenir un peu des conseils que ce petit livre vous a donnés. En les suivant, vous vous montrerez partout une femme bien élevée et serez partout une femme du monde.

LA LETTRE TUE, L'ESPRIT VIVIFIE

Je viens de lire les pages qui précèdent; elles auraient pu être conçues dans un autre esprit, mais, telles qu'elles sont, elles me paraissent, à défaut d'autres mérites, ne manquer ni de précision, ni de clarté. Sont-elles complètes? Renferment-elles tous les renseignements que l'on était en droit d'attendre? Je l'espère, sans oser l'affirmer.

— Donc, dites-vous, qui saura ce livre, qui suivra ce rituel...

— N'achevez pas, et pardonnez-moi cette interruption qui est une impolitesse. En vous arrêtant, j'ai voulu vous empêcher de proférer une hérésie.

Pour ce qui nous occupe surtout, il y a loin de la théorie à la pratique; ce serait vraiment chose trop commode s'il suffisait de lire un petit livre comme celui-ci, pour avoir par cet effort d'une facile mémoire les belles grâces de la politesse et ses urbanités et ses distinctions. Ces rares mérites de toutes les heures ne s'acquièrent point aussi aisément, ils sont à un plus haut prix, ils exigent d'autres attentions et veulent d'autres soins. Ce que j'ai essayé d'enseigner, utile, indispensable, n'est rien, comparé à ce qu'il reste à apprendre en veillant sur soi-même et en observant les autres. Ce qu'il faut obtenir est cet aplomb, cette possession de soi, cette rapidité de coup d'œil qui permettent de dire et de faire ce qui doit être dit et fait. Si vous de conquérez pas cette qualité, cette netteté de vue, cette délicatesse d'intuition qui se puisent dans le contact d'une bonne société et dans le sentiment de votre dignité personnelle, vous n'aurez jamais la mesure, la nuance et cette soudaine liberté d'esprit qui donne des à-propos si imprévus et si charmants.

Persuadez-vous-le bien, tout ce qui est tendu, compassé, mathématique, tout ce qui peut faire ressembler à un automate, même bien appris, manque radicalement de distinction. Dans les petites choses comme dans les grandes, il importe d'être soi-même, de garder sa marque et son cachet distinctif et naturel. Ne singez personne. Michel-Ange, dont on parle tant aujourd'hui et avec tant de raison, disait à ses rares élèves : « Ne marchez pas derrière moi, vous marcheriez dans mon ombre. » Ne soyez l'ombre de qui que ce soit. Vous savez que les Romains donnaient ce pâle nom aux parasites des tables patriciennes, et qu'ils ne les estimaient guère, les livrant aux railleries des poëtes et des bouffons.

J'ai vu à Versailles un certain personnage qui avait pris pour modèle Horace Vernet ; il s'habillait comme lui, il affectait son langage, prenait ses poses, le tout avec quelque vérité. Pourtant quelle triste parodie ! et de quel rire moqueur on saluait cette méchante et ridicule copie ! Imiter servilement la distinction des autres, est en manquer soi-même.

Il n'est pas que vous n'ayez, au moins une fois, assisté à l'entrée dans un salon d'une mère de famille suivie de ses nombreux enfants ; ils s'avançaient de front ou à la file indienne, s'arrêtant tous ensemble, ils avaient tous le même salut et le même geste du chapeau, tous la même révérence et le même sourire. La manœuvre s'exécutait à merveille, un caporal ou un maître de danse n'y aurait rien trouvé à reprendre... D'où vient que vous avez eu bien de la peine à retenir un sourire à la vue de ces salutations parfaitement correctes pourtant?... Si la politesse avec ses règles devait tuer l'individualité, ce serait la discipline la plus ennuyeuse et la plus monotone.

Lorsque l'œil n'est pas encore suffisamment exercé à saisir les nuances, dans les maisons très-distinguées toutes les personnes semblent habillées par les mêmes tailleurs, ou par les mêmes couturières ; elles paraissent parler et se mouvoir avec le même esprit et la même façon. Cette erreur d'optique dure peu, on ne tarde pas à reconnaître les dissemblances voilées et contenues par le bel usage du monde.

Du reste, il ne faut pas se le dissimuler, la politesse tend à imposer à tous de certains traits communs ; ainsi, par exemple, si vous voyagez et que vous fréquentiez la résidence des ambassadeurs et des consuls, vous retrouverez les mêmes manières d'être, à Saint-Pétersbourg comme à Rome, à Madrid comme à Vienne ; ici et là, vous vous croiriez facilement dans le grand salon rouge de l'hôtel de notre ministre des affaires étrangères, au quai d'Orsay. La diplomatie européenne a pris nos formes, adopté nos habitudes de même que notre langue. Hommage rendu à l'élégance des unes et à la clarté de l'autre.

Cette absorbante influence de Paris, car c'est lui surtout que l'on imite, a bien, même pour notre pays, une action qui me chagrine. Je ne suis pas assez savante pour regretter la perte de la langue d'Oc, mais j'ai assez le goût du pittoresque pour voir avec déplaisir la mode parisienne se substituer à tout et partout, aux costumes, par exemple, des belles filles d'Arles, de la Bresse et de Caen ; nos chapeaux, qui ne sont plus des chapeaux, remplacer les charmants bonnets de la Bretagne et la princière coiffure du Mâconnais.

Dans un voyage à Naples, je me souviens d'avoir ressenti une véritable colère en voyant les adorables femmes de Sorrente — un pur type grec — perdues dans les immenses crinolines qui traînaient alors sur notre boulevard de Gand; et je ne saurais faire mes compliments aux Espagnoles qui, adoptant nos costumes, nos couleurs, désertent la mantille et la jupe de l'Andalousie. Pour comprendre ma mauvaise humeur et mes regrets, il est bon de noter que les étrangères et parfois les provinciales exagèrent le côté risqué de nos toilettes; elles oublient qu'une femme trop à la mode n'est pas du tout à la mode.

A Rome, je n'ai rencontré que les femmes du Transtevère et les magnifiques nourrices venues d'Albano, fidèles à leurs éclatants costumes. A Florence, où se trouve peut-être la population féminine la plus charmante du monde, on se croirait en plein Paris; et le luxe de la promenade des Cascines, n'était le doux ciel qui l'éclaire, ressemble à s'y tromper à celui qu'au bois de Boulogne étalent nos mondaines beautés. A Copenhague, à Vienne, c'est absolument la même chose; et dans une représentation de gala à Covent-Garden on se croirait à une brillante soirée de notre Opéra, si la merveilleuse beauté et l'audace du décolletage des filles aristocratiques d'Albion et de la verte Erin ne venaient vous rappeler que vous êtes à Londres et non point à Paris. Mais en voilà assez de l'école buissonnière.

Donc pas de distinction sans originalité et sans naturel ; c'est précisément pourquoi je recommande que dès le berceau, ne riez pas, je dis bien ce que je veux dire, votre corps et votre intelligence se forment et se développent avec de bons plis, de telle sorte qu'aucune exigence de la bonne compagnie ne puisse vous étonner et vous surprendre. Si, en présence d'une situation nouvelle ou imprévue, vous avez à chercher comment vous vous en tirerez, devant prendre un parti soudain, troublé, ému, il y a mille à parier contre un que vous ferez fausse route. D'ailleurs, votre hésitation même témoignera contre vous, tandis que si vous ne montrez pas de surprise, si vous conservez votre liberté d'esprit, vous mériterez par un mot, par un geste, à moindre prix encore, par un silence intelligent et respectueux, un renom de distinction qui ne vous quittera plus. Oh ! alors vous pourrez tout vous permettre, à une condition encore, c'est que vous ayez un tact parfait, qualité maîtresse sur toutes autres qu'il faut absolument acquérir, car ce n'est pas tout que de posséder la liberté d'esprit, il faut savoir s'en servir avec discernement suivant les lieux, les circonstances, les personnes.

Les prescriptions contenues dans ce livre sont

exactes, généralement acceptées ; eh bien, il n'y en
a pas une seule dont on ne puisse faire un maladroit
usage et être, en l'appliquant, permettez-moi l'expression, grossièrement poli. Une anecdote vous
fera comprendre ma pensée et toucher du doigt cette
délicatesse de tact indispensable.

On avait cité à Louis XIV un ambassadeur anglais, comme le gentilhomme le plus accompli de
l'Europe, et le roi s'était promis tout bas de le
mettre à l'épreuve. Un jour donc que, suivi de
sa maison, il descendait l'escalier de Versailles, il
le vit, lui adressa la parole en marchant, et l'Anglais de le suivre ; ils arrivèrent ainsi à la cour
de marbre, où attendait le carrosse de Sa Majesté.
Le roi s'arrête, s'écarte un peu, et, montrant la por-
tière ouverte, dit : « Montez, Monsieur l'ambassadeur ». L'Anglais, sans prononcer une syllabe,
s'incline, obéit, et se place naturellement sur le devant ; le roi ne monta qu'après lui. Que l'on juge
des regards, des murmures des courtisans, en présence d'une si formidable inconvenance, d'un
manque de respect si monstrueux ! Cependant
Louis XIV n'avait pas froncé le sourcil, il rentra
enchanté de sa promenade : « Vous aviez raison,
messieurs, dit-il au petit coucher, l'ambassadeur de
mon frère de la Grande-Bretagne est un parfait gentilhomme ; un autre que lui m'aurait, ce matin,

retenu au moins cinq minutes à la roue de mon carrosse avant *d'obéir ;* lui, il n'a pas hésité, et *je n'ai pas attendu.* »

La main sur la conscience, sachant que l'on ne doit jamais passer avant son supérieur, à moins qu'il ne vous y contraigne pour ainsi dire, vous souvenant du prestige prodigieux de Louis XIV, auriez-vous mérité les éloges du grand roi? Le tact, un tact rapide et exquis, avait fait comprendre au noble anglais que son premier devoir était d'*obéir* à Sa Majesté et de ne pas la faire *attendre.*

Ce sont mœurs de cour ! direz-vous, avec elles nous n'avons pas à compter et à voir. D'abord je pourrais vous répliquer : Qu'en savez-vous? Mais j'ai une réponse plus concluante et meilleure à faire. Quand on est poli, on l'est partout, toujours, et l'on n'est réellement poli qu'à cette condition. La politesse n'est pas un vêtement que l'on prend à certaines heures pour certaines occasions, elle doit être constante, familière, se montrer en toutes choses et s'étendre à tous. Si je ne craignais de parodier une phrase de Tacite parlant de la postérité, phrase célèbre que les femmes connaissent, je dirais : « La politesse rend à chacun ce qui lui est dû.» Elle veut donc une grande justesse d'esprit ; elle se témoigne par l'application des formules apprises sans doute, mais moins encore cependant que par l'à-propos, le geste et l'accent.

Si j'avais été assez heureuse pour me faire comprendre, et si vous possédez les qualités dont j'ai essayé de vous démontrer l'excellence, vous ne tomberez pas non plus dans l'excès du formalisme, dans des raffinements qui ne tendraient à rien moins qu'à rendre votre commerce insupportable. On a fait de beaux contes sur la politesse d'un marquis de Coislin ; s'ils sont vrais, je le regrette pour ce noble seigneur. Il me semble avoir été un personnage très-poli, soit, mais presque aussi ridicule que ce que l'on appelait dans ma jeunesse un « beau danseur », et ce n'est pas peu dire. Sans doute, pour nous autres femmes surtout, le formalisme exagéré vaut mieux que la grossièreté ; mais, outre qu'il est presque toujours la marque d'un esprit étroit, quel ennui et quelle gêne il répand autour de lui ! Pour mon compte je préférerais la société d'un paysan simple, rustique même, à celle de ces raffinés pointilleux et guindés qui poussent à l'excès les susceptibilités de l'étiquette. Avec eux tout devient affaire grave ; chacune de leurs visites, une fatigue. Ils ont les minuties les plus désolantes ; voulez-vous me permettre de le leur dire, ils prétendent être très-distingués et ils n'ont pas même compris le premier mot de la politesse. Je laisse ces gens-là à qui les aime, ils descendent en droite ligne du marquis de Molière.

A ces pages, déjà trop nombreuses, j'aurais pu en ajouter bien d'autres encore, mais je crois avoir rempli ma tâche. Je ne me permettrai plus qu'un seul mot. Je prie les personnes qui liront ce livre, qui étudieront les formules dont il est rempli, de se souvenir du vieil adage : *La lettre tue, l'esprit vivifie.*

TABLE DES MATIÈRES

Paris. — Typographie A. Hennuyer, rue Darcet, 7.

LE SENNE

Docteur en droit, juge de paix du VIIIe arrondissement de Paris,
ancien avocat à la Cour d'appel de Paris.

Droits et Devoirs de la femme devant la loi française.
Un volume petit in-8° de 440 pages. — Prix : 7 francs.

L'ouvrage de M. Le Senne est un livre de droit usuel, qui résume les principes de notre droit sur la femme française et étrangère dans ses différents états : mineure, émancipée, majeure, célibataire, mariée, veuve, remariée, commerçante, propriétaire ou locataire ; sur le rôle de la femme dans l'enseignement, l'industrie, la protection de l'enfance. On y trouve, sous une forme élégante et dans un assez bon esprit, des notions utiles à la pratique de tous les jours.

L'auteur a voulu écrire et écrit un ouvrage pratique qui permît à la femme de connaître et de sauvegarder ses droits et ses intérêts comme célibataire, comme épouse ou mère de famille. M. Le Senne, tout en étant précis, a évité les formules juridiques. Il a su rester clair en étant accessible à tout le monde. C'est le meilleur éloge qu'on puisse faire d'un écrit de ce genre. *(Le Siècle.)*

A. CARRÉ

Juge de paix du 1er arrondissement de Paris.

Nos Petits Procès. *Cinquième édition.* — Un volume in-18
jésus de 560 pages. Prix : 3 fr. 50.

M. Carré a fait un livre essentiellement pratique et utile et de nature à initier les familles aux nombreuses contestations que soulève la vie domestique. Traitant des *petits procès* seulement, M. Carré a surtout visé ceux qui se dénouent en justice de paix, c'est-à-dire les contestations entre maîtres et domestiques, propriétaires et locataires, marchands et acheteurs, etc.

(Annales des justices de paix.)

AUGUSTIN CHALLAMEL

Histoire de la mode en France. LA TOILETTE DES FEMMES
DEPUIS L'ÉPOQUE GALLO-ROMAINE JUSQU'A NOS JOURS. — *Nouvelle édition,* illustrée de 21 planches coloriées à la main,
représentant 84 types de la mode aux différentes époques,

d'après les aquarelles de F. Lix. Un volume grand in-8°
jésus, imprimé en caractères elzéviriens, orné de culs-de-
lampe par Scott. Prix : broché, 16 fr.; relié toile avec
fers spéciaux, tranche dorée, 20 fr.; relié demi-chagrin,
tranche dorée, 22 fr.

> L'*Histoire de la mode* n'est pas seulement un exposé com-
> plet des mille variations du costume féminin en France ; elle
> comprend aussi les rapports qui existent entre les change-
> ments successifs de ce costume avec les événements histo-
> riques. L'auteur, en donnant l'histoire de la toilette des
> femmes depuis l'époque gallo-romaine jusqu'à nos jours, ne
> s'est pas contenté de faire une simple énumération, dont
> l'aridité fatiguerait les lectrices ; il a noté les mots piquants,
> les satires malignes, les jolis vers, toutes les particularités
> intéressantes qui ont accompagné l'éclosion de telle ou telle
> mode ; il n'a pas oublié non plus de relater les légendes ca-
> ractéristiques qui s'y rattachent.
>
> L'*Histoire de la mode* peut être mise dans toutes les mains.
> Elle a sa place marquée sur les tables des salons ; elle figu-
> rera aussi avec avantage dans les bibliothèques d'amateurs
> et de curieux.
>
> La lecture de ce livre est curieuse. M. Challamel sait beau-
> coup de choses et les dit avec bonhomie, sans autrement
> affecter l'érudition, dans un sujet qui, malgré son apparente
> et proverbiale frivolité n'en est pas moins l'un des plus dif-
> ficiles à traiter qu'il se puisse.   (*Revue des deux mondes*.)

ALEXIS MARTIN

Faïences et Porcelaines. 37 dessins de Schmidt et
195 monogrammes. — Un volume petit in-8°. Prix : 3 fr. 50.

> Un livre intéressant, *Faïences et Porcelaines*, par Alexis
> Martin. Ce joli volume, illustré de nombreux dessins par
> Schmidt et d'environ 200 monogrammes et marques de fa-
> brique, est un véritable manuel à l'usage des gens du monde.
> Il est écrit pour les amateurs et contient de précieux conseils
> pour la disposition des pièces au point de vue ornemental.
> (*Le Figaro*, 10 juillet 1886.)

> Œuvre de vulgarisation, le livre de M. Alexis Martin a les
> qualités d'exactitude et de clarté qui sont nécessaires; par
> les notices biographiques et les anecdotes qu'il renferme,
> il a aussi l'attrait qui est toujours utile.
> (*Le Monde*, 10 juillet 1886.)

43ᵉ ANNÉE. — BUREAUX : 47, RUE LAFFITTE. — 1887.

MAGASIN DES DEMOISELLES

Paraissant le 10 et le 25 de chaque mois

JOURNAL LITTÉRAIRE

Formant un volume illustré grand in-8º de 576 pages.

PRINCIPAUX COLLABORATEURS :

MM. LUCIEN BIART, PAUL CÉLIÈRES, ALEX. PARODI, EUG. MULLER, LUCIEN PATÉ, J. PIZZETTA, AUGUSTIN CHALLAMEL, WILLIAM HUGHES, RAOUL DE NAJAC, A. BEAUMONT, LÉOPOLD LALUYÉ, ERNEST GRÉGOIRE, ALEXIS MARTIN, A. THURNER, ETC.

Mᵐᵉˢ ÉTIENNE MARCEL, JULES SAMSON, L. MUSSAT, ETC.

JOURNAL DE MODES ILLUSTRÉ

Formant un album grand in-4º de plus de 200 pages.

Le Magasin des Demoiselles comprend trois éditions distinctes :

ÉDITION BIMENSUELLE (couverture bleue). — 24 livraisons de 24 pages de texte, grand in-8º jésus (*journal littéraire*), et 8 pages grand in-4º jésus constituant le *journal de modes*, paraissant le 10 et le 25 de chaque mois, avec annexes.

Ces livraisons renferment tout ce qui concerne la mode et les travaux d'aiguille : gravures de modes, tapisseries coloriées, petits ouvrages, patrons, gravures noires, alphabets en couleur. — Chaque mois, un morceau de musique (piano ou chant).

ÉDITION BIMENSUELLE (couverture grise). — Cette édition comprend les 24 livraisons de l'*édition bleue*, de chacune 24 pages de texte grand in-8º jésus, et ne sont pas accompagnées du *journal de modes*. Elle constitue par conséquent un recueil essentiellement littéraire, formant un volume illustré d'environ 600 pages.

ÉDITION MENSUELLE (couverture rose). — 12 livraisons de 24 pages de texte grand in-8º jésus (*partie littéraire*), plus 8 pages grand-in-4º jésus constituant le *journal de modes* et renfermant ce qui s'applique à la mode et aux travaux d'aiguille : gravures de modes, tapisseries coloriées, petits ouvrages, patrons, gravures noires, alphabets en couleur. Morceaux de piano ou de chant. Cette édition paraît le 10 de chaque mois.

PRIX DE L'ABONNEMENT AUX DIVERSES ÉDITIONS

	Paris.	Banlieue.	Départ.	Union postale.
ÉDITION BIMENSUELLE avec annexes (*couverture bleue*).	15ᶠ	16ᶠ	18ᶠ	20ᶠ
ÉDITION BIMENSUELLE sans annexes (*couverture grise*).	10	11	12	14
ÉDITION MENSUELLE avec annexes (*couverture rose*)..	10	11	12	14

LES ABONNEMENTS PARTENT DE JANVIER.

Modes d'abonnement. Envoyer un mandat de poste, un chèque ou un bon à vue sur Paris (sur papier timbré), à l'ordre de Mᵐᵉ la Directrice du *Magasin des Demoiselles* ou à M. A. Hennuyer, directeur-gérant, 47, rue Laffitte, Paris.